管理会计学

主　编　李成云　张　荷

西南财经大学出版社
四川 · 成都

图书在版编目(CIP)数据

管理会计学/李成云,张荷主编.—成都:西南财经大学出版社,
2021.8(2023.1 重印)
ISBN 978-7-5504-5010-3

Ⅰ.①管… Ⅱ.①李…②张… Ⅲ.①管理会计—高等学校—教材
Ⅳ.①F234.3

中国版本图书馆 CIP 数据核字(2021)第 159777 号

管理会计学
GUANLI KUAIJIXUE

主编　李成云　张荷

责任编辑:陈何真璐
封面设计:墨创文化
责任印制:朱曼丽

出版发行	西南财经大学出版社(四川省成都市光华村街 55 号)
网　　址	http://cbs.swufe.edu.cn
电子邮件	bookcj@swufe.edu.cn
邮政编码	610074
电　　话	028-87353785
照　　排	四川胜翔数码印务设计有限公司
印　　刷	四川煤田地质制图印刷厂
成品尺寸	185mm×260mm
印　　张	18.25
字　　数	419 千字
版　　次	2021 年 8 月第 1 版
印　　次	2023 年 1 月第 4 次印刷
印　　数	7001— 11000 册
书　　号	ISBN 978-7-5504-5010-3
定　　价	48.00 元

前 言

管理会计是通过一系列专门方法，利用财务会计提供的资料及其他资料进行加工、整理和报告，使企业各级管理人员能据以对日常发生的各项经济活动进行规划与控制，并帮助决策者作出各种专门决策的一个会计分支。管理会计的最终目的在于提高企业经济效益，是企业战略、业务、财务一体化最有效的工具之一。

管理会计孕育于19世纪末。20世纪30年代，世界性的产业革命导致传统的财务会计管理向现代会计控制方向转变，反映在会计控制方面的重大变化是会计学科中的一个新兴分支学科——“管理会计”已初具雏形。20世纪50年代，管理会计成为一门独立学科，此后管理会计便以蓬勃的生机逐渐发展、完善，与现代财务会计并驾齐驱。21世纪，世界经济的基本特征是国际化、金融化和知识化，企业的经营环境发生了巨大变化，管理会计的主题是企业核心能力的培植，价值的创造与维护是最为重要的两点。因此，管理会计不仅是现代管理科学方法渗透会计领域所取得的成果，也是会计学科发展的必然趋势，在企业现代化经济管理中发挥着越来越重要的作用。中国于20世纪80年代引入管理会计学科，并结合国情加以研究和应用，取得了一定的成果。

本教材一方面介绍“传统”管理会计中的经典内容，另一方面尽可能较全面地吸收、借鉴国内外相关领域最新的管理会计理论和成就，体现管理会计领域自20世纪80年代以来的新发展和新内容，并以案例分析、延伸阅读等形式反映管理会计领域目前取得的理论研究成果和成功实践经验，力求在结构体例和内容的广度、深度上有一些新的突破。

本教材由李成云担任第一主编，张荷担任第二主编，宋冰雁担任副主编，姜梓桐、原路翔、严瞿和张娟娟参编。第一主编李成云负责全书的总体结构设计、大纲的拟定，以及初稿的修校、补充、编撰（部分章节）、统稿和定稿。各章编写分工如下：李成云执笔前言和第二、三、七、八章，张荷执笔第四、五、十章，宋冰雁执笔第六章，姜梓桐执笔第九章，原路翔执笔第十一章，严瞿执笔第一章，张娟娟执笔第十二章。本教材的编写得到了学校和出版社的大力支持，编写过程中参阅了大量中外书籍和文献，恕未一一列明。在此，一并表示衷心的感谢！

在编写过程中，我们虽然在体系和内容上作了较大的努力，但由于时间和水平有限，不妥之处在所难免，敬请读者批评指正，以便再版时进行修改、补充。

编者

2021 年 7 月

目 录

第一章
总论

【本章学习目标】

通过本章的学习，学生应了解管理会计产生和发展的历史，理解管理会计的含义，培养对管理会计的学习兴趣，掌握管理会计的特征和职能，了解管理会计的专业机构和管理会计师的职业道德要求。

第一节　管理会计的产生与发展

一、管理会计的产生

马克斯·韦伯曾指出：以合理的资本会计制度作为公司的管理标准，是资本主义企业存在最起码的先决条件。社会经济的发展要求加强企业管理，19 世纪末 20 世纪初，英国工业革命促使企业生产规模扩大，企业间的竞争日益激烈，企业的生存和发展不仅取决于产量，更取决于成本高低。此外，工业企业中重型机械设备比重越来越大，产品制造程序也更加复杂，为了克服当时粗放式的经营带来的资源浪费等情况，所有者和经营者开始着手研究相关问题，“科学管理”方式应运而生。1911 年，泰勒的著作《科学管理的原则和方法》问世，书中对标准化管理制度的确定，为“标准成本制度”奠定了思想和理论基础，该理论认为对于完成每项工作来说总存在着一个“最佳途径”，管理的职责在于为工作提供明确的指导，选拔最适合于该项工作的工人来完成这项工作，并用最有效的方法对这些工人进行培训，如果工人生产的产品产量达到最大化、最有效率的话，那他就会得到最高的报酬。随后，“标准成本控制”“预算控制”和“差异分析”方法的产生和应用为管理会计的发展奠定了基础。

二、管理会计的发展

现代管理会计在 20 世纪 50 年代以后得到迅速发展，至今已形成了管理会计的理论体系和方法体系。第二次世界大战以后，科学技术日新月异，生产力获得迅猛发展，企业规模越来越大，跨国企业大量涌现，随之而来的是企业间更加激烈的竞争。这促使企业的生产经营发生了很大的变化，企业开始利用行为科学研究的成果来改善人际关系，调动职工的主观能动性，广泛推行职能管理，同时，产品生产从最初单品种大批量生产转为按客户要求的多品种小批量生产。在市场方面，企业逐渐重视市场调研，加强了生产经营的预测和决策。此外，近些年，计算机技术的迅速发展推动了企业生产经营管理的变革，也促使了管理会计变换发展方向。

1952 年在伦敦举行的国际会计师联合会第一次在会计学术界正式提出“管理会计”这一概念，标志着会计正式划分为财务会计和管理会计两个领域。管理会计在这期间的发展方向如下：

（1）原本以标准成本为主要内容的管理会计不再只局限于成本控制，进一步发展为全面控制，1950 年，H. B. 艾尔曼在《与责任会计相关联的基本企业计划》中把管理人员的责任和管理会计结合，充分利用行为科学理论和管理控制理论的责任会计，将责、权、利结合起来，考核责任中心的业绩，从而进行激励。

（2）管理会计开始强调预测和决策的职能。管理的关键在于决策，而决策的基础在于预测，这一阶段各种预测和决策的理论和方法被广泛应用，形成了以预测和决策为主要特征并与管理现代化要求相适应的会计信息管理系统。

（3）20 世纪 80 年代，卡普兰和约翰逊出版了著作《相关性的消失：管理会计的兴衰》。书中指出，目前的管理会计体系是几十年前的框架，这种过时的管理会计难以适应新环境下的企业管理要求；成本计算方法的僵化使得企业的产品成本计算发生了扭曲，成本信息失真，管理会计信息失去了决策相关性。因此，许多学者将研究重心转移到以“作业”为核心的“作业成本会计”，并取得了丰富的研究成果，提高了管理会计信息与决策的相关性。

（4）外部环境的激烈竞争让人们意识到要精准地预测几乎是不可能的，在适应市场环境变化的基础上，人们开始关注战略管理。1981 年，著名管理学家西蒙首次提出了“战略管理会计”一词，战略管理是管理者确立企业长期目标，在综合分析全部内外相关因素的基础上，制定达到目标的战略，并执行和控制整个战略的实施过程。战略管理会计应包括市场份额的评估、战略预算的编制和竞争地位的变化研究等。

20 世纪 70 年代，我国企业开始吸收西方先进的管理经验，逐渐运用管理会计，而管理会计的理论研究历史也不长。现在一般企业已经充分运用了责任会计，但对于其他方面知之甚少，会计人员缺乏对管理会计的观念。相比于财务会计，管理会计在中国还没有引起大多数企业的重视。20 世纪 80 年代，我国会计学界曾经掀起学习管理会计的热潮，也有很多企业参与进来，成功运用了管理会计的方法，但是，由于当时我国还沿用计划经济模式下的管理方式，管理会计在实践中难以运用，管理会计在我国的发展一度停滞。但随着近年我国会计制度与国际惯例接轨，管理会计在我国的发展迎来了新的契机，借鉴发达国家成功的管理会计经验成为可能，我国管理会计的改革也将沿着企业环境的市场化展开。未来会计学者、管理者、会计师和工程师将共同努力合作，从我国的实际出发，积极探索一条适用于我国的管理会计之路，提高经济效益，让管理会计成为一门更加系统和完善的指导性和实用型科学。2014 年 10 月，财政部发布了《关于全面推进管理会计体系建设的指导意见》，它标志着中国管理会计开始向规范化、科学化的道路上推进，并为高水平、本土化的管理会计研究指明了方向。

第二节 管理会计的一般含义

一、管理会计的定义

自 1952 年国际会计师联合会上通过“管理会计”这一概念已过去多年，但管理会计的定义依然众说纷纭。

（一）狭义的管理会计

狭义的管理会计又称微观管理会计，认为管理会计是在当代市场经济条件下，以强化企业内部经济管理，实现最佳经济效益为最终目的，以现代企业经营活动及其价值表现为对象，通过对财务等信息的深加工和再利用，实现对经济过程的预测、决策、规划、控制、责任考核评价等职能的一个会计分支。20 世纪 20 年代至 70 年代，国外学术界都是从狭义的角度来理解管理会计的。

1958 年，美国会计学会管理会计委员会对管理会计作出了如下定义：管理会计是指在处理企业历史和未来的经济信息时，运用恰当的技术和概念来协助管理人员制订能达到合理经营目的的计划，并作出能达到上述目标的决策。

1966 年，美国会计学会发布了《基本会计理论》，认为管理会计就是使用恰当的技术和理论，对经济主体的实际经济数据和预计的经济数据进行处理，以帮助管理人员制定合理的经济目标，并为实现该目标而进行合理决策。

从以上对管理会计的定义可以看出：管理会计的主体是企业；管理会计是为了企业管理当局的管理目标服务；管理会计是一个信息系统。

在国内，学者对管理会计的定义也不同。汪家佑教授认为管理会计是西方企业为了加强内部经济管理，实现利润最大化这一企业经营目标的最终目的灵活运用多种多样的方式方法，搜集、储存、加工和阐明管理当局合理地计划和有效地控制经济过程所需要的信息，围绕成本、利润、资本三个中心，分析过去、控制现在、规划未来的一个会计分支。李天明教授认为管理会计主要是通过一系列专门方法，利用财务会计提供的资料及其他有关资料进行整理、计算、对比和分析，使企业各级管理人员能据此对日常发生的一切经济活动进行规划与控制，并帮助企业领导进行各种决策的一整套信息处理系统。余绪缨教授认为管理会计是将现代化管理与会计融为一体，为企业的领导者和管理人员提供管理信息的会计，它是企业管理信息系统的一个子系统，是决策支持系统的重要组成部分。虽然上述定义有一定差异，但和西方狭义的管理会计概念大体是一致的。

（二）广义的管理会计

1982 年，英国成本与管理会计师协会将管理会计的范围扩大到除审计以外的所有会计分支，将管理会计活动概括为：向管理当局提供所需要信息的那一部分会计工作，使管理当局得以确定方针政策；对企业的各项活动进行计划和控制，保护财产安全；向企业外部人员反映财务状况；对企业的各项活动进行计划，并对各个行动的备选方案作出决策。这个概括将财务会计也纳入了管理会计的范畴。

1986 年，全美会计师协会管理会计实务委员会对管理会计的定义也将管理会计扩大到一个广义的范围，其定义为管理会计是向管理当局提供用于企业内部计划、评价、控制以及确保企业资源的合理使用和经管责任的履行所需财务信息，确认、计量、轨迹、分析、编报、解释和传递的过程。管理会计还包括编制供注入股东、债权人、规章制订机构及税务当局等非管理集团使用的财务报表。并指出，管理会计同样适用于非营利的机关团体。上述定义中，财务信息包括用于解释实际和计划的商业活动、经济环境以及资产和负债的估价的因果关系所必需的货币性和非货币性信息。

可以看出，广义管理会计定义的基本要点为：管理会计以企业为主体展开其管理活动；管理会计既为企业管理机关的管理目标服务，同时也为股东、债权人、规章制度制定机构及税务机关等非管理当局服务；管理会计作为一个信息系统，它所提供的财务信息包括用来解释实际和计划所必需的货币性和非货币性信息。从内容上看，管理会计既包括财务会计，又包括成本会计和财务管理。广义管理会计的口径过于宽泛，界限有些模糊，因此，本书主要围绕狭义的管理会计进行讨论。

二、管理会计的基本内容

管理会计的内容几乎涉及了企业生产经营管理的各个领域和环节。一般我们认为，管理会计的基本内容包括预测分析、决策分析、全面预算、成本控制和责任会计等。其中预测分析和决策分析可以归为预测决策会计，而全面预算和成本控制可以合为规划控制会计。预测决策会计、规划控制会计和责任会计进一步整合可以分为“规划与决策会计”和“控制与业绩评价会计”。

1. 规划与决策会计

规划会计主要包括全面预算管理体系。规划通常由预测和决策两个部分组成，全面预算就是把企业的全部经济活动的总体计划用数量和表格的形式反映出来。

决策会计主要由预测分析体系和以短期经营决策、长期投资决策为主的决策分析体系组成。

2. 控制与业绩评价会计

控制会计主要由成本控制体系、风险管理体系和内部控制体系构成。成本控制是根据成本决策和成本预算所确定的目标和任务，以及实际经营活动的数据，对生产经营过程进行控制，以保证企业的目标和任务的完成。风险管理是企业对各种可能发生的风险进行控制和管理，使得企业的风险在可接受程度的持续过程，它包括了对风险的度量、评估和应变策略。内部控制是指由企业董事会、管理层和全体员工共同实施的，旨在合理保证实现企业基本目标的一系列控制活动。

业绩评价会计主要包括业绩评价系统和薪酬激励机制。业绩评价系统主要由评价主体、评价客体、评价目标、评价指标、评价标准、评价方法和评价报告七大要素组成。薪酬激励机制是企业为了引导管理层和员工更好地为企业服务，以业绩评价为依据建立的各种有效的薪酬激励制度。

三、管理会计的主要特点

管理会计是社会化大生产高度发展的产物，是从传统的会计体系中分离出来，与财务会计并列存在的会计信息子系统。与传统的传统财务会计相比，管理会计的主要特点如下：

（1）管理会计的重点是规划未来，同时切实地控制现在；而财务会计侧重于对过去的核算和监督。

（2）管理会计主要是为企业内部管理者提供信息服务，是对内报告会计；财务会计是主要面向外部利益相关者，是对外报告会计。

（3）管理会计不受会计准则和会计制度的约束，灵活性强；财务会计必须严格遵守会计准则和会计制度。

（4）管理会计侧重于满足内部管理需要，其报告编制时间不受会计期间的限制；财务会计要按照一定的期间编制报告。

（5）管理会计的主体可分为多个层次，可以以整个企业作为主体，也可以将企业内部的局部区域或个别部门甚至某一管理环节作为主体；财务会计通常都是以整个企业作为主体。

（6）管理会计中除了货币度量，还采用了大量非货币度量，在运用简单的数量分析基础上还会涉及各种经济数学模型，计算方法复杂多样；财务会计以统一货币为计量单位，涉及的计算通常较为简单。

（7）管理会计主要面向未来，未来的不确定因素较多，因此管理会计提供的信息不能绝对准确；财务会计主要反映已发生或正在发生的经济活动，其精确性比较高。

四、管理会计的职能

1. 预测职能

管理会计主要运用历史和当前的信息，对其进行科学的整理加工，在充分考虑经济规律和经济条件的基础上，有目的地对未来经济活动的发展进行预测，为企业的经营管理决策提供依据。

2. 决策职能

决策是管理会计的一项重要职能，管理会计的决策职能主要体现在根据企业决策目标搜集、整理有关信息资料，选择科学的方法计算有关长短期决策方案的评价指标，并作出正确的财务评价，最终筛选出最优的行动方案。

3. 计划职能

管理会计的计划职能具体来说是通过编制预算实现的，通过编制全面预算，能够为今后的生产经营管理确定目标和任务，促使各部门之间的沟通交流，统一部门目标和企业目标，同时也能作为衡量各部门业绩的尺度。

4. 控制职能

管理会计的控制职能主要体现在依据编制预算所确定的目标，通过对实际和预算的差异分析，对企业各种生产经营活动进行调节监督，从而确保预算目标实现。

5. 分析职能

分析职能是管理会计对企业的经济活动进行事后分析。相关人员通过事后分析能够及时总结经验教训，为决策提供可靠的依据。

6. 考核职能

考核职能主要通过责任会计制度实现。定期对预算完成情况和原定目标进行对比，定期考核各个责任中心预算完成情况以及与预定目标进行对比，评价其工作成效，据此实施奖罚，从而激励员工，确保企业最终经营目标的实现。

第三节　管理会计工作组织

一、管理会计专业机构

在管理会计发展的这些年间，为了更好地发挥管理会计师的职能，更有效地提高企业经营管理水平，在经济发展模式已较为成熟的西方国家如英国和美国，管理会计的职业化和专业化程度达到了相当高的水平，这主要体现在这些国家拥有管理会计的专业机构、定期组织管理会计师资格考试等。世界上影响力较大的管理会计专业机构是英国特许管理会计师工会（Chartered Institute of Management Accountants，CIMA）和美国管理会计师协会（Institute of Management Accountants，IMA）。

英国特许管理会计师工会成立于1912年，总部位于英国伦敦，是全球最大的国际性管理会计师组织。截至2020年底，CIMA已拥有超过22万名会员和学员，遍布179个国家和地区，CIMA同时也是国际会计师联合会（IFAC）的创始成员之一。CIMA与其他会计专业团体有很大的区别，它专注于管理会计师的培养和发展，适合并不满足于掌握传统财会技能的人，CIMA资格不局限于会计内容，而是涵盖了管理、战略、市场、人力资源、信息系统等方方面面的商业知识和技能。通过CIMA三级认证考试并达到工作经验要求者可获得CIMA会员资格，成为特许管理会计师，可在其姓名之后加注ACMA（Associate of the Chartered Institute of Management Accountants，特许管理会计师公会会员），拥有三年决策管理高层工作经验的可以获得FCMA（Fellow of the Chartered Institute of Management Accountants，特许管理会计师协会会员）专衔标志，成为特许管理会计师工会资深会员。2014年，英国皇家特许管理会计师公会和美国注册会计师协会联合发布了《全球管理会计原则》，该原则体系经由5大洲20国的CEO（首席执行官）、CFO（首席财务官）、学术机构以及政府监管部门的磋商及反馈而最终定稿，意在提升组织在多变商业环境以及信息过载背景之下的决策能力。

美国管理会计师协会是一家在全球有重要影响的国际性管理会计师组织，成立于1919年，由美国成本会计师协会（NACA）衍生而来。它在管理、财务以及资讯系统等领域上的贡献颇多，对会计、财务、资讯系统的理论建设和实务操作原则具有重大的影响。作为全美反舞弊性财务报告委员会的创始成员和国际会计师联合会的主要会员，IMA在管理会计、公司内部规划与控制、风险管理等领域均参与到全球最前沿事件。美国管理会计师协会于1972年开始举办注册管理会计师（Certified Management Accountant，CMA）认证考试，通过CMA资格证书认证的考试并且符合美国管理会计师协会订立的学历和道德操守标准才能成为注册管理会计师。2014年，美国管理会计师协会在北京举行了“中国管理会计年度峰会”，旨在全面推进管理会计体系建设，为企业探索管理会计实践提供思路。

二、管理会计师的地位

管理会计在西方的职业发展已有百年历史，目前管理会计师已经充分得到了企业的认可。成为英国特许管理会计师工会会员，意味着能综合利用各类数据，为企业的经营和发展提供全面预算、财务分析、绩效评估、风险防范、组织管理和商业策略等方方面面的重要信息和切实方案，并且拥有丰富的实践经验，这些使得特许管理会计师能充分获得大公司的青睐。CIMA 的认证群体以企业会计和经理为主，重点提高他们参与经营管理和战略决策的能力，实现“财务支持战略决策，战略融于财务管理”，定位高端，注重实用性，许多会员都是财务总监、总经理等高级商界领袖。在美国，注册管理会计师也越来越受到财务人员的重视，许多人同时拥有注册管理会计师和注册会计师证书，注册管理会计师已经成为美国年薪最高的财经专业资格之一，是晋升企业高管的强有力的敲门砖。

三、管理会计师的职业道德

早在 1998 年，余绪缨教授对新型管理会计师就提出要不断加强自我修养，努力实现“宁静以致远，淡泊以明志”的思想境界要求。但我国管理会计起步较晚，各项制度规范不成熟，目前仍缺乏明确的职业道德规范。因此我们可以参考美国管理会计师协会职业道德行为准则来进行学习。

美国管理会计师协会认为道德是有关判断人类行为好与坏、对与错的一个领域，是有关决策制定的价值观的应用。这些价值观包括诚实、公平、责任、尊重和同情。管理会计师有能力、保密、正直、客观方面的义务。

能力方面，管理会计师有义务：

（1）通过不断丰富自己的专业知识和技能，保持与其职业能力相适应的专业水平。

（2）严格遵守相关法规、制度和专业标准履行其职责。

（3）提供准确、清晰、简明、及时的决策支持信息和建议。

（4）了解那些会妨碍职业判断和行为成功的专业限制或其他限制。

保密方面，管理会计师有义务：

（1）除非得到所有者的同意或法律要求披露，否则不能披露工作中的机密信息。

（2）告知下属对工作中获得的机密信息予以保密，并监督他们的活动以确保信息的保密性。

（3）防止使用机密信息去谋求不道德或非法的利益。

正直方面，管理会计师有义务：

（1）避免利益冲突，并对任何潜在的冲突向有关方面提出建议。

（2）避免参加任何有碍于正确履行职责的行为。

（3）放弃参加或支持任何有损职业信用的活动。

客观方面，管理会计师有义务：

（1）公正、客观地交流信息。

（2）充分披露所有可能会影响使用者理解报告、说明书和建议书的信息。

（3）公布信息披露延误的原因和缺陷，披露信息处理或者内部控制与公司政策和法律不一致之处。

在运用职业道德准则时，管理会计师可能会面临重大的道德冲突问题，此时，管理会计师应遵循企业已制定的方案来解决这类问题。如果这些方案仍不能解决问题的，管理会计师可以采取如下行动：

（1）与自己的直接上级讨论，如果他也涉及道德冲突，就该向更高一级的主管报告，如果问题没有得到满意的答复，可以与更高层的主管沟通，直到问题解决。如果直接上级是总经理或具有相当于总经理的职务，则应该由审计委员会、董事会等参与讨论。

（2）通过与管理会计师协会的道德咨询部门或其他外部咨询顾问私下交流，获得可接受的解决方案。

（3）向律师咨询你在这个道德冲突中的法律责任和权力。

【本章小结】

本章旨在让学员对管理会计有基本的认知，包括以下内容：

管理会计形成于19世纪末20世纪初，通过对管理发展不同发展阶段的回顾，可说明管理会计与社会经济发展的关系；分别说明狭义管理会计和广义管理会计的含义，阐述中外学术界对管理会计的定义；管理会计的基本内容可以归为规划与决策会计和控制与业绩评价会计；与财务会计比较，分析管理会计的七大特征；管理会计的职能主要包括预测、决策、计划、控制、分析和考核职能。世界上影响力比较大的管理会计专业机构是英国特许管理会计师工会和美国管理会计师协会，目前注册管理会计师已经成为世界上最受欢迎的会计职业资格之一，注册管理会计师要遵循其职业道德。

【关键术语】

管理会计　广义管理会计　狭义管理会计　管理会计职能　规划与决策会计　控制与业绩评价会计　职业道德

【思考题】

1. 管理会计是如何产生的？其发展经历了哪些阶段？
2. 从狭义的角度看，什么是管理会计？
3. 管理会计有什么特点？
4. 管理会计有哪些职能和主要内容？
5. 管理会计师的职业道德包括哪些内容？

【练习题】

一、单选题

1. 传统管理会计的主要内容产生于（　　）。
   A. 19世纪末20世纪初　　B. 20世纪中期
   C. 20世纪80年代　　D. 20世纪90年代
2. 被称为对内报告会计的是（　　）。
   A. 成本会计　　B. 预算会计
   C. 管理会计　　D. 财务会计
3. 管理会计必须遵守（　　）。
   A. 统一的会计制度　　B. 会计法
   C. 会计准则　　D. 以上都不对
4. 以下不属于管理会计特点的有（　　）。
   A. 管理会计的主体多层次　　B. 管理会计精确度高
   C. 管理会计的计算方法复杂多样　　D. 管理会计注重规划未来
5. 管理会计人员的职业道德标准的构成是（　　）。
   A. 能力、公正、客观、正直　　B. 公正、客观、正直、保密
   C. 能力、独立、客观、保密　　D. 能力、保密、正直、客观

二、多选题

1. 广义管理会计认为管理会计要提供（　　）。
   A. 内部计划　　B. 财务报告
   C. 内部控制　　D. 内部评价
2. 现代管理会计的基本内容是（　　）。
   A. 成本会计　　B. 考核会计
   C. 规划与决策会计　　D. 控制与业绩评价会计
3. 管理会计的职能包括（　　）。
   A. 预测　　B. 控制　　C. 决策
   D. 计划　　E. 分析　　F. 考核

【延伸阅读】

请读者扫描二维码，阅读材料。

第二章
成本性态分析

【本章学习目标】

本章介绍了成本的一些分类方法，并对成本按性态分类、混合成本分解作了较为深入的分析。学习本章，学生应理解成本的主要分类，掌握固定成本、变动成本、混合成本的含义、特征和种类，掌握混合成本分解的方法，为后面的学习做好准备。

第一节 成本概述

一、成本的概念

成本是经济活动中的一个重要概念。按照马克思主义经济学，成本是凝结在商品中的价值，是物化劳动转移的价值（C）和活劳动中劳动者为自己的劳动所创造的价值（V）的合计，即成本 $=C+V$。在财务会计中，成本是指取得资产或劳务所发生的各项支出，它们一般由会计制度或会计准则来规范，与上述 $C+V$ 不完全相同，可称之为“制度成本”或“会计成本”。

在管理会计中，成本在不同的情况下有不同的含义。一般来说，管理会计特别看重成本形成的原因和成本发生的必要性，而不太看重成本发生的时态，在管理会计中成本及其度量与企业管理当局的决策有很强的相关性，成本可以是过去的、现在的，也可以是将来的。因此，从管理会计的角度看，成本（cost）是指企业在生产过程中对象化的、以货币表现的、为达到一定目的而应当或可能发生的各种经济资源的价值牺牲或代价。

二、成本的分类

成本可以按照不同的标准进行分类。

（一）成本按经济用途分类

成本的经济用途是指成本在经济管理活动中所起的作用。成本按经济用途可以分为制造成本与非制造成本。

1. 制造成本

制造成本（manufacturing cost）也叫生产成本，是生产过程中为制造产品而发生的成本，包括直接材料成本、直接人工成本和制造费用。

直接材料成本是在产品生产过程中直接构成产品实体的材料成本；

直接人工成本是指在产品生产过程中对材料直接进行加工使之变成产品所耗用的人工成本；

制造费用是在生产过程中发生的不能归入上述两个成本项目的其他成本支出，包括间接材料、间接人工和其他间接费用。

其中，直接材料费用与直接人工费用之和又称为“主要成本”，直接人工费用与制造费用之和又称为“加工成本”。

2. 非制造成本

非制造成本（non-manufacturing cost）是指在企业内发生的与产品制造没有直接关系的成本，包括销售费用、管理费用。

销售费用是指在销售过程中为推销产品而发生的各项费用，如广告宣传费、送货运杂费、销售佣金、销售人员工资、销售部门的其他费用等。

管理费用是指企业行政管理部门为组织和管理本企业的生产经营活动而发生的各项费用，如管理人员薪酬、折旧费、办公费、保险费等。

（二）成本的其他分类

成本按发生时间分类，可分为历史成本和未来成本。历史成本是过去或现在实际已经发生了的成本，财务会计中所说的实际成本即为历史成本；未来成本是将来可能将会发生的成本，它是一种预计成本。

成本按对产品的可归属性（可辨认性）分类，可分为直接成本和间接成本。直接成本是指能够合理地确认与某一特定产品的生产有直接联系，因而能够明确判断其归属的成本，如直接材料成本、直接人工成本；间接成本则是指那些不能确定其与特定产品的生产有直接联系，因而需要先进行归集，再按一定标准分配到各承担对象头上的成本，如制造费用。

成本按可控性分类，分为可控成本和不可控成本。凡成本的发生属于某个特定责任单位的权责范围内、能为该责任单位控制的，叫作该责任单位的可控成本；反之，成本的发生不属于某个特定责任单位的权责范围，不能为这个责任单位所控制，叫作该责任单位的不可控成本。

成本按与决策的关系（相关性）分类，可分为相关成本与非相关成本。相关成本是与特定决策有关的未来成本；非相关成本则是与特定决策没有直接关系的成本。

成本按可盘存性分类，可分为产品成本和期间成本。产品成本是同产品生产有着直接联系、随产品流动而流动的成本，它们汇集于产品，可在期末进行盘点、构成资产价值，并能递延到下一个会计期间，如直接材料费用、直接人工费用和变动制造费用；而期间成本是指随企业生产经营持续期间的长短而增减的成本，它们不会随产品流动而流动，不能计入资产价值，其效益会随着时间的推移而消逝，不会递延到下一个会计期间，如销售费用、管理费用。

第二节　成本按其性态分类[1]

成本性态是指成本总额与特定业务量之间在数量上的依存关系，相关问题讨论当业务量发生变动时成本会不会变动、成本会怎样变动。

如果我们将业务量 x 看作自变量，那么成本 y 与业务量的这种依存关系实际上可以看作一种函数关系，即 $y=f(x)$。

成本按其性态，可以分为固定成本、变动成本和混合成本。

一、固定成本

（一）固定成本的定义

固定成本是在相关范围内总额不会随着业务量的变动而变动的成本。此处的相关范围，从时间上来看是指特定的会计期间，从空间上来看是指特定的业务量范围。也就是说，在某个特定的时空范围内，当业务量发生变动时，这类成本保持不变，即

$$y=a$$

式中 a 为一个常数，这就是固定成本的性态模型，或者说是固定成本的成本函数。

（二）固定成本的特征

（1）总额具有不变性：

$$y=a$$

（2）单位额具有反比例变动性：

$$y=a/x$$

在坐标上表示出来，固定成本总额是一条平行于横轴的直线，而单位固定成本为一条反比例曲线，如图 2-1 所示。

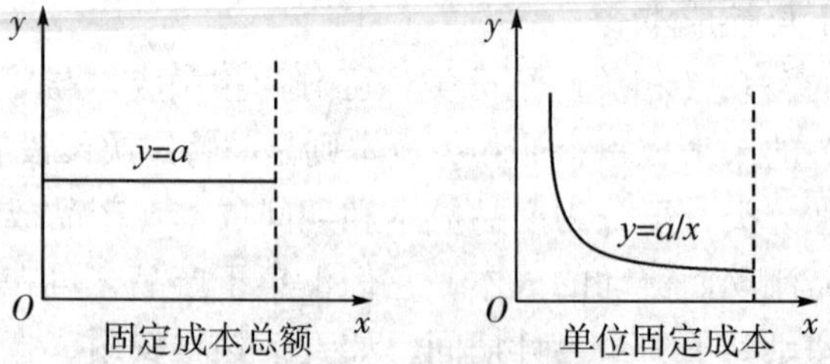

图 2-1　固定成本

【例 2-1】某企业拥有生产能力为年产甲产品 10 000 件，每年按直线法计算的固定资产折旧为 30 000 元，具体折旧费用资料如表 2-1 所示。

① 成本按其性态分类是一个重要的内容，故本节单独列出。

表 2-1　折旧费用资料

年份	实际产量/件	折旧总额/元	单位产品折旧额/元
20×1	3 000	30 000	10
20×2	5 000	30 000	6
20×3	6 000	30 000	5
20×4	8 000	30 000	3. 75
20×5	9 000	30 000	3. 33
20×6	10 000	30 000	3

可见，只要实际产量不超过 10 000 件（相关范围），那么该企业利用现有的机器设备就完全可以进行生产了，不需要追加固定资产，因此折旧总额保持不变。同时，随着产量的变动，单位产品负担的折旧额却反比例变动。

（三）固定成本的种类

约束性固定成本是提供和维持生产经营所需设施、机构而支出的成本。这一类固定成本对企业生产经营能力的形成及维持起着约束作用，企业要形成一定的生产经营能力就必须发生这些成本；反之，如果企业不想发生这些成本，那么企业生产经营能力就不能形成和维持。因此约束性固定成本又称为“经营能力成本”，这也是一种客观性的固定成本。如厂房费用、机器设备的折旧费、财产税、保险费、管理人员薪金、照明费、取暖费等。

酌量性固定成本是指为完成特定活动而支出的成本。这类成本一般会受到企业管理者短期决策行为的影响，其发生与否、发生多少，均由管理者主观决定，因此，这是一种主观性的固定成本。典型的如研究开发费、广告宣传费、职工培训费、经营租赁费等。

二、变动成本

（一）变动成本的定义

所谓变动成本，是指在相关范围内其总额会随着业务量的变动而呈正比例变动的成本。也就是说，在某个特定的时空范围内，当业务量 x 发生变动时，这类成本将随之呈正比例变动。即变动成本函数为一个正比例函数：$y=bx$，其中 b 为比例系数。这就是变动成本的性态模型，或者说是变动成本的成本函数。

（二）变动成本的特征

（1）总额具有正比例变动性：

$$y=bx$$

（2）单位额具有不变性：

$$y=b$$

在坐标上表示出来，变动成本总额是一条从原点发出的直线，而单位变动成本为一条平行于横轴的直线，如图 2-2 所示。

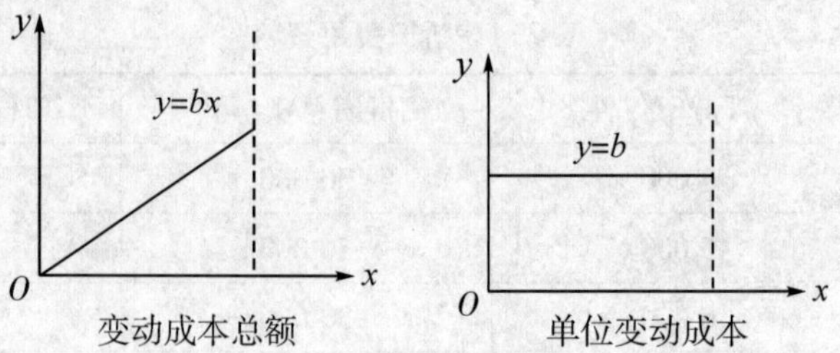

图 2-2　变动成本

【例 2-2】某厂生产一种产品，每件产品的变动生产成本（直接材料费用、直接人工费用、制造费用合计）为 100 元，则产量在一定范围内变动对成本的影响如表 2-2 所示。

表 2-2　变动成本资料

产量/件	总成本/元	单位成本/元
1 000	100 000	100
2 000	200 000	100
3 000	300 000	100
4 000	400 000	100
5 000	500 000	100

可见，当产量从 1 000 件增加到 5 000 件时，该项成本总额也从 100 000 元增加到 500 000 元，而单位成本仍然保持 100 元。

三、混合成本

（一）混合成本的定义

混合成本的特征是，其发生额虽随业务量变动而变动，但其变动的幅度并不同业务量的变动保持严格比例关系。也就是说，这类成本既不是固定成本，又不是变动成本，它是介于固定成本与变动成本之间的一种成本，实际上同时包含有固定与变动两个因素，是固定与变动两种成本混合在一起形成的成本。

（二）混合成本的种类

1. 半变动成本

这类成本的特征是它有一个初始量，即当业务量为零时成本就已经存在了，以后随着业务量的增加，成本总额也增加，如图 2-3 所示。

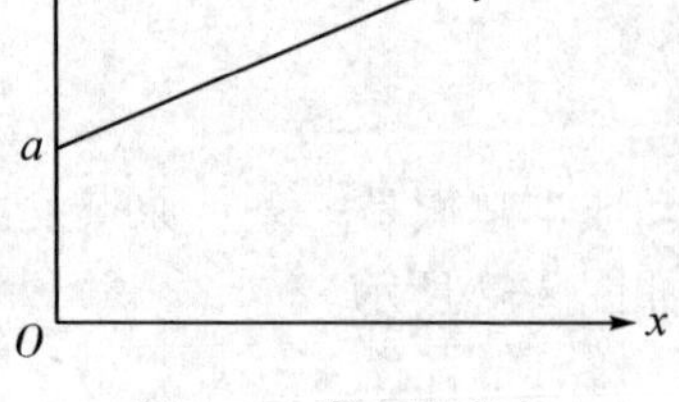

图 2-3　半变动成本

可以看出，半变动成本明显地是由一个固定成本（初始量）与变动成本（增量）混合在一起共同组成的，因此，也称为“标准式混合成本”，其性态模型可以用固定成本加上变动成本明确地表示出来：

$$y = a + bx$$

在企业中，机器设备的维护保养费、热处理设备能源消耗费、电话费、其他公共事业费、销售人员薪酬等，均属于半变动成本。

【例 2-3】 某企业有一台热处理设备，在对产品进行热处理加工时其电费由两个部分构成：加工前首先要对设备预热 5 分钟，耗电 100 度；预热完成后，每加工一件产品需耗电 200 度。企业执行工业电价，每度电 0.65 元。则加工 x 件产品的总电费为 $y = 65 + 130x$。

2. 半固定成本

这类成本的特征是其总额依次在不同业务量水平上保持相对固定，即当业务量在某个特定范围内变动时，成本总额保持不变；当业务量突破该特定范围而进入一个新范围时，成本总额就跳跃式上升，然后又保持不变，直到业务量再次突破这一新范围时才又一次跳跃式上升，就像阶梯一样。因此，半固定成本也称“阶梯式混合成本”。

在企业中，化验员、检验员的工资，以及受开工班次影响的动力费、整车运输费等，均属于此类成本。

【例 2-4】 某企业生产中需对产品质量进行检验。根据实践经验，每个检验员每天最多只能检验 200 件产品，每个检验员的月工资为 3 000 元。则企业产品检验人员的工资总额在不同产量水平下就呈阶梯式变动，如图 2-4 所示。

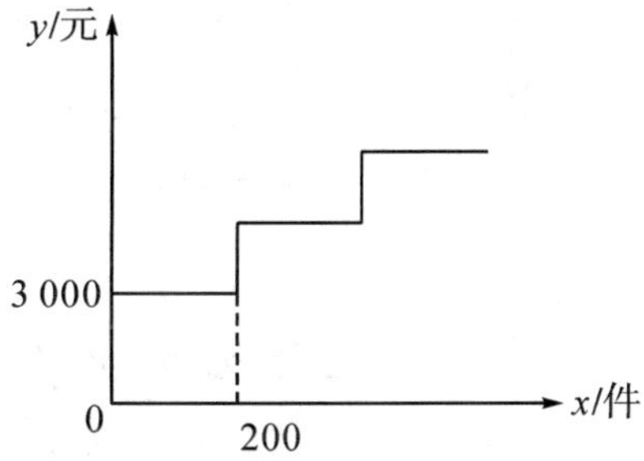

图 2-4　某企业半固定成本示例

3. 延伸变动成本

这类成本的特征是业务量从零到某个特定范围变动时成本总额保持不变，当业务量超过该特定范围时，成本就会随业务量的变动而同向均匀地变动。采用“固定工资加超定额计奖”办法来确定职工工资的企业，其工资费用就属于延伸变动成本。

【例 2-5】 某企业实行“固定工资加超定额计奖”的工资制度。当每月产量在 1 000 件内时，支付给职工的基础工资是 50 000 元，当产量超过 1 000 件时，再根据超产数量支付超产奖励。则该企业支付给职工的工资费用的性态模型如图 2-5 所示。

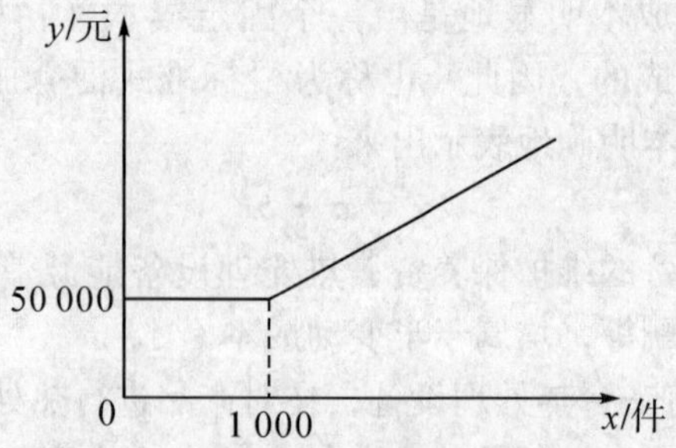

图 2-5　某企业延伸变动成本示例

4. 曲线型混合成本

这是指成本总额与业务量之间表现为非线性关系的成本。这类成本通常有一个初始量，相当于固定成本，在这个初始量的基础上，随着业务量的变动，成本也相应不均匀地变动，成本性态模型表现为一条曲线。这类成本中，有的成本随业务量的增加而增加，且成本的增长率高于业务量的增长率，通常称为"递增曲线成本"，如累进计件工资和各种违约金、罚金等；有的成本虽然随业务量的增加而增加，但成本的增长率低于业务量的增长率，通常称为"递减曲线成本"。曲线型混合成本如图 2-6 所示。

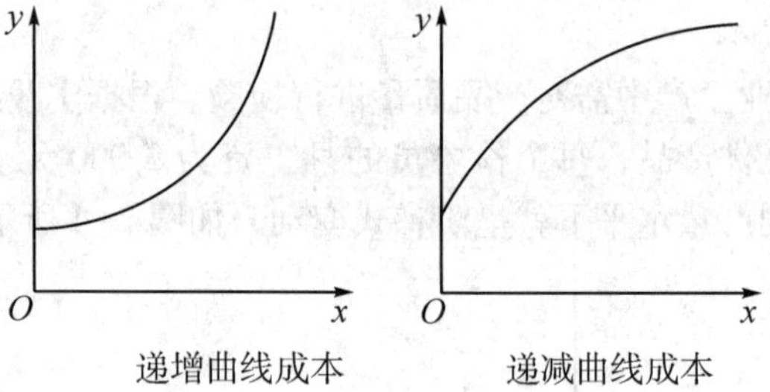

图 2-6　曲线型混合成本

第三节　混合成本分解

如前所述，混合成本实际上是由固定成本与变动成本混合在一起而形成的成本，它同时包含了固定和变动两种因素。这种既固定又不完全固定、既变动又不完全变动的成本，同业务量之间的依存关系不够明了，不便于企业管理者对成本作出正确的分析判断，不便于进行变动成本计算及本量利分析，因而不能满足企业内部管理的需要。为此，必须采用一定的方法对混合成本进行适当的分解，将其所包含的固定部分与变动部分分离出来，并分别归属于固定成本与变动成本之中，以正确反映一定期间企业全部成本与业务量之间的依存关系。

对混合成本进行分解，一般可以采用高低点法、散布图法或回归直线法。

一、高低点法

所谓高低点法，是以相关范围内成本随业务量变动的历史数值中高点和低点的连接直线代表混合成本线，通过确定该直线的方程来推算混合成本中固定成本与变动成本的方法。这种方法的主要特点是通过高点、低点成本之差和高点、低点业务量之差来推算混合成本中的固定成本与变动成本。

在高低点法中，对高点和低点的选取，通常约定以业务量的大小作为标准，高点是指业务量最大的点，以 M（X_H，Y_H）表示；低点是指业务量最小的点，以 N（X_L，Y_L）表示。

设连接 M、N 点的直线为 $Y = a + bx$，该直线方程近似地代表了混合成本的成本函数。由于 M、N 点在直线上，故必满足直线方程，即有

$$Y_H = a + bx_H$$

$$Y_L = a + bx_L$$

解此方程组得

$$\text{单位变动成本 } b = \frac{y_H - y_L}{x_H - x_L} = \frac{\Delta y}{\Delta x}$$

$$\text{固定成本 } a = y_H - bx_H = y_L - bx_L$$

从而，混合成本的成本函数（性态模型）为直线方程 $y = a + bx$。

【例 2-6】某企业 202×年上半年维修成本的历史数据如表 2-3 所示。

表 2-3　维修费用历史资料

月份	1	2	3	4	5	6
工时/小时	600	700	850	1 000	960	900
维修成本/元	10 000	11 500	13 500	15 000	14 500	14 000

根据历史成本数据，找出高点与低点如下：

	工时	维修成本
高点	1 000	15 000
低点	600	10 000
差额	400	5 000

于是，$b = \frac{y_H - y_L}{x_H - x_L} = \frac{\Delta y}{\Delta x} = \frac{5\ 000}{400} = 12.5$（元）

$a = y_H - bx_H = 15\ 000 - 12.5 \times 1\ 000 = 2\ 500$（元）

从而可以得到维修成本的性态模型为：$y = 2\ 500 + 12.5x$，利用该模型，还可以进行 600~1 000 工时相关范围内维修成本的预测。假定 202×年 7 月份预计维修工时为 800 小时，则 7 月份的维修成本预测值为

$y = 2\ 500 + 12.5 \times 800 = 12\ 500$（元）

高低点法虽然具有运用简便的优点，但它仅以高低两点来决定成本的性态，因而建立的成本性态模型可能不具有代表性。因此这种方法一般只适用于各期成本变动趋势较为稳定的情况。

二、散布图法

散布图法是将观察到的若干期成本随业务量变动的历史数据标注于坐标图上，

然后用目测的方式画出一条尽可能靠近所有坐标点的直线作为成本线，进而据此直线来推算混合成本中的固定成本和变动成本的方法。

散布图法的基本步骤如下：

第一，描点：以横轴为业务量、纵轴为成本建立直角坐标系，并将各期业务量与成本形成的历史数据在坐标系中描绘出来，形成一系列散布点；

第二，画线：通过目测画出一条直线，使其尽可能靠近上述所有散布点，并至少要通过一个散布点；

第三，确定固定成本 a：将第二步画出的直线向纵轴方向延伸，其与纵轴必然交于一点，读出交点的读数，即为固定成本数值 a；

第四，确定单位变动成本 b：假定第二步所画的直线经过第 i 个散布点，该散布点的坐标为（x_i，y_i），则其必然满足直线方程

$$y_i = a + bx_i$$

于是，可解出

$$b = (y_i - a) / x_i$$

有了 a，b 的值，则可建立起混合成本的性态模型 $y = a + bx$。

散布图法的主要优点在于全面考虑了已知的所有历史成本数据，比较直观，易于理解，但由于目测画出的成本线具有一定的主观性，致使混合成本分解的结果往往会因人而异。

三、回归直线法

回归直线法是指根据一系列历史成本资料，应用数学上的最小二乘法原理，确定能代表成本变动与业务量变动之间相互关系的回归直线，利用回归直线确定混合成本中的固定成本与变动成本的方法。

设回归直线方程为 $y = a + bx$，直线及各观察点在坐标图中的关系如图 2-7 所示。假设第 i 个观察点的坐标为（x_i，y_i），这就是说，当业务量为 x_i 时，混合成本的实际值是 y_i，然而，此时回归直线所反映出的混合成本却为 $a + bx_i$。于是，当业务量为同一个数值 x_i 时，回归直线反映的成本与实际成本之间就出现了一个误差：$e_i = y_i - (a + bx_i)$，如图 2-7 所示。

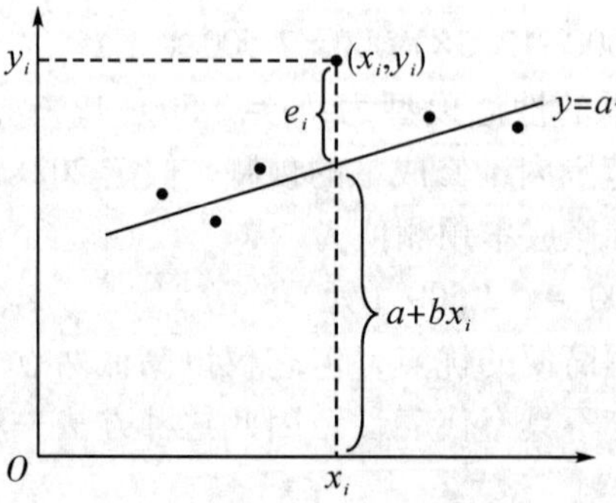

图 2-7　回归直线

观察点可能在直线上方，也可能在直线下方，这使得实际成本与回归直线确定的成本之间的误差 e_i 可能为正值，也可能为负值。我们将上述误差取平方，将其全部变成正数，然后求和，得到

$$S = \sum_i e_i^2 = \sum_i [y_i - (a + bx_i)]^2$$

显然，只要 S 能取到极小值，便能保证每一个误差 e_i 都达到最小，从而使得回归直线与各观察点靠得最近，这样，该回归直线的方程也就可以作为混合成本的性态模型，而直线方程中的两个参数 a 和 b 就成为混合成本中的固定成本与变动成本了。那么，S 能否取到极小值呢？这时，就可以利用数学中的微分极值原理进行计算了。

S 是一个二元函数，其取极值的必要条件是分别关于 a、b 的一阶偏导数为零，即

$$\frac{\partial S}{\partial a} = -2\sum_i [y_i - (a + bx_i)] = 0$$

$$\frac{\partial S}{\partial b} = -2\sum_i [y_i - (a + bx_i)] = 0$$

解上述两个方程组成的联立方程组，得到

$$\begin{cases} b = \dfrac{n\sum_i x_i y_i - \sum_i x_i y_i}{n\sum_i x^2 - (\sum_i x_i)^2} \\ a = \dfrac{\sum_i y_i - b\sum_i x_i}{n} \end{cases}$$

有了 a、b 的值，就可以建立混合成本的性态模型了。

回归直线分析法比前面两种方法更为精确，但使用回归直线法来进行混合成本的分解有一个前提，即成本 y 与业务量 x 之间应具有较密切的线性关系，只有如此，通过回归方程反映成本变动趋势才有意义。因此，在采用这种方法之前，需要先计算混合成本 y 与业务量之间的相关系数 r，以判断它们之间的线性密切程度。相关系数 r 的计算公式为

$$r = \frac{n\sum_i x_i y_i - \sum_i x_i \sum_i y_i}{\sqrt{[n\sum_i x_i^2 - (\sum_i x_i)^2][n\sum_i y_i^2 - (\sum_i y_i)^2]}}$$

相关系数 r 的取值范围一般在-1到$+1$之间。当 $r = -1$ 时，y 与 x 完全负相关；当 $r = 0$ 时，y 与 x 之间不存在线性关系；当 $r = +1$ 时，y 与 x 完全正相关。

在实际应用中，当 $r \to +1$ 时，说明 y 与 x 之间有比较密切的线性关系，这时，可以用回归直线法来进行混合成本的分解。

下面举例说明应用回归直线法进行混合成本分解的步骤。

【例 2-7】 某工厂的历史成本数据表明，维修成本在相关范围内的变动情况如表 2-4 所示。

表 2-4　某工厂机器工时与维修成本的历史资料

机器工时/千时	22	23	19	12	9	7	11	14
维修成本/万元	23	25	20	15	11	10	14	18

要求：

（1）用回归直线法进行维修成本的分解；

（2）若下期机器工时预计为 25 千时，试预测其维修成本。

第一步：根据历史成本资料，列表计算 $\sum x$、$\sum y$、$\sum xy$、$\sum x^2$、$\sum y^2$ 的值，具体如表 2-5 所示。

表 2-5　相关数据计算表

机器工时 x/千时	维修成本 y/万元	xy	x^2	y^2
22	23	506	484	529
23	25	575	529	625
19	20	380	361	400
12	15	180	144	225
9	11	99	81	121
7	10	70	49	100
11	14	154	121	196
14	18	252	196	324
$\sum x = 117$	$\sum y = 136$	$\sum xy = 2\ 216$	$\sum x^2 = 1\ 965$	$\sum y^2 = 2\ 520$

第二步：计算相关系数，判断 y 与 x 的线性密切程度。

$$r = \frac{8 \times 2\ 216 - 117 \times 136}{\sqrt{[8 \times 1\ 965 - 117^2]\ [8 \times 2\ 520 - 136^2]}} = 0.987\ 83 \to +1$$

说明维修成本 y 与业务量 x 之间具有较为密切的线性关系，可以利用回归直线法进行混合成本的分解。

第三步：计算 a、b 的值。

$$\begin{cases} b = \dfrac{n\sum\limits_i x_i y_i - \sum\limits_i x_i y_i}{n\sum\limits_i x^2 - (\sum\limits_i x_i)^2} = \dfrac{8 \times 2\ 216 - 117 \times 136}{8 \times 1\ 965 - 117^2} \approx 0.89 \\ a = \dfrac{\sum\limits_i y_i - b\sum\limits_i x_i}{n} = \dfrac{136 - 0.89 \times 117}{8} \approx 3.98 \end{cases}$$

第四步：建立混合成本的性态模型，并进行成本预测。

$y = 3.98 + 0.89x$

当 $x = 25$（千时）时，有

$y = 3.98 + 0.89 \times 25 = 26.23$（万元）

即若下期机器工时为 25 千时，则维修成本预计将达 26.23 万元。

【本章小结】

本章介绍了成本的一些分类方法，介绍了固定成本、变动成本和混合成本的含义、特征和种类，以及混合成本分解的高低点法、散布图法和回归直线法。成本性态分析的目的，是要将所有的成本都归属于固定成本和变动成本，并建立起成本性态模型，为进行成本分析、变动成本计算、本量利分析、经营决策等奠定基础。

【关键术语】

制造成本　非制造成本　直接成本　间接成本　固定成本　约束性固定成本　酌量性固定成本　变动成本　混合成本　混合成本分解　相关系数

【思考题】

1. 什么是成本性态？管理会计为什么要将成本按性态分类？如何分类？

2. 变动成本和固定成本各有何主要特点？

3. 混合成本的主要特征是什么？它具体可分为哪几类？每种类型之间有何区别和联系？

4. 什么是“相关范围”？它在成本性态分析中为何具有重要意义？

5. 为什么需要对混合成本进行分解？主要方法有哪些？试对这些方法进行比较，并说明其优缺点和适用性。

【练习题】

某企业过去一年中最高业务量与最低业务量情况下的制造费用总额列于表2-6。

表2-6　某企业机器工时与制造费用资料

项目	高点（11月）	低点（2月）
机器工时/小时	75 000	50 000
制造费用/元	176 250	142 500

其中制造费用中含有变动成本、固定成本和混合成本三类。该企业会计部门曾对低点业务量下的制造费用总额作了分析，其各类成本的组成情况如下：

变动成本　　　50 000元

固定成本　　　60 000元

混合成本　　　32 500元

低点制造费用合计　142 500元

要求：先将高点制造费用总额中的固定成本、变动成本和混合成本找出来，然后用高低点法对制造费用中的混合成本进行分解。

【延伸阅读】

请读者扫描二维码，阅读材料。

第三章
变动成本法

【本章学习目标】

本章主要介绍变动成本法的特点、变动成本法与完全成本法的区别。学习本章，应理解变动成本法的意义、作用和特点，掌握变动成本法与完全成本法在成本确定和损益确定上的区别，尤其是变动成本法的损益确定模式及其收益表的编制。

第一节 变动成本法概述

一、变动成本法的含义

变动成本法又称“直接成本法”，最早由美国会计学家哈里斯于1936年提出。据美国权威的《柯勒会计辞典》记载，第一篇专门论述直接成本法的论文是由美籍英国会计学家乔纳森·N. 哈里斯撰写的，刊于1936年1月15日的《全国会计师联合会公报》，这标志着变动成本计算的正式形成。第二次世界大战后，随着经济及科学技术的迅猛发展，资本主义经济的矛盾日趋尖锐，市场竞争日趋剧烈，企业管理当局为了能在竞争中立于不败之地，强烈要求企业会计部门提供与规划、决策等相适应的成本资料，于是在会计工作中开始逐步推广应用这种方法，从而使之成为管理会计的一项重要内容。

所谓变动成本法，是指在计算产品成本时，只将产品在生产过程中耗费的直接材料费用、直接人工费用和变动制造费用等变动性生产成本包含在内，而将固定性生产成本与非生产性成本一起作为期间成本处理的一种成本计算方法。

与变动成本法相对应的，是完全成本法，又称全部成本法或吸收成本法。采用完全成本法，产品成本的组成内容包括全部生产性成本，即直接材料费用、直接人工费用和全部制造费用，而只将非生产性成本作为期间成本。

二、变动成本法的理论前提

变动成本法认为，产品成本是在产品生产过程中发生的，并随产品流动而流动，随产量变动而变动。根据这一原则，只有直接材料费用、直接人工费用、变动制造费用是在产品生产过程中发生的，随产品流动，随产量变动，所以产品成本只包括这三大部分。固定制造费用主要是为企业提供一定的生产经营能量和条件而发生的，这些生产经营能量和条件一经形成，不管其实际利用程度如何，有关费用照样发生而不会受到影响，也就是说，与这部分费用联系的是会计期间，而不是产品，它只随着时间的推移而逐渐消逝，其效益不应该递延到下一会计期间，而应在费用发生的当期与非生产成本一起全额列作期间成本，从本期的销售收入中直接扣减。

三、变动成本法的成本构成

产品成本：按照变动成本法的观点，产品成本应是生产成本中的变动部分，即变动性生产成本，包括直接材料成本、直接人工成本和变动性制造费用。

期间成本：在变动成本法下，期间成本包括固定生产成本（固定制造费用）和非生产成本（销售费用、管理费用）。

四、变动成本法的相关计算公式

销售收入-变动成本=边际贡献

边际贡献-固定成本=经营利润

第二节　变动成本法与完全成本法的区别

变动成本法与完全成本法相比较而言，存在着以下不同：

一、计算的前提条件不同

变动成本法是以成本性态分析作为前提条件的。采用变动成本法，首先需要根据成本与业务量的依存关系，将全部成本划分成固定成本、变动成本和混合成本，并将混合成本按照特定的方法分解成固定成本和变动成本。

完全成本法是以成本按经济用途分类作为前提条件的。采用完全成本法，需要将全部成本按照其经济用途划分成生产成本（制造成本）与非生产成本（非制造成本）。

二、产品成本与期间成本的构成内容不同

在变动成本法（本章图中简称“变动法”）下，仅将与产品生产有直接联系的变动性生产成本（直接材料成本、直接人工成本、变动制造费用）计入产品成本，而将固定性生产成本（固定制造费用）和非生产成本（销售费用、管理费用）作为期间成本。在完全成本法（本章图中简称“完全法”）下，将全部生产性成本（直接材料成本、直接人工成本、全部制造费用）作为产品成本，而非生产成本（销售费用、管理费用）作为期间成本。具体如图 3-1 所示。

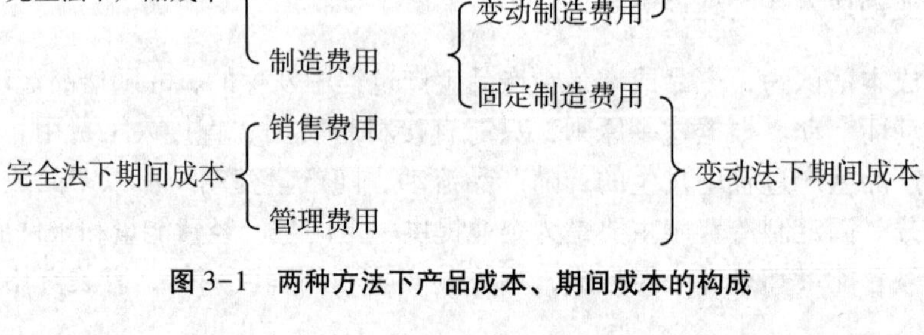

图 3-1　两种方法下产品成本、期间成本的构成

【例 3-1】假定某企业只生产一种产品，有关资料如下：生产量 5 000 件，单位直接材料费用 5 元；单位直接人工费用 3 元；单位变动制造费用 2 元；全年固定制造费用总额 20 000 元。则：

完全成本法下单位产品成本 = 直接材料费用+直接人工费用+变动制造费用+固定制造费用

= 5+3+2+20 000/5 000 = 14（元/件）

变动成本法下单位产品成本 = 直接材料费用+直接人工费用+变动制造费用

= 5+3+2 = 10（元/件）

三、对存货的估价不同

由于完全成本法的产品成本构成比变动成本法的产品成本构成多一个项目“固定制造费用”，而固定制造费用一般不会为 0，因此完全成本法下对存货的估价一般大于变动成本法下对存货的估价。

【例 3-2】沿用上例的资料，假定期末存货为 1 000 件，则：

完全成本法下的存货价值 = 14 000（元）

变动成本法下的存货价值 = 10 000（元）

可见，对同样的存货，完全成本法下对其估价一般要大于变动成本法下的估价。

【例 3-3】某公司只产销 A 产品，20××年度有关资料为：期初存货量为 0，全年生产量为 600 件，销售量 500 件，售价 450 元/件。单位直接材料成本 70 元，单位直接人工成本 60 元，单位变动制造费用 90 元，单位变动销售及管理费用 40 元；全年固定制造费用总额 30 000 元，固定销售及管理费用总额 15 000 元。存货计价按先进先出法。

要求：

（1）按变动成本法计算下列指标：单位产品成本、单位变动成本、固定成本；

（2）按完全成本法计算下列指标：单位产品成本、本期生产成本、销售成本。

解答：以 $b_{生产}$ 表示“单位变动生产成本”，$b_{非生产}$ 表示“单位变动非生产成本”，$a_{生产}$ 表示“固定生产成本（固定制造费用）”，$a_{非生产}$ 表示“固定非生产成本”，p 表示单位售价，x 表示销售量，$x_{生产}$ 表示生产量，Tcm 表示“边际贡献总额”，P 表示经营利润，则：

（1）按照变动成本法：

单位产品成本 = 单位变动生产成本（$b_{生产}$）

= 单位直接材料成本+单位直接人工成本+单位变动制造费用

= 70+60+90 = 220（元/件）

单位变动成本（b）= 单位变动生产成本+单位变动非生产成本

= $b_{生产}+b_{非生产}$

= 220+40 = 260（元/件）

固定成本总额（a）= 固定生产成本+固定非生产成本

= $a_{生产}+a_{非生产}$

= 30 000+15 000 = 45 000（元）

（2）按照完全成本法：

单位产品成本＝（单位直接材料费用＋单位直接人工费用＋单位变动制造费用）＋单位固定制造费用

$=b_{生产}+$单位固定制造费用

$=220+30\ 000/600=270$（元/件）

本期生产成本＝固定生产成本＋单位变动生产成本×生产量

$=a_{生产}+b_{生产}\times x_{生产}$

$=30\ 000+220\times 600=162\ 000$（元）

销售成本＝期初存货成本＋本期生产成本－期末存货成本

$=0+162\ 000-270\times 100=135\ 000$（元）

四、收益表格式不同

根据前述变动成本法的损益确定程序，可以得到变动成本法的收益表格式如表3-1 所示。

表 3-1　变动成本法下收益表（格式）

项目	金额	
销售收入		×××
减：变动成本		
变动生产成本	×××	
变动销售费用	×××	
变动管理费用	×××	
小计		×××
边际贡献		×××
减：固定成本		
固定制造费用	×××	
固定销售费用	×××	
固定管理费用	×××	
财务费用	×××	
小计		×××
经营利润		×××

而完全成本法下损益确定程序为：

销 售 收 入

减：销 售 成 本

销 售 毛 利

减：非 生 产 成 本

经 营 利 润

据此，可以得出完全成本法的收益表格式如表 3-2 所示。

表 3-2 完全成本法下收益表（格式）

项目	金额	
销售收入		×××
减：销售成本		
期初存货成本	×××	
加：本期生产成本	×××	
可供销售的商品生产成本	×××	
减：期末存货成本	×××	
小计		×××
销售毛利		×××
减：非生产成本		
销售费用	×××	
管理费用	×××	
财务费用	×××	
小计		×××
经营利润		×××

从两种方法损益表格式可以看出：

在完全成本法下，生产性成本（不论固定还是变动）列在损益表的上半部分，从销售收入中扣减，非生产性成本（亦不论固定还是变动）均列示于损益表的下半部分，从销售毛利中扣减。

而在变动成本法下，变动成本（不论生产性的还是非生产性的）均列示于损益表的上半部分，直接从销售收入中扣减，固定成本（亦不论生产性的还是非生产性的）均列示于损益表的下半部分，由边际贡献进行弥补。

下面举一例说明两种方法下收益表的编制。

【例 3-4】假设某厂只生产一种产品，有关资料如下：全年生产量 5 000 件，销售量 4 000 件，期初存货 0，单位售价 10 元；单位变动生产成本（直接材料费用、直接人工费用、变动制造费用）4 元，单位变动销售费用 0.4，单位变动管理费用 0.6 元；全年固定制造费用总额 10 000 元，固定销售费用 1 000 元，固定管理费用 1 000 元。

可编制收益表如表 3-3、表 3-4 所示。

表 3-3 完全成本法下收益表 单位：元

项目	金额	
销售收入		40 000
减：销售成本		
期初存货成本	0	
加：本期生产成本	30 000	
可供销售的商品生产成本	30 000	
减：期末存货成本	6 000	
小计		24 000

表3-3（续）

项目	金额	
销售毛利		16 000
减：非生产成本		
销售费用	2 600	
管理费用	3 400	
财务费用	0	
小计		6 000
经营利润		10 000

表 3-3 中：

销售收入＝销售单价×销售量＝10×4 000＝40 000（元）

本期生产成本＝固定生产成本+单位变动生产成本×生产量

$=a_{生产}+b_{生产}\times x$

＝10 000+4×5 000

＝30 000（元）

$$期末存货成本=\frac{本期生产成本}{生产量}\times 期末存货量$$

$$=\frac{30\ 000}{5\ 000}\times 1\ 000=6\ 000（元）$$

销售费用＝固定销售费用+单位变动销售费用×销售量

＝1 000+0. 4×4 000＝2 600（元）

管理费用＝固定管理费用+单位变动管理费用×销售量

＝1 000+0. 6×4 000＝3 400（元）

表 3-4　变动成本法下收益表　　单位：元

项目	金额	
销售收入		40 000
减：变动成本		
变动生产成本	16 000	
加：变动销售费用	1 600	
加：变动管理费用	2 400	
小计		20 000
边际贡献		20 000
减：固定成本		
固定制造费用	10 000	
加：固定销售费用	1 000	
加：固定管理费用	1 000	
小计		12 000
经营利润		8 000

表 3-4 中：

变动生产成本 = 单位变动生产成本×销售量
　　　　　　 = 4×4 000 = 16 000（元）

变动销售费用 = 单位变动销售费用×销售量
　　　　　　 = 0.4×4 000 = 1 600（元）

变动管理费用 = 单位变动管理费用×销售量
　　　　　　 = 0.6×4 000 = 2 400（元）

五、计算出的分期损益可能不同

由于变动成本法将固定制造费用视作期间成本，而完全成本法将固定制造费用视作产品成本，两种方法对固定制造费用的算法不同，这导致两种方法确定出的分期损益可能不一致。

如【例 3-4】的结果所示，根据同样的资料，按完全成本法计算出的利润为 10 000 元，而按变动成本法计算出的利润却为 8 000 元。

变动成本法与完全成本法计算出的分期损益为什么会存在差异呢？为了说明这一问题，我们来看例题。

【例 3-5】 某工厂某年初有 A 产品存货 4 000 件，其单位变动生产成本为 16 元，单位固定制造费用为 5.2 元；本年度该厂共生产 A 产品 20 000 件，销售 22 000 件，单价 30 元，单位变动生产成本 16 元，固定制造费用总额 80 000 元，单位变动销售及管理费用 2 元，固定销售及管理费用总额 100 000 元。假定存货计价按先进先出法。则按两种方法编制的收益表如表 3-5 和表 3-6 所示。

表 3-5　变动成本法下收益表　　　　单位：元

项目	金额	
销售收入		30×22 000 = 660 000
减：变动成本		
变动生产成本	16×22 000 = 35 200	
加：变动销管费用	2×22 000 = 44 000	
小计		396 000
边际贡献		264 000
减：固定成本：		
固定制造费用	80 000	
加：固定销管费用	100 000	
小计		180 000
经营利润		84 000

表 3-6　完全成本法下收益表　　单位：元

项目	金额	
销售收入		30×22 000=660 000
减：销售成本		
期初存货成本	4 000×（5.2+16）= 84 800	
加：本期生产成本	80 000+16×20 000= 400 000	
可供销售的商品生产成本	84 800+400 000=484 800	
减：期末存货成本	400 000/20 000×2 000=40 000	
小计		444 800
销售毛利		215 200
减：非生产成本		
销售及管理费用	100 000+2×22 000=144 000	
小计		144 000
经营利润		71 200

我们对用两种方法计算的收入及负担进行比较：

（1）收入相同：两种方法下均为 660 000 元。

（2）负担的非生产成本相同：两种方法下本期负担的销售及管理费用总额均为 144 000 元。

（3）负担的生产性成本：

完全成本法下，已销产品负担的生产成本为：

销售成本=84 800+400 000−40 000

=4 000×(5.2+16)+(80 000+16×20 000)−(80 000+16×20 000)/20 000×2 000

=(4 000×5.2+80 000−8 000)+16×(4 000+20 000−2 000)

=(20 800+80 000−8 000)+16×22 000

而变动成本法下，已销产品负担的生产成本为：

固定性生产成本+变动性生产成本=80 000+16×22 000

可见，两种方法计算出的负担的变动性生产成本相同，均为 16×22 000=352 000(元)。

不同在于负担的固定制造费用：用变动成本法计算出的为 80 000 元，而用完全成本法计算出的为 20 800+80 000−8 000=92 800（元）。这主要是由于采用完全成本法时，期末存货吸收了 8 000 元的固定制造费用：

$$\frac{80\ 000}{20\ 000}\times 2\ 000=8\ 000\text{（元）}$$

同时期初存货释放了 20 800 元的固定制造费用：

5.2×4 000=20 800（元）

这样，本期完全成本法实际负担的固定制造费用为 20 800+80 000−8 000=92 800（元），比变动成本法多负担 12 800 元的固定制造费用，因此完全成本法计算出来的利润就比变动成本法计算出的利润少 12 800 元：

$P_{完}-P_{变}=71\ 200-84\ 000=-12\ 800$（元）

两种方法下本年度负担的固定制造费用情况如图 3-2 所示。

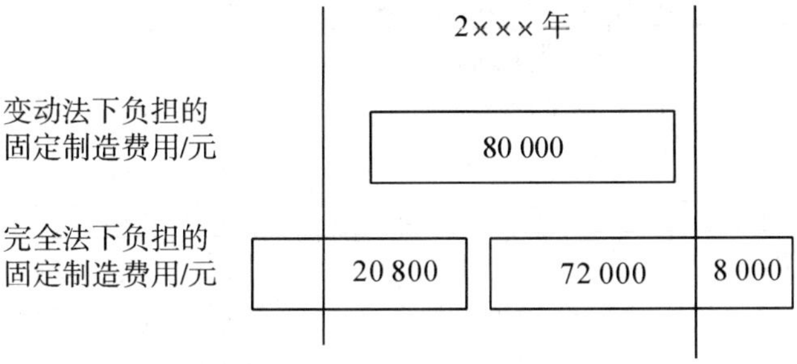

图 3-2　两种方法本年度负担的固定制造费用

可见，本年度两种方法负担的固定制造费用不同，是导致两种方法出现利润差的根本原因。

一般地，连续若干年两种方法下对固定制造费用（图中简称“固制”，后同）的处理可用图 3-3 表示。

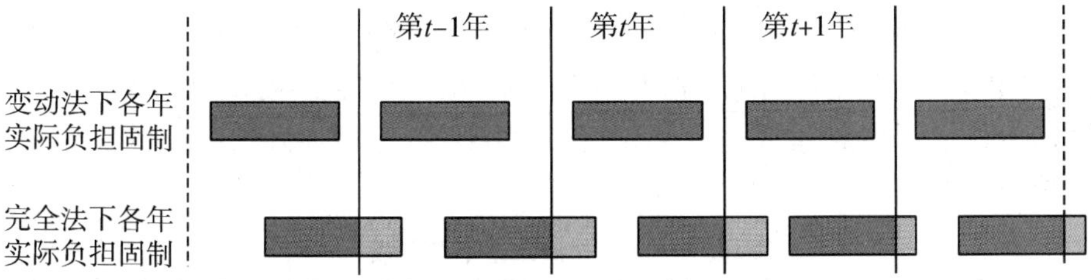

图 3-3　两种方法连续若干年度负担的固定制造费用

图中  为当年发生的固定制造费用。由图示中可以得到：

第 t 年完全成本法负担的固定制造费用为

完全成本法计入当期利润表的固定制造费用 = 期初存货释放的固定制造费用 + 本期发生的固定制造费用 − 期末存货吸收的固定制造费用

第 t 年变动成本法负担的固定制造费用为

变动成本法计入当期利润表的固定制造费用 = 本期发生的固定制造费用

可见，如果完全成本法下期末存货吸收的固定制造费用与期初存货释放的固定制造费用相等，则上述两个等式的右端相等，从而等式的左端也相等，即有：

第 t 年完全成本法负担的固定制造费用 = 第 t 年变动成本法负担的固定制造费用

从而：$P_{完}=P_{变}$。

反之，如果完全成本法下期末存货吸收的固定制造费用与期初存货释放的固定制造费用不相等，则上述两个等式的右端不相等，从而等式的左端也不相等，即有；

第 t 年完全成本法负担的固定制造费用 ≠ 第 t 年变动成本法负担的固定制造费用

从而：$P_{完}\neq P_{变}$。

由此我们发现，完全成本法与变动成本法的利润差，可以用完全成本法下期末存货吸收的固定制造费用与期初存货释放的固定制造费用之差来表示，即有如下利润差公式：

$$P_{完} - P_{变} = \frac{两种成本计算法当期}{营业利润的差额}(\Delta P)$$

$$= \frac{完全成本法下期末存货}{吸收的固定生产成本} - \frac{完全成本法下期初存货}{释放的固定生产成本}$$

$$\Delta P = \frac{完全成本法下期末存货}{单位固定制造费用} \times \frac{期末}{存货量} - \frac{完全成本法下期初存货}{单位固定制造费用} \times \frac{期初}{存货量}$$

该公式可以帮助我们检验两种方法下利润计算的正确性。下面来看一个例子：

【例 3-6】 假设某厂只生产一种产品，有关资料如表 3-7 所示。

表 3-7　产销量资料　　　单位：件

项目	第一年	第二年	第三年
生产量	9 000	7 000	8 000
销售量	7 000	7 000	9 000

产品单位售价 15 元，单位变动生产成本 5 元，单位变动销售费用 1 元，单位变动管理费用 0.5 元；全年固定制造费用 24 000 元，固定销售费用 10 000 元，固定管理费用 5 000 元。假定存货计价按先进先出法，则按两种方法编制的收益表如表 3-8、表 3-9 所示。

表 3-8　完全成本法下收益表　　　单位：元

摘要	第一年		第二年		第三年	
销售收入		105 000		105 000		135 000
减：销售成本						
期初	0		15 333		16 857	
本期	69 000		59 000		64 000	
期末	15 333		16 857		8 000	
小计		53 667		57 476		72 857
销售毛利		51 333		47 524		62 143
减：非生产成本						
销售费用	17 000		17 000		19 000	
管理费用	8 500		8 500		9 500	
小计		25 500		25 500		28 500
经营利润		25 833		22 024		33 643

表 3-9　变动成本法下收益表　　单位：元

摘要	第一年		第二年		第三年	
销售收入		105 000		105 000		135 000
减：变动成本						
变动生产成本	35 000		35 000		45 000	
变动销售费用	7 000		7 000		9 000	
变动管理费用	3 500		3 500		4 500	
小计		45 500		45 500		58 500
边际贡献		59 500		59 500		76 500
减：固定成本						
固定制造费用	24 000		24 000		24 000	
固定销售费用	10 000		10 000		10 000	
固定管理费用	5 000		5 000		5 000	
小计		39 000		39 000		39 000
经营利润		20 500		20 500		37 500

由两张收益表看出：

第一年完全成本法下期末存货吸收的固定制造费用为 24 000÷9 000×2 000≈5 333（元），期初存货释放的固定制造费用为 0，由利润差公式有：

$P_{完}-P_{变}=5\ 333-0=5\ 333$（元）

从收益表中利润数据来看：

$P_{完}-P_{变}=25\ 833-20\ 500=5\ 333$（元）

第二年完全成本法下期末存货吸收固定制造费用为 24 000/7 000×2 000≈6 857（元），而期初存货释放的固定制造费用为 5 333 元，由利润差公式知：

$P_{完}-P_{变}=6\ 857-5\ 333=1\ 524$（元）

从收益表数据来看：

$P_{完}-P_{变}=22\ 024-20\ 500=1\ 524$（元）

第三年完全成本法下期末存货吸收的固定制造费用为 24 000/8 000×1 000=3 000（元），期初存货释放的固定制造费用为 6 857 元，由利润差公式得到：

$P_{完}-P_{变}=3\ 000-6\ 857=-3\ 857$（元）

而从收益表数据来看：

$P_{完}-P_{变}=33\ 643-37\ 500=-3\ 857$（元）

第三节 对两种方法的评价

一、对变动成本法的评价

（一）变动成本法的优点

1. 能提供各种产品盈利能力的资料，有利于管理人员的决策分析

管理人员在进行利润规划和作出经营决策时，需要以各种产品的盈利能力为依据，而变动成本法提供的“边际贡献”指标能很好地反映产品的盈利能力。对企业的管理人员来说，借助变动成本法，以“边际贡献”为基础，可以进行本量利分析，揭示业务量与成本、利润变动的内在规律，并将其用于预测与规划，有利于正确地进行决策分析。

2. 能揭示利润与业务量之间的正常关系，有利于促使企业重视销售工作

变动成本法排除了生产量对利润的影响，使利润的变动只与销售量的变动有关，如实地反映了利润与销售量之间的正常关系，这将促使企业管理者更加重视销售，实现以销定产，防止盲目生产，从而提高企业的经济效益。

3. 便于分清企业内部各部门的经济责任，有利于控制成本

一般来说，变动成本是生产车间和供应部门的可控成本，可以通过制定标准成本和建立弹性预算进行控制；而固定成本则是管理部门的可控成本，可以通过制定费用预算的办法进行控制。各部门针对自己的可控成本采取措施进行控制，有利于分清各部门的经济责任。

4. 可以简化成本计算，避免固定成本分摊中的主观随意性

按照变动成本法，产品成本中只包括直接材料费用、直接人工费用、变动制造费用等变动性生产成本，而不包括固定制造费用和其他间接费用。这样，在计算确定产品成本时，就不必对固定制造费用或间接费用进行分配，这就省掉了大量的费用分配工作，大大简化了产品成本的计算，同时还可以防止利用固定制造费用和间接费用的分配来人为调节企业盈亏的现象的发生。

（二）变动成本法的缺点

1. 计算出来的成本数据，不符合对外会计报表编制的要求

按照传统的成本观念，产品成本是指为生产产品而发生的全部成本，既包括变动性生产成本，也包括固定性生产成本。这种观念在世界范围内得到广泛的认同，并被作为对外报告的标准，变动成本法确定的产品成本显然不符合这一要求。

2. 不能适应长期决策的需要

变动成本法是建立在成本性态分析基础之上的，而成本性态分析以相关范围作为前提，即在相关范围内，固定成本总额和单位变动成本均能保持不变。然而，从较长时期来看，固定成本和单位变动成本水平不可能不发生变动。长期决策要解决的是生产能力增减和经营规模变动等问题，涉及的时间较长，必然会突破相关范围，这时，成本性态就会发生与原来不一样的变化，变动成本法提供的有关信息就会失去相关性。

二、对完全成本法的评价

（一）完全成本法的优点

1. 可以鼓励企业提高产品生产的积极性

按照完全成本法，产量越大，单位产品负担的固定生产成本越低，从而产品的单位成本相对就越低，单位产品的获利水平就越高，客观上有助于促进企业的生产发展。

2. 便于企业编制对外报表

按照完全成本法计算出来的产品成本符合传统成本观念的要求，因而目前各种对外报表均要求企业按照完全成本法提供有关成本资料。

（二）完全成本法的缺点

完全成本法的最大缺陷，就是按照该法计算出的分期损益难于理解，不便于为决策、控制和分析提供直接的资料。表现在：

（1）每年销售量都相同，售价、成本资料也相同，但是按完全法计算出的各年利润却可能表现出较大的差别；

（2）销售量增加，而产品的售价、成本不变，利润反而减少；

（3）在售价、成本不变的情况下，产成品期末存货增加，企业利润也会增加。

三、变动成本法与完全成本法的结合应用

企业会计具有对内、对外服务的双向职能，一方面要定期提供财务报告，为企业外部的各利害关系人服务；另一方面要通过灵活多样的方法和手段提供各种有用的信息，为企业内部经营管理服务。变动成本法和完全成本法对企业的服务职能各有侧重：变动成本法侧重于对企业内部服务，而完全成本法侧重于对外服务。因此，企业会计为了能更好地履行其对内、对外服务两方面的职能，可以将两种方法结合使用，相互补充。具体做法是：

（1）日常核算以变动成本法为基础，生产成本、产成品和销售成本均按变动成本法反映；

（2）将“制造费用”账户分设成“变动制造费用”和“存货中的固定制造费用”账户。“变动制造费用”账户用来汇集生产过程中发生的变动制造费用，期末可将其转入“生产成本”账户。“存货中的固定制造费用”账户用来汇集当期发生的固定制造费用，期末可按下列方法处理：应由本期已销产品负担的固定制造费用，直接转入“本年利润”账户，用以抵减当期销售收入，计算当期利润；而应由在产品、产成品负担的固定制造费用，则仍留在该账户上。

（3）期末编制资产负债表时，将“存货中的固定制造费用”账户余额附加在资产负债表的存货项目上，使该项目得以按所耗的完全成本反映。

统一的核算过程如图 3-4 所示。

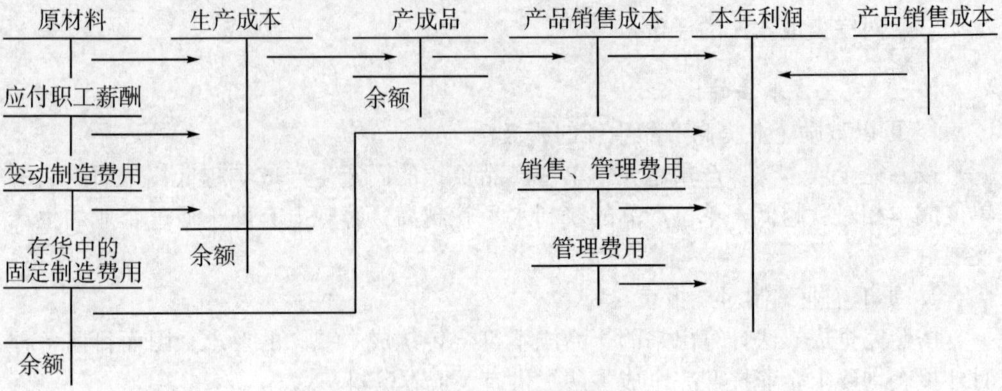

图 3-4 统一的核算过程

【本章小结】

本章通过分析变动成本法与完全成本法的区别，介绍了变动成本法和完全成本法的有关计算，揭示了两种方法在损益计算方面产生差异的根本原因，进而总结出两种方法利润差的计算方法，为将两种方法下的经营利润相互转换提供了一种手段。管理会计对变动成本法的研究，其目的是提供更加准确的、有利于企业管理者作出正确决策的信息。本章是进行本量利分析、经营决策以及规划控制等的基础。

【关键术语】

变动成本法　完全成本法　变动生产成本　固定生产成本　产品成本
期间成本　边际贡献　分期损益

【思考题】

1. 什么是变动成本法和完全成本法？试说明二者的基本特征并比较二者的不同。

2. 试说明变动成本法对固定制造费用处理的理由。

3. 当产销平衡时，两种方法所确定的分期损益是否一定相等？试证明你的结论。

4. 如何对两种方法下的利润进行转换？

5. 完全成本法和变动成本法各有何优缺点？

【练习题】

1. 某公司只产销 A 产品，20××年度有关资料为：期初存货量为 0，全年生产量为 600 件，销售量 500 件，售价 450 元/件，单位直接材料费用 70 元，单位直接人工费用 60 元，单位变动制造费用 90 元，单位变动销售及管理费用 40 元；固定制造费用总额 30 000 元，固定销售及管理费用总额 15 000 元。

要求：

（1）按变动成本法计算下列指标：

单位产品成本、单位变动成本、单位边际贡献、边际贡献总额、固定成本、经营利润。

（2）按完全成本法计算下列指标：

单位产品成本、本期生产成本、期末存货成本、销售成本、销售毛利、经营利润。

2. 某公司只产销 A 产品，20××年度有关资料为：期初存货量为 0，全年生产量为 400 件，销售量 300 件，售价 400 元/件，全年发生直接材料成本 24 000 元，直接人工成本 40 000 元，变动制造费用 10 000 元，固定制造费用 20 000 元，变动销售及管理费用 9 000 元，固定销售及管理费用 12 000 元。

要求：分别按完全成本法和变动成本法计算 20××年度的利润。

3. 某公司某月份变动成本法下的收益表如表 3-10 所示。(单位：元)

表 3-10　某公司某月份变动成本法下的收益表

销售收入		48 000
减：变动生产成本	19 200	
变动销售及管理费	4 800	
变动成本小计		24 000
边际贡献		24 000
减：固定制造费用	12 000	
固定销售及管理费	8 000	
固定成本小计		20 000
经营利润		4 000

假定产品单位售价为 12 元，月初无产成品存货，月末有 1 000 件。

要求：按完全成本法计算本月销售量、生产量、生产成本、存货成本、销售成本、经营利润。

4. 某企业生产甲产品，期初存货 200 件，本期生产量 800 件，本期销售量 700 件，每件售价 70 元。单位产品变动性生产成本 30 元，期初存货单位固定性制造费用 10 元，本期生产产品的固定性制造费用总额为 12 000 元。销售及管理费用全部是固定的，为 15 000 元。

（1）存货计价采用后进先出法计价；

（2）存货计价采用加权平均法。

要求：分别按完全成本法和变动成本法计算税前利润。

5. 某工厂某年初有乙产品存货 4 000 件，其单位变动生产成本为 16 元，单位固定制造费用为 5.2 元；本年度该厂生产乙产品 20 000 件，销售 18 000 件，单价 30 元，共发生销售及行政管理费（全部为固定）100 000 元。本年度单位生产成本如表 3-11 所示。

表 3-11　某工厂单位生产成本　　单位：元

直接材料费用	直接人工费用	变动制造费用	固定制造费用	合计
10	4	2	4	20

假定存货计价采用加权平均法。

要求：

(1) 按变动成本法为该厂编制本年度收益表。

(2) 试通过调整计算的方法确定本年度完全成本法的经营利润。

(3) 若存货计价改按先进先出法，则对两种方法下确定的经营利润会不会有影响？为什么？

6. 某公司三个会计年度的资料如表 3-12 所示。

表 3-12　某公司三个会计年度的资料

项目	第一年	第二年	第三年
生产量/件	3 000	4 000	2 000
销售量/件	3 000	3 000	3 000
单位售价/元	10	10	10
单位变动生产成本/元	4	4	4
单位变动销售及管理费/元	1	1	1
固定制造费用/元	12 000	12 000	12 000
固定销售及管理费用/元	2 500	2 500	2 500

要求：根据上述资料，分别按完全成本法和变动成本法编制连续三年的收益表，并具体说明两种方法下各年经营利润产生差异的原因。

【延伸阅读】

请读者扫描二维码，阅读材料。

第四章
本量利分析

【本章学习目标】

了解本量利分析的基本假设的内容和意义；掌握本量利分析的相关概念和方法，能用数学化的模型来揭示固定成本、变动成本、销售量、单价、销售额、利润等变量之间的内在规律；熟练掌握盈亏临界点分析、实现目标利润分析、敏感性分析等方法，为会计预测、决策提供必要的财务信息。

第一节　本量利分析概述

一、本量利分析的含义

本量利分析（cost-volume-profit analysis，CVP 分析）是成本-业务量-利润关系分析的简称，是指在变动成本计算模式的基础上，以数学化的会计模型来揭示固定成本、变动成本、销售量、单价、销售额、利润等变量之间的内在规律性联系，为会计预测、决策和规划提供必要的财务信息的一种定量分析方法。

目前，无论在西方还是我国，本量利分析的应用都十分广泛。它与经营风险分析相联系，可促使企业降低风险；与预测技术相结合，企业可进行保本预测、确保目标利润实现的业务量预测等；与决策融为一体，企业据此进行生产决策、定价决策和投资不确定性分析；企业还可将其用于全面预算、成本控制和责任会计。

二、本量利分析的基本假设

1. 相关范围假设

成本性态分析在分析一项成本是变动的还是固定的时，均限定在一定的相关范围内，这个相关范围就是成本按性态划分的基本假设，同时也构成了本量利分析的基本假设之一。相关范围假设具体可从期间假设和业务量假设来解读。

（1）期间假设。无论是固定成本还是变动成本，其固定性与变动性均体现在特定的期间内，其金额的大小也是在特定的期间内加以计量而得到的。随着时间的推移，固定成本的总额及其内容会发生变化，单位变动成本的数额及其内容也会发生变化。即使通过分析计算出了固定成本的总额和单位变动成本的大小，那也是彼期间而非本期间的结果。

（2）业务量假设。业务量发生变化，特别是变化较大时，即使成本的性态不发生变化（成本性态是有可能变化的），也需要重新加以计量。这就构成了新的业务量假设。

2. 模型线性假设

（1）固定成本不变假设。在企业经营能力的一定范围（相关范围）内，固定成本是固定不变的，表示在平面直角坐标图中，是一条与横轴平行的直线。

（2）变动成本与业务量呈完全线性关系假设。本假设在相关范围内才能成立，超出这个相关范围，变动成本与业务量之间的关系就需要另外来描述。这种关系表示在坐标图中是一条过原点的直线，该直线的斜率就是单位变动成本。

（3）销售收入与销售数量呈完全线性关系假设。这样假设等价于销售价格不变。在本量利分析中，通常假设销售价格为一个常数，这样销售收入与销售数量之间就呈现一种完全线性关系，表示在坐标图中也是一条过原点的直线，其斜率就是销售单价。

3. 产销平衡假设

本量利分析中的“量”指的是销售数量而非生产数量，在销售价格不变的条件下，这个“量”指销售收入。本量利分析的核心是分析收入和成本之间的对于关系。产量这一业务量的变动无论是对固定成本还是对变动成本，都可能产生影响，也会影响到收入和成本之间的对比关系。所以，站在销售数量的角度进行本量利分析时，就必须假设产销关系是平衡的。

4. 品种结构不变假设

本假设是指在一个多品种生产和销售的企业中，各种产品的销售收入占总销售收入的比重不变。由于多品种条件下各种产品的获利能力一般会不同，有时差异较大，如企业产销的产品品种结构发生较大变动，会导致预计利润与实际利润之间出现较大的“非预计性”出入。

上述假设间的关系为：相关范围假设是最基本的假设，是本量利分析的出发点；模型线性假设是由相关范围假设派生而来，也是相关范围假设的延伸和具体化；产销平衡假设与品种结构不变假设是对线性模型假设的进一步补充；同时，品种结构不变假设又是多品种条件下产销平衡假设的前提条件。

上述假设的背后都有一个共同的假设，即企业的全部成本可以合理或者说比较准确地分解为固定成本和变动成本；否则，本量利分析的结果和作用会打折扣。

三、本量利关系的基本公式

本量利分析的基本公式是变动成本法下计算利润的公式，该公式反映了价格、成本、业务量和利润各因素之间的相互关系。这些变量间的关系可用下列公式表示：

营业利润（P）= 销售收入-总成本

$=px-(a+bx)$

= 销售收入-变动成本-固定成本

= 单价×销售量-单位变动成本×销售量-固定成本

$=px-bx-a$

=（单价-单位变动成本）×销售量-固定成本

$=(p-b)x-a$

其中：

p——单价；

b——单位变动成本；

x——销售量；

a——固定成本。

四、边际贡献及其相关指标

在本量利分析中，边际贡献（contribution margin）是一个十分重要的概念。边际贡献是指销售收入减去变动成本以后的差额，又称贡献边际、贡献毛益、边际利润或创造额。它除了主要以边际贡献总额（total contribution margin，记作 Tcm）表示外，还有单位边际贡献（记作 cm）和边际贡献率（contribution margin rate，记作 cmR）两种形式。

单位边际贡献是指产品的销售单价减去单位变动成本后的差额，亦可用边际贡献总额除以有关销售量求得；边际贡献率是指边际贡献总额占销售收入总额的百分比，又等于单位边际贡献占单价的百分比，反映了产品为企业创利的能力，还可理解为每 1 元销售收入中边际贡献所占的比重。

$$\text{边际贡献总额（Tcm）} = \text{销售收入} - \text{变动成本} = px - bx$$
$$= \text{单位边际贡献} \times \text{销售量} = \text{cm} \cdot x$$
$$= \text{销售收入} \times \text{边际贡献率} = px \cdot \text{cmR}$$

$$\text{单位边际贡献（cm）} = \text{单价} - \text{单位变动成本} = p - b$$
$$= \frac{\text{边际贡献}}{\text{销售量}} = \frac{\text{Tcm}}{x}$$

$$\text{边际贡献率（cmR）} = \frac{\text{边际贡献}}{\text{销售收入}} \times 100\% = \frac{\text{Tcm}}{px} \times 100\%$$
$$= \frac{\text{单位边际贡献}}{\text{单价}} \times 100\% = \frac{\text{cm}}{p} \times 100\%$$

根据本量利基本公式，边际贡献、固定成本及营业利润三者之间的关系可用下式表示：

$$\text{营业利润（}P\text{）} = \text{边际贡献} - \text{固定成本} = \text{Tcm} - a$$

企业各种产品所提供的边际贡献，虽不是企业的营业利润，但与企业营业利润的形成有着密切的关系。边际贡献首先用于补偿企业的固定成本，如补偿有余额，则形成企业的利润；如果不足以补偿固定成本，则企业发生亏损。边际贡献代表一种产品为企业创利的能力。

与边际贡献率密切关联的指标是变动成本率。变动成本率（记作 bR）是指变动成本占销售收入的百分比，或单位变动成本占单价的百分比。计算公式为：

$$\text{变动成本率（bR）} = \frac{\text{变动成本}}{\text{销售收入}} \times 100\% = \frac{bx}{px} \times 100\%$$
$$= \frac{\text{单位变动成本}}{\text{单价}} \times 100\% = \frac{b}{p} \times 100\%$$

将边际贡献率与变动成本率两指标联系起来考虑，可得到以下关系式：

边际贡献率（cmR）= 1-变动成本率 = 1-bR

变动成本率（bR）= 1-边际贡献率 = 1-cmR

可见，边际贡献率与变动成本率是互补的，变动成本率高的企业，其边际贡献率低，创利能力小；反之，变动成本率低的企业，其边际贡献率高，创利能力大。

【例 4-1】边际贡献及相关指标的计算

已知：某公司只生产一种产品，单价为 16 元/件，单位变动成本为 12 元/件，固定成本为 18 000 元，202×年销售量为 8 000 件。

要求：

（1）计算全部边际贡献指标；

（2）计算营业利润；

（3）计算变动成本率；

（4）验证边际贡献率与变动成本率的关系。

解：

（1）单位边际贡献(cm) = $p-b$ = 16-12 = 4(元/件)

边际贡献总额(Tcm) = cm · x = 4×8 000 = 32 000(元)

边际贡献率(cmR) = $\frac{\text{cm}}{p}\times 100\% = \frac{4}{16}\times 100\% = 25\%$

（2）营业利润(P) = Tcm-a = 32 000-18 000 = 14 000(元)

（3）变动成本率(bR) = $\frac{b}{p}\times 100\% = \frac{12}{16}\times 100\% = 75\%$

（4）边际贡献率+变动成本率 = cmR+bR = 25% +75% = 1

第二节　保本分析

所谓保本（breakeven），就是指企业在一定期间内收支相等、盈亏平衡、不盈不亏、利润为零。当企业处于这种收支相等、损益平衡、不盈不亏、利润为零的特殊情况时，称为企业达到保本状态。保本分析（breakeven analysis）就是研究当企业恰好处于保本状态时本量利关系的一种定量分析方法，它是本量利分析的核心内容，又称为盈亏临界分析、够本分析等。保本分析的关键是保本点的确定。

保本点（breakeven point）是指能使企业刚好达到保本状态的业务量的总称。在该业务量水平上，企业收入与变动成本之差刚好与固定成本持平。稍微增加一点业务量企业就有盈利；反之，稍微减少一点业务量企业就会亏损。保本点又叫盈亏临界点、盈亏平衡点、损益分界点、损益平衡点等。在坐标图中，这个点正好是总收入线与总成本线的交点。为简化起见，亦可将其写作 BEP。

一、单一品种保本点的计算

单一品种保本点有两种表现形式：一是保本点的销售量（简称保本量）；二是保本点销售额（简称保本额）。它们都是标志企业达到收支平衡、实现保本的销售业务量指标。保本点的确定方法主要有以下三种：

（一）图解法

图解法是指通过绘制保本图来确定保本点位置的一种方法。该方法的原理是当总收入等于总成本时，企业恰好保本。单一品种情况下，将直角坐标系的横轴作为销售量轴，纵轴作为销售收入和总成本轴。图 4-1 中，销售收入线和总成本线的交点就是保本点，据此可以读出保本量和保本额的数值。具体作图步骤如下：

以单价 p 作为斜率，过原点 O 在坐标图上画一条直线 $y=px$，即销售收入线。

以固定成本 a 为截距，以单位变动成本 b 为斜率，画出总成本线 $y=a+bx$。

当单价 p 大于单位变动成本 b 时，销售收入线与总成本线必有交点，假定坐标为（x_0，y_0），则此点为保本点 BEP。其中：x_0 为保本量的值，y_0 为保本额的值。

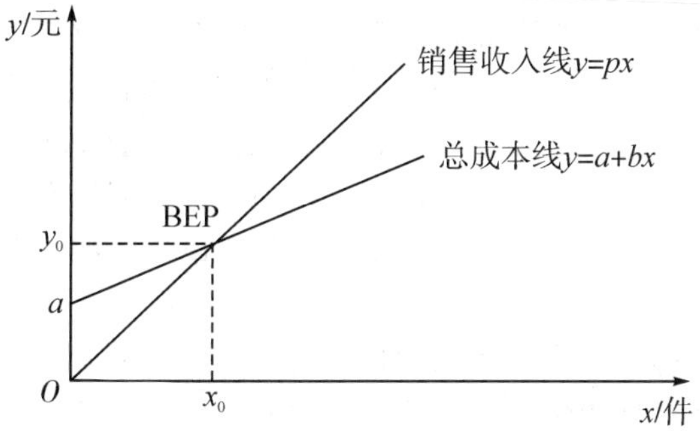

图 4-1　保本图

此法的优点在于形象、直观、容易理解。但由于绘图麻烦，而且保本量和保本额数值的确定都需要在数轴上读出，结果可能不十分准确。

（二）基本等式法

基本等式法是指在本量利关系基本公式的基础上，根据保本点的定义，先求出保本量，再推算保本额。其基本公式为

$$保本量（x_0）=\frac{固定成本}{单价-单位变动成本}=\frac{a}{p-b}$$

$$保本额（y_0）=单价\times保本量=px_0$$

【例 4-2】保本点的计算——基本等式法的应用

已知：仍按【例 4-1】资料。

要求：按基本等式法计算该企业 202×年的保本点。

解：$保本量=\frac{固定成本}{单价-单位变动成本}=\frac{18\ 000}{16-12}=4\ 500$（件）

保本额 = 单价×保本量 = 16×4 500 = 72 000（元）

（三）边际贡献法

边际贡献法是指利用边际贡献与业务量、利润之间关系直接计算保本量和保本额。它是在基本等式法的基础上发展而来的。其基本公式为：

$$保本量（x_0）=\frac{固定成本}{单位边际贡献}=\frac{a}{cm}$$

$$保本额（y_0）=\frac{固定成本}{边际贡献率}=\frac{a}{cmR}$$

【例 4-3】保本点的计算——边际贡献法的应用

已知：仍按【例 4-1】资料。

要求：按边际贡献法计算该企业 202×年的保本点。

$$解：保本量（x_0）=\frac{固定成本}{单位边际贡献}=\frac{18\ 000}{4}=45\ 000（件）$$

$$保本额（y_0）=\frac{固定成本}{边际贡献率}=\frac{18\ 000}{25\%}=72\ 000（元）$$

二、多品种保本点的计算

在实际经济生活中，绝大多数企业都不只生产经营一种产品。此时，单一品种本量利模型就无法运用。在多品种条件下，虽然也可以按具体品种计算各自的保本量，但由于不同产品的销售量不能直接相加，因而只能计算它们的保本总额，不能确定总保本量。这就需要进一步研究适用于多品种条件下的本量利分析方法和模型，主要的形式有：主要品种法、分品种计算法、联合单位法和综合边际贡献率法等。

（一）主要品种法

主要品种法是一种粗略或简化的本量利分析方法，实质上是单一品种本量利分析方法。在企业产品品种较多的情况下，如果存在一种产品的产销比重比较大，它提供的边际贡献占比较大，而其他产品边际贡献较小，或为无足轻重的副产品，或发展前景不大，则可按单一品种的方法进行盈亏平衡分析。

这种方法的依据在于主要品种必然是企业生产经营的重点，因此，固定成本应主要由该产品负担。这样，分析结果往往可能存在一些误差，但只要在合理范围内就不会影响决策的正确性。

确定主要品种应以边际贡献为标志（因为边际贡献才能补偿固定成本），在确定主要品种时只能选择一个品种。

（二）分品种计算法

分品种计算法是将企业固定成本总额按一定标准在各种产品之间进行分配，然后对每一品种分别进行本量利分析的方法。该方法一般分三步：一是计算固定成本分配率并分配至各种产品；二是计算各种产品的边际贡献率；三是计算各种产品的保本销售额。

需要注意的是：在分配固定成本时，专属固定成本直接分配，共同固定成本选择适当分配标准（如销售额或销售量的比例，产品的重量、长度、面积或所需工时的比例等）分配给各种产品。该方法适用于固定成本能在各种产品之间合理分配的多种产品生产企业。

【例 4-4】分品种计算法的应用

宝升公司计划生产销售甲、乙、丙三种产品，预计销售单价分别为 15 元、20 元和 32 元，单位变动成本分别为 9 元、14 元和 20 元，预计销售量分别为 2 000 件、1 100 件和 1 500 件，固定成本总额为 150 000 元。根据上述资料，请用分品种计算法计算该公司各产品的保本销售额（假定固定成本可按销售额比例进行分配）。

解：（1）先将固定成本总额分配给各种产品。

分配率=150 000÷（15×2 000+20×1 100+32×1 500）

=150 000÷（30 000+22 000+48 000）

=150 000÷100 000=1.5

甲产品应分配的固定成本=1.5×30 000=45 000（元）

乙产品应分配的固定成本=1.5×22 000=33 000（元）

丙产品应分配的固定成本=1.5×48 000=72 000（元）

（2）计算各产品的边际贡献率。

甲产品边际贡献率=（15-9）÷15×100%=40%

乙产品边际贡献率=（20-14）÷20×100%=30%

丙产品边际贡献率=（32-20）÷32×100%=37.5%

（3）计算各产品的保本销售额。

甲产品保本销售额=45 000÷40%=112 500（元）

乙产品保本销售额=33 000÷30%=110 000（元）

丙产品保本销售额=72 000÷37.5%=192 000（元）

（三）联合单位法

联合单位法是指在事先掌握多品种之间客观存在的相对稳定的产销实物量比例的基础上，确定每一联合单位的单价和单位变动成本，进行多品种条件下本量利分析的一种方法。如企业生产的甲、乙、丙 3 种产品的销量比为 1∶2∶3，则一个联合单位就相当于 1 个甲、2 个乙和 3 个丙的集合，其中甲产品为标准产品。在此基础上，可以按单一品种的本量利分析法计算联合保本量和联合保利量。

这种方法适用于利用同一种原料加工成性质相近、产出结构比较稳定的联产品的企业。计算公式如下：

$$联合保本量=\frac{固定成本}{联合单价-联合单位变动成本}$$

$$联合保利量=\frac{固定成本+目标利润}{联合单价-联合单位变动成本}$$

联合单价等于一个联合单位的全部收入；联合单位变动成本等于一个联合单位的全部变动成本。

在此基础上，可计算出每种产品的保本量和保利量，公式为

某产品保本量=联合保本量×该产品销量比

某产品保利量=联合保利量×该产品销量比

分别用每种产品的单价乘以该产品的保本量和保利量，可求出其保本额和保利额。

【例 4-5】联合单位法的应用

宝升公司使用同种原料加工成性质相近、产出结构比较稳定、十分畅销的三种联产品甲、乙、丙，有关资料如表 4-1 所示。

表 4-1　宝升公司产销资料（一）　　金额单位：元

品种	销售量/千克	单价	单位变动成本	固定成本
甲产品	20 000	20	17	60 000
乙产品	5 000	40	32	
丙产品	2 000	100	50	

要求：用联合单位法计算各产品的保本销售量。

解：产销实物量比例：甲：乙：丙＝20 000：5 000：2 000＝20：5：2

联合单价＝20×20+40×5+100×2＝800（元）

联合单位变动成本＝17×20+32×5+50×2＝600（元）

联合保本量＝60 000÷（800−600）＝300（千克）

甲产品保本量＝300×20＝6 000（千克）

甲产品保本额＝20×6 000＝120 000（元）

乙产品保本量＝300×5＝1 500（千克）

乙产品保本额＝40×1 500＝6 000（元）

丙产品保本量＝300×2＝600（千克）

丙产品保本额＝100×600＝60 000（元）

（四）综合边际贡献率法

综合边际贡献率法是指在确定企业综合边际贡献率（记作 cmR）的基础上分析多品种条件下本量利关系的一种方法。

该方法对各品种一视同仁，不要求分配固定成本，而是将各品种所创造的边际贡献视为补偿企业全部固定成本的收益来源。在此法下，企业的综合保本额和综合保利额公式为

$$综合保本额=\frac{固定成本}{综合边际贡献率}=\frac{a}{\text{cmR}}$$

$$综合保利额=\frac{固定成本+目标利润}{综合边际贡献率}=\frac{a+\text{TP}}{\text{cmR}}$$

运用该方法的关键是正确计算综合边际贡献率，具体方法有以下三种：

1. 加权平均边际贡献率法

加权平均边际贡献率法是指在各种产品边际贡献的基础上，以各种产品的预计销售收入比重作为权数，先确定企业加权平均的综合边际贡献率，然后分析多品种条件下本量利关系的一种定量分析方法。具体步骤为：

（1）计算各种产品的边际贡献率。

（2）计算全部产品的销售总额。

$$销售总额=\sum(某种产品的单价\times该产品的预计销售量)$$

（3）计算各种产品的销售比重。

$$销售比重=\frac{某种产品的销售额}{销售总额}$$

(4) 计算企业综合边际贡献率。

$$综合边际贡献率 = \sum(各产品的边际贡献率 \times 各产品的销售比重)$$

(5) 计算企业的综合保本额。

$$综合保本额 = \frac{固定成本总额}{综合边际贡献率}$$

(6) 计算各种产品的保本额及保本量。

$$各种产品的保本额 = 综合保本额 \times 各产品的销售比重$$

$$各种产品的保本量 = \frac{各种产品的保本销售额}{各种产品的单价}$$

【例 4-6】综合边际贡献率法的应用——加权平均边际贡献率法

宝升公司生产销售甲、乙、丙三种产品，固定成本为 11 500 元，产销资料如表 4-2 所示。

表 4-2　宝升公司产销资料（二）

项目	甲	乙	丙
销售量/个	500	1 000	1 500
销售单价/元	20	30	40
单位变动成本/(元·个$^{-1}$)	16	27	28

要求：计算该公司甲、乙、丙三种产品的保本销售量各是多少。

解：(1) 计算各种产品的边际贡献率。

甲＝(20−16)÷20×100%＝20%

乙＝(30−27)÷30×100%＝10%

丙＝(40−28)÷40×100%＝30%

(2) 计算全部产品的销售总额。

销售总额＝20×500+30×1 000+40×1 500＝100 000（元）

(3) 计算各种产品的销售比重。

甲产品所占百分比＝20×500÷100 000×100%＝10%

乙产品所占百分比＝30×1 000÷100 000×100%＝30%

丙产品所占百分比＝40×1 500÷100 000×100%＝60%

(4) 计算该企业综合边际贡献率。

综合边际贡献率＝20%×10%+10%×30%+30%×60%＝23%

(5) 计算企业综合保本额。

综合保本额＝11 500÷23%＝50 000（元）

(6) 分别计算各种产品的保本销售额。

甲＝50 000×10%＝5 000（元）

乙＝50 000×30%＝15 000（元）

丙＝50 000×60%＝30 000（元）

（7）计算各种产品的保本量。

甲＝5 000÷20＝250（个）

乙＝15 000÷30＝500（个）

丙＝30 000÷40＝750（个）

2. 边际贡献率总和法

边际贡献率总和法是在计算每种产品为企业创造的边际贡献率的基础上，求出企业边际贡献率的总和从而得到综合边际贡献率的方法。计算公式为

$$某种产品为企业创造的边际贡献率=\frac{该产品创造的边际贡献}{企业全部产品销售收入之和}\times100\%$$

$$综合边际贡献率=\sum 每种产品为企业创造的边际贡献率$$

此方法适用于已知各种产品为企业创造的边际贡献率的情况，但该方法无法进一步确定每种产品的保本点等指标。

【例 4-7】综合边际贡献率法的应用——边际贡献率总和法

承【例 4-6】，根据表 4-3 的资料，计算宝升公司的综合保本额。

表 4-3　宝升公司产销资料（三）

项目	甲	乙	丙	合计
销售收入/元	10 000	30 000	60 000	100 000
变动成本/元	8 000	27 000	42 000	77 000
边际贡献/元	2 000	3 000	18 000	23 000
边际贡献率/%	20	10	30	

解：甲产品为企业创造的边际贡献率＝（2 000÷100 000）×100%＝2%

乙产品为企业创造的边际贡献率＝（3 000÷100 000）×100%＝3%

丙产品为企业创造的边际贡献率＝（18 000÷100 000）×100%＝18%

综合边际贡献率＝2%+3%+18%＝23%

综合保本额＝11 500÷23%＝50 000（元）

3. 边际贡献总额法

边际贡献总额法是根据一定条件下企业各种产品的边际贡献总额与销售收入总额之比来确定综合边际贡献率的方法。计算公式为

$$综合边际贡献率=\frac{全部产品边际贡献之和}{全部产品销售收入之和}\times100\%$$

此方法比较简单，不需要每种产品的详细资料，只需企业边际贡献总额和销售收入资料即可，但该方法无法进一步确定每种产品的保本点等指标。

【例 4-8】综合边际贡献率法的应用——边际贡献总额法

承【例 4-7】，计算宝升公司的保本额。

解：综合边际贡献率＝（23 000÷100 000）×100%＝23%

综合保本额＝11 500÷23%＝50 000（元）

上述三种计算综合边际贡献率的方法实质上是一样的，只是它们分别适用于掌

握资料详略不同的情况。虽然加权平均法要求掌握比其他两种方法更详细具体的资料，但它能够提供比其他两种方法更为有用的信息从而更具有实用性。由于在管理会计实务中，大多按加权平均法计算综合边际贡献率。故也有人将综合边际贡献率法直接称为加权平均法。

联合单位法、主要品种法和分品种计算法都属于将多品种条件下的本量利分析转化或简化为单一产品本量利分析的形式，又有各自的运用条件。如，主要品种法要求品种主次分明；分品种计算法则要求能够客观地将固定成本在各产品之间进行分配；联合单位法必须在有严格产出规律的联产品生产企业应用；边际贡献率法一般要求资料齐全，产品结构相对稳定。在实际应用时，应根据具体情况，选择适合本企业特点的方法进行多品种本量利分析。

三、安全边际、销售利润率及保本作业率

只有当产品销售量大于保本量时，企业才处于盈利状态，而且，产品销售量大于保本量的数量越大，获得的利润就越大；反之，获得的利润就越小，甚至亏损。从企业经营的角度来看，产品销售量大于保本量的数量越大，经营就越安全；反之亦然。衡量企业经营安全程度的指标有两种：安全边际和保本作业率。

（一）安全边际

安全边际（margin of safety）是指实际或预计的销业务售量（包括销售量和销售额两种形式，分别记为 x_1 和 y_1）超过保本点业务量的差额，包括绝对量和相对量两种形式。安全边际的绝对量又包括安全边际销售量（简称安全边际量，记作 MS 量）和安全边际销售额（简称安全边际额，记作 MS 额）；安全边际相对量，又称安全边际率（记作 MSR）。计算公式如下：

$$安全边际量（MS 量）= 实际或预计销售量-保本量 = x_1 - x_0$$

$$安全边际额（MS 额）= 实际或预计销售额-保本额 = y_1 - y_0$$

$$= 单价 \times 安全边际量 = p \cdot MS 量$$

$$安全边际率（MSR）= \frac{安全边际量}{实际或预计销售量} \times 100\% = \frac{MS 量}{x_1} \times 100\%$$

$$= \frac{安全边际额}{实际或预计销售额} \times 100\% = \frac{MS 额}{y_1} \times 100\%$$

安全边际量和安全边际额都是正指标，即越大越好。西方一般用安全边际率来评价企业的安全程度，表 4-4 列示了企业经营安全程度检验标准。

表 4-4　企业经营安全程度检验标准

安全边际率	10%以下	10%~20%	20%~30%	30%~40%	40%以上
安全程度	危险	值得注意	比较安全	安全	很安全

（二）销售利润率

销售利润率是经营利润和销售收入的比，以“PR”表示。

$$PR = \frac{P}{px} = cmR \times MSR$$

推导过程如下：

$$PR=\frac{P}{px}=\frac{cmx-a}{px}=\frac{cmx-cmx_0}{px}=\frac{cm\ (x-x_0)}{px}=\frac{cm}{p}\times\frac{x-x_0}{x}=cmR\times MSR$$

（三）保本作业率

保本作业率又叫危险率（danger rate，dR），是指保本量占实际或预计销售业务量的比，该指标是反指标，其越小说明越安全。计算公式为

$$保本作业率（dR）=\frac{保本量}{实际或预计销售量}\times100\%=\frac{x_0}{x_1}\times100\%$$

$$=\frac{保本额}{实际或预计销售额}\times100\%=\frac{y_0}{y_1}\times100\%$$

（四）安全边际率和保本作业率的关系

安全边际率+保本作业率=MSR+dR=1

【例 4-9】企业的经营安全程度指标计算及评价

已知：仍按【例 4-1】、【例 4-3】资料。

要求：

（1）计算该企业的安全边际指标；

（2）计算该企业的保本作业率；

（3）验证安全边际率与保本作业率的关系；

（4）评价该企业的经营安全程度。

解：（1）安全边际量=实际销售量-保本销售量=8 000-4 500=3 500（件）

安全边际额=实际销售额-保本销售额=16×8 000-72 000=56 000（元）

安全边际率=安全边际量÷实际销售量=3 500÷8 000×100%=43. 75%

（2）保本作业率=保本销售量÷实际销售量=4 500÷8 000×100%=56. 25%

（3）安全边际率+保本作业率=43. 75%+56. 25%=1

（4）安全边际率为 43. 75%，所以可以断定该企业处于很安全的状态。

（五）安全边际量与利润的关系

只有安全边际量才能为企业提供利润，所以安全边际额和利润之间有必然的联系。安全边际部分的销售额减去自身变动成本后成为企业利润，即安全边际中的边际贡献等于利润。推导过程如下：

利润=销售收入-变动成本-固定成本

=边际贡献-固定成本

=销售收入×边际贡献率-保本额×边际贡献率

=（销售收入-保本额）×边际贡献率

因此，利润=安全边际额×边际贡献率

=单位边际贡献×安全边际量

四、本量利关系图

本量利关系图又称保本图，是以保本点为核心，在直角坐标系中绘制的反映成本、收入、利润等指标位置关系的图形，一般有三种形式。

1. 基本式

基本式本量利关系图（图 4-2）中，主要反映以下指标：

（1）三条线，即销售收入线 $y=px$、总成本线 $y=a+bx$、固定成本线 $y=a$。

（2）一个点，即保本点 BEP（x_0，y_0）。

（3）两个区域，即盈利区、亏损区。

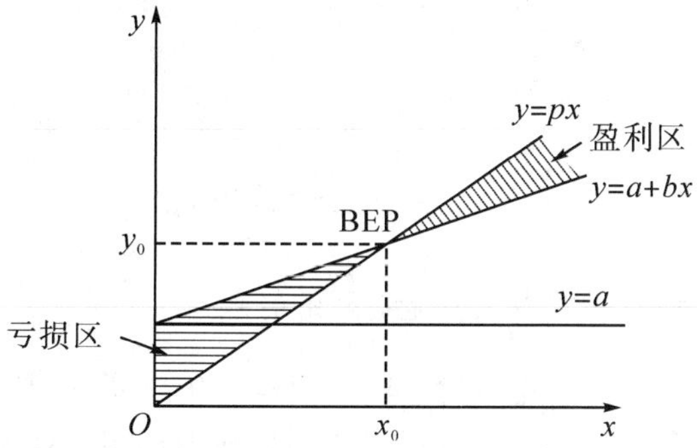

图 4-2　基本式本量利关系图

2. 贡献式

贡献式本量利关系图（图 4-3）中，主要反映以下指标：

（1）三条线，即销售收入线 $y=px$、总成本线 $y=a+bx$、变动成本线 $y=bx$。

（2）一个点，即保本点 BEP（x_0，y_0）。

（3）三个区域，即盈利区、亏损区和贡献区。

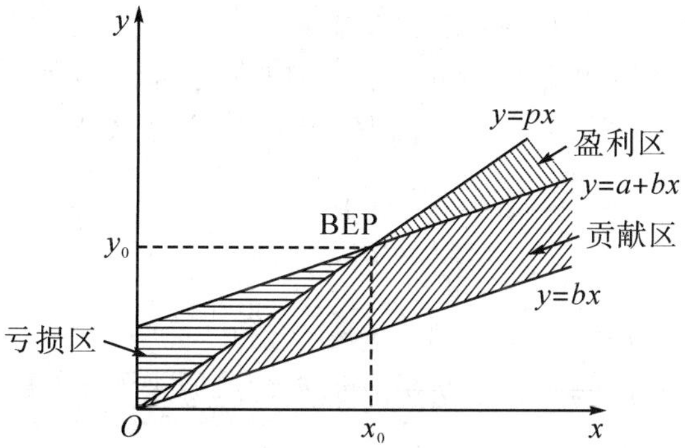

图 4-3　贡献式本量利关系图

3. 量利式

量利式本量利关系图（图 4-4）中，主要反映以下指标：

（1）两条线，即利润线 $P=\text{cm}x-a$ 和边际贡献线 $y=\text{cm}x$。

（2）一个点，即保本点 BEP。

（3）三个区域，即盈利区、亏损区和贡献区。

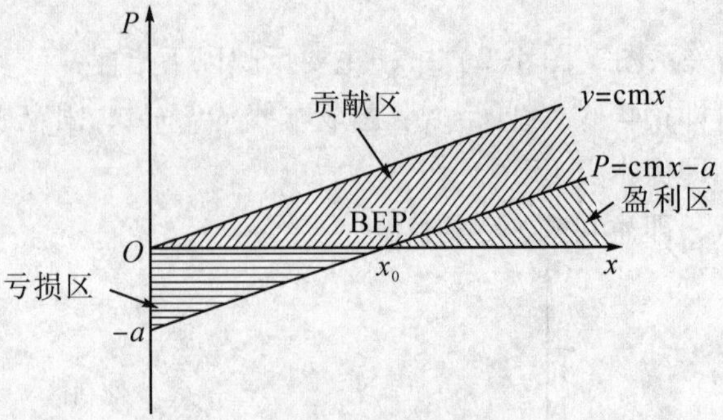

图 4-4　量利式本量利关系图

五、有关因素变动对保本点及安全边际的影响

在计算保本点时，我们假定单价、固定成本、单位变动成本等诸多因素均不变动，但实际上这种静态平衡不可能维持很久，这些因素很可能发生变化，如产品售价的波动、固定成本的升降等。

因素变动对保本点的影响：

保本点 $x_0=\dfrac{a}{p-b}=\dfrac{a}{\mathrm{cm}}$，而 $\mathrm{cm}=p-b$

1. 售价单独变动

售价提高时，会使得单位边际贡献和边际贡献率上升，相应会降低保本点，使企业经营状况向好的方向发展；售价降低时，情况则相反。

【例 4-10】售价单独变动对保本点的影响

某企业生产的 A 产品单位售价 40 元，单位变动成本 30 元，全月固定成本总额 36 000 元。为增加产品销售量，企业拟下年度降低售价 10%。则：

降价前的保本量 $=\dfrac{36\ 000}{40-30}=3\ 600$（件）

降价后的保本量 $=\dfrac{36\ 000}{40\times(1-10\%)-30}=6\ 000$（件）

计算结果表明，A 产品降价 10%后，保本量从原来的 3 600 件上升到 6 000 件，上升了 2 400 件。

2. 单位变动成本单独变动

单位变动成本的变动会引起单位边际贡献或边际贡献率向相反方向变动。单位变动成本上升会提高保本点，使企业经营状况向不利方向发展；反之则相反。

在【例 4-10】中，若 A 产品的单位变动成本下降 10%而其他条件不变，则：

单位变动成本降低后的保本量 $=\dfrac{36\ 000}{40-30\times(1-10\%)}\approx 2\ 769$（件）

计算结果表明，A 产品单位变动成本降低 10%后，保本量从原来的 3 600 件下降到 2 769 件，下降了 831 件。

3. 固定成本单独变动

固定成本增加会提高保本点，使企业向不利方向发展；反之则相反。

在【例 4-10】中，若企业的固定成本下降 10%而其他条件不变，则

$$固定成本降低后的保本量=\frac{36\ 000\times(1-10\%)}{40-30}=3\ 240（件）$$

计算结果表明，企业固定成本降低 10%后，保本量从原来的 3 600 件下降到 3 240 件，下降了 360 件。

4. 预计销售量单独变动

预计销售量单独变动不会影响保本点。

5. 多因素同时变动

多因素同时变动时，保本点的变动要视具体情况而定，既可能上升，也可能下降，甚至可能不变。

【例 4-11】某企业生产 B 产品，本年度其单价为 100 元，单位变动成本为 60 元，固定成本总额为 50 000 元。下年度打算将 B 产品的售价提高 10%，同时增加材料投入，将单位变动成本提高 10%，而固定成本保持不变。则

$$售价和单位变动成本变动前的保本量=\frac{50\ 000}{100-60}=1\ 250（件）$$

$$售价和单位变动成本变动后的保本量=\frac{50\ 000}{100\times(1+10\%)-60\times(1+10\%)}\approx 1\ 136（件）$$

可见，售价和单位变动成本同时增加 10%，保本量由 1 250 件下降到 1 136 件。

6. 产品品种构成变动对保本点的影响

当企业同时生产多种产品时，由于不同产品的盈利性通常是不同的，因此产品品种构成变动必然要对企业的保本点产生一定的影响。品种构成的改变，将改变企业综合边际贡献率，从而使企业的保本点发生相应的变动。具体表现为：在产品品种结构中提高边际贡献率高的产品的比重，或降低边际贡献率低的产品的比重，就会增大综合边际贡献率，相应会降低保本点，使企业的利润水平提高，经营状况朝好的方向发展；反之，则情况正好相反。因此，正确确定经济合理的产品品种结构，是提高企业盈利能力的一项重要措施。

综上所述，要增加利润，在产销单一产品的情况下，应从提高销售量和销售单价、降低单位变动成本和固定成本总额等方面入手，而在产销多种产品的情况下，还可以通过调整产品结构、增大边际贡献率高的产品的销售比重来实现。

六、因素变动对安全边际的影响

安全边际量=实际或预计的销售量-保本量，即

$$\text{MS}量=x_1-x_0=x_1-\frac{a}{p-b}$$

可见，安全边际量受 a、p、b、x 四个因素的影响。由于 x_0 作为减数，因此因素变动对安全边际量的影响可以通过 x_0 的变动表现出来。

1. 售价变动

当售价变动时，由于保本点会向反方向变动，因而在销售量不变的情况下，安全边际会和售价同向变动。

2. 单位变动成本变动

当单位变动成本变动时，由于保本点会向同方向变动，因而在销售量不变的情况下，安全边际会和单位变动成本反向变动。

3. 固定成本变动

当固定成本变动时，由于保本点会向同方向变动，因而在销售量不变的情况下，安全边际会和固定成本反向变动。

4. 多因素同时变动

当两个及两个以上因素同时发生变动时，安全边际的变动要视具体情况而定。

七、保本措施

保本量是企业经营处于保本状态时的销售量或销售额水平。企业要实现保本，除销售量或销售额分别取值为 x_0 或 y_0 外，还可以采取哪些措施呢？

由利润公式

$$P=px-bx-a=0$$

可得：保本售价 $p_0=b+\frac{a}{x}$

保本单位变动成本 $b_0=p-\frac{a}{x}$

保本固定成本 $a_0=(p-b)x=\text{cm}\cdot x$

【例 4-12】保本措施

某企业只经营一种产品，其单价 100 元，单位变动成本 60 元，全年固定成本预计 90 000 元，预计销售量 6 000 件。若该企业要想实现保本，可以采取以下措施：

保本销售量 $x_0=\frac{a}{p-b}=\frac{90\ 000}{100-60}=2\ 250$（件）

保本售价 $p_0=b+\frac{a}{x}=60+\frac{90\ 000}{6\ 000}=75$（元）

保本单位变动成本 $b_0=p-\frac{a}{x}=100-\frac{90\ 000}{6\ 000}=85$（元）

保本固定成本 $a_0=(p-b)x=(100-60)\times 6\ 000=240\ 000$（元）

只要销量不低于 2 250 件；单价不低于 75 元/件，或者单位变动成本不超过 85 元/件，或者固定成本不超过 240 000 元，该企业就不会亏损。

第三节　保利分析

保本分析以利润为零、企业不盈不亏为前提条件。但是本量利分析不应当停留在如此简单的水平上。因为从完整的意义上说，不能始终把利润这个重要因素排除在外忽略不计。从现实的角度看，企业作为处于现代市场经济环境中独立核算、自负盈亏的商品生产者和经营者，绝不能仅仅满足于不亏本和维持简单再生产。企业不但要保本，还要有盈利，否则就无法发展，甚至影响未来的生存。合理合法取得盈利，既符合生产目的，又是获得经济效益的具体体现，不能实现盈利是不正常的。因此，只有在考虑到盈利存在的条件下才能充分揭示成本、业务量和利润之间的正常关系。

一、保利点

（一）保利点的含义

保利点是指在单价和成本水平确定的情况下，为确保预先确定的目标利润（target profit，TP）能够实现，而应达到的销售量和销售额的统称。因此，保利点也称实现目标利润的业务量，具体包括保利量（记作 x_T）和保利额（记作 y_T）两项指标。

（二）保利点的计算

根据本量利分析的基本公式，可推导出保利点的计算公式：

$$保利量\ x_T=\frac{固定成本+目标利润}{单价-单位变动成本}=\frac{a+TP}{p-b}$$

$$保利额\ y_T=单价\times保利量=p\cdot x_T$$

$$=\frac{固定成本+目标利润}{边际贡献率}=\frac{a+TP}{cmR}$$

$$=\frac{固定成本+目标利润}{1-变动成本率}=\frac{a+TP}{1-bR}$$

【例 4-13】保利点的计算

已知：仍按【例 4-1】中的资料，假设该公司 202×年的目标利润 TP 为 5 400 元，价格和成本水平同上年完全相同。

要求：计算该年的保利点。

解：$保利量\ x_T=\frac{a+TP}{p-b}=\frac{18\ 000+5\ 400}{16-12}=5\ 850$（件）

$保利额\ y_T=\frac{a+TP}{cmR}=\frac{18\ 000+5\ 400}{25\%}=93\ 600$（元）

（三）保利点和保本点的关系

保本量和保利量的公式分别为

$$保本量\ x_0=\frac{a}{p-b}=\frac{a}{cm}$$

$$保利量\ x_T=\frac{a+TP}{p-b}=\frac{a+TP}{cm}$$

对比两个公式可发现，保利量在分子上比保本量多出一项目标利润 TP，若目标利润 TP 为 0，那么保利量和保本量就是一样的了。这就说明，保本点其实是一个特殊的保利点，而保本状态是一种特殊的保利状态。当将目标利润确定为 0 时，实际上就是要求保本。

二、有关因素变动对保利点的影响

由保利点的计算公式

$$x_T=\frac{a+\text{TP}}{p-b}=\frac{a+\text{TP}}{\text{cm}};\ y_T=px_T$$

可见，影响保利点的因素有四个，即固定成本 a，售价 p，单位变动成本 b 和目标利润 TP。

1. 售价变动

当售价提高时，单位边际贡献提高，保利点下降；当售价降低时，单位边际贡献降低，保本点提高。可见，当售价发生变动时，保利点与之反向变动。

2. 单位变动成本变动

当单位变动成本提高时，单位边际贡献下降，保利点提高；当单位变动成本降低时，单位边际贡献提高，保利点下降。可见，当单位变动成本发生变动时，保利点与之同向变动。

3. 固定成本变动

当固定成本提高时，单位边际贡献下降，保利点提高；当单位变动成本降低时，单位边际贡献提高，保利点下降。可见，当单位变动成本发生变动时，保利点与之同向变动。

4. 目标利润变动

由保利量的计算公式可看出，目标利润和固定成本都在分子上，其对保利点的影响与固定成本对保利点的影响相同。当目标利润提高时，保利点提高；当目标利润降低时，保本点降低。可见，当目标利润发生变动时，保利点与之同向变动。

5. 多因素同时变动

如果两个及以上的因素同时发生变动，保利点将怎样变化要视具体情况而定。

三、实现目标利润的措施

一定期间企业的营业利润以 TP 表示，则有利润公式：$\text{TP}=(p-b)x-a$。

由此可知，要实现目标利润，除了销售量、销售额分别取值 x_T、y_T 之外，一般还可以采取以下措施：

$$\text{保利单价 } p_T=b+\frac{a+\text{TP}}{x}$$

$$\text{保利单位变动成本 } b_T=p-\frac{a+\text{TP}}{x}$$

$$\text{保利固定成本 } a_T=px-bx-\text{TP}$$

【例 4-14】某公司产销 C 产品，本年度销售量为 40 000 件，售价 18 元，单位变动成本为 10 元，全年固定成本总额为 150 000 元，本年度共获利润 170 000 元。现根据本公司的生产能力和市场调查，将计划年度的目标利润确定为 204 000 元。

要求：计算影响目标利润的各项因素应分别怎样变动（假定只考虑单因素变动），才能保证目标利润的实现。

解：（1）$x_T=\frac{150\ 000+204\ 000}{18-10}=44\ 250$（件）

$\Delta x=44\ 250-4\ 000=4\ 250$（件），$\frac{\Delta x}{x}=\frac{4\ 250}{400\ 000}\times 100\%=10.625\%$

在其他因素不变的情况下，将销售量提高10.625%，即由40 000件提高到44 250件，可以实现目标利润。

(2) $p_T=10+\frac{150\ 000+204\ 000}{40\ 000}=18.85$（元）

$\frac{\Delta p}{p}=\frac{18.85-18}{18}\times 100\%\approx 4.72\%$

在其他因素不变的情况下，将销售单价提高4.72%，即由18元提高到18.85元，可以实现目标利润。

(3) $b_T=18-\frac{150\ 000+204\ 000}{40\ 000}=9.15$（元），$\frac{\Delta b}{b}=\frac{9.15-10}{10}\times 100\%=-8.5\%$

在其他因素不变的情况下，将单位变动成本降低8.5%，即由10元降低到9.15元，可以实现目标利润。

(4) $a_T=(18-10)\times 40\ 000-204\ 000=116\ 000$（元）

$\frac{\Delta a}{a}=\frac{116\ 000-150\ 000}{150\ 000}\times 100\%=-22.67\%$

在其他因素不变的情况下，将固定成本降低22.67%，即由150 000元降低到116 000元，可以实现目标利润。

【本章小结】

本章介绍了本量利分析的含义及假设、边际贡献及相关指标、保本点及保利点分析。对于保本分析，本章详细阐述了单品种条件和多品种条件下确定保本点的方法或步骤，分析了有关因素变动对保本点及安全边际的影响，给出了保本措施；对于保利分析，本章说明了保本点与保利点的关系，分析了有关因素变动对保利点的影响，并给出了实现目标利润的一些措施。应该指出，本量利分析在变动成本计算的基础上，以数量模型或图示的方式来揭示成本、业务量、利润及其他有关指标之间的规律性联系，其目的主要是为会计预测、决策和规划提供必要的财务信息。

【关键术语】

本量利分析　保本点　保利点　安全边际　目标利润

【思考题】

1. 什么是CVP分析？其具有什么作用？
2. 什么是边际贡献？它有哪些表现形式？怎样计算？
3. 什么是保本点、保利点？怎样计算？
4. 什么是安全边际？其有什么意义？
5. 有关因素发生变动对保本点、保利点、安全边际和经营利润分别会产生什么影响？
6. 试说明有哪些保本措施、保利措施。

【练习题】

1. 某企业产销 A 产品（单位：件），其各项变动成本占销售收入的百分比是：直接材料费用占 45%，直接人工费用占 25%，变动制造费用占 6%，变动销售及管理费用占 4%。假定该企业的固定成本总额为 30 000 元，产品单位售价为 20 元。试计算该产品的保本点销售量。

2. 某公司只产销 B 产品（单位：台），本年度销售收入为 150 000 元，经营利润为 12 000 元。公司准备在计划年度将产销量提高 10%（假定产销平衡），产销量增加后，该公司经营利润将增加 25%。如果计划年度的产品售价仍维持在 40 元水平，单位变动成本与固定成本总额也维持不变。试计算该公司计划年度的保本点销售量。

3. 某企业只产销 C 产品，每件售价为 50 元，正常年产销量 8 000 件，成本及费用资料如表 4-5 所示。

表 4-5　某企业 C 产品成本及费用资料

项目		费用
制造成本	直接材料费用	10 元/件
	直接人工费用	8 元/件
	变动制造费用	9 元/件
	固定制造费用	50 000 元
销售费用	变动销售费用	2 元/件
	固定销售费用	30 000 元
管理费用	变动管理费用	1 元/件
	固定管理费用	15 000 元

要求：

（1）计算边际贡献率、保本点销售量、安全边际率、销售利润率；

（2）若所得税税率为 25%，计算实现税后目标利润 9 750 元所需的销售量。

4. 某企业产销 D 产品，保本点销售额为每月 12 000 元。如果固定成本增加 4 000 元，则为达到保本必须增加销售额 16 000 元。若 D 产品的售价及单位变动成本均保持不变。

要求：

（1）计算变动成本率；

（2）计算未增加 4 000 元以前的固定成本；

（3）计算固定成本增加的幅度和保本点销售额增加的幅度。

5. 某公司经营E、F、G三种产品，全年固定成本总额30 720元，有关资料如表4-6所示。

表4-6 某公司三种产品有关资料

项目	E产品	F产品	G产品
单位售价/(元·件$^{-1}$)	25	10	5
单位变动成本/(件·元$^{-1}$)	20	6	2.5
预计产销量/件	1 600	4 000	4 000

要求：

(1) 计算该公司的保本总额和安全边际；

(2) 该公司拟调整产品结构，将F产品销售量降低到2 000件，G产品销售量提高到6 000件，要使调整方案可行，则E产品应作何调整？

6. 某企业产销H产品，20×5年度的简明损益表见表4-7。

表4-7 某企业H产品简明损益表 单位：元

项目	金额
销售收入	1 000 000
减：销售成本	800 000（其中变动成本占62.5%，其余为固定成本）
销售毛利	200 000
减：销售及管理费用	250 000（其中固定成本占60%，其余为变动成本）
经营利润	-50 000

经财务人员分析，企业亏损的原因是对产品的宣传力度不够。20×6年若能增加广告投入50 000元，可使销售量增加，从而扭转亏损。

要求：

(1) 20×6年度企业为扭转亏损，销售额应达多少？

(2) 若计划在20×6年度实现利润100 000元，则销售额又应达多少？

【案例分析】

锦辉建材商店的决策——本量利分析原理的应用

锦辉建材商店是一家乡镇企业，位于镇政府所在地，自20×4年营业以来一直经营建材、日杂用品。该商店以物美价廉、服务热情而受到了当地消费者的信赖。几年来，该店销售量占该镇整个市场销量的70%，经营利润在周边同业中处于首位。多年来，其与各商家建立了固定的合作关系，赢得了厂家的信任。20×7年年初，几个大的厂家欲将锦辉建材商店作为厂家指定的代卖店。欲与其合作的厂家有长岭乡石棉瓦厂（该厂的产品质量好、价格合理，近几年一直是老百姓的首选产品）、长春市第二玻璃厂（该厂的玻璃在这里也很畅销）、双阳鼎鹿水泥厂（其生产的是优质水泥，年年畅销）。它们均可以先将货物送上门，待到销售时消费者再交款，如果有剩余还可以由厂家将货物取回。这样锦辉建材商店连同周转资金都可以省下来。鉴于此，该商店经理锦辉开始进行市场调查。

锦辉建材商店位于镇政府所在地，附近交通便利，而且本镇居民和周围村民生活水平较高，近年随着生活观念、消费意识的转变，人们都想将原有的草房、砖房重建、改建。据统计，在过去的2年内，本镇每年都有400余户房舍兴建，而且现在有上升的趋势；因为本镇刚由乡转镇，镇企业规划办公室决定在5年内对原有企业的办公场所、生产车间和仓库进行改扩建，同时还要新建几家企业；再加上外镇的需求，预测每年石棉瓦的需求量为45 000块，水泥需求量为1 800袋，玻璃需求量为9 000平方米，而且上述需求是成比例的，一般的比例为5∶2∶1。

由于厂家送货，因此，一是货源得以保证；二是可以节约运费，降低成本；三是可树立企业形象，在巩固原有市场占有率70%的同时，预计可扩大市场占有率5%以上。

厂家提供商品的进价是石棉瓦12元/块，水泥14元/袋，玻璃8.50元/平方米；行业平均加价率为9.30%。锦辉建材商店在市场平均价位以下，制定的销售价为：石棉瓦13元/块，水泥15.20元/袋，玻璃9.20元/平方米。若将商店作为代卖店，由于厂家批量送货，还需要租赁仓库两间，月租金为750元，而且需要招聘临时工1名，月工资为450元，每年支付税金5 000元（工商部门估税）。

锦辉建材商店经过1个月的调查，核算了过去几年经营石棉瓦、水泥和玻璃每年可获利润20 000元的情况，负责人要重新预测代卖三种商品后会带来多少利润，之后再做决策。

案例来源：吴大军，牛彦秀. 管理会计习题与案例［M］. 5版. 大连：东北财经大学出版社，2019.

依据上述资料，请回答：

1. 在计算其维持原有获利水平的销售量的基础上，分析锦辉建材商店应否代卖这几种建材。

2. 如果锦辉建材商店与厂家合作，每年可获利润多少？

3. 年获利润40 000元的设想可行吗？

第五章
经营预测

【本章学习目标】

了解经营预测的定义及分类、基本程序、方法和特点；掌握销售预测的几种常见方法，包括算术平均法、趋势平均法、指数平滑法及直线回归预测法；掌握成本预测的内容，包括产品成本水平发展趋势的预测、因素变动预测法；掌握影响利润变动的主要因素、本量利预测分析法、利润增长比率预测法、经营杠杆系数法等；掌握资金需要量预测的几种常见方法。

第一节　经营预测概述

一、经营预测的含义

预测是根据反映客观事物的资料信息，运用已有的知识、经验和科学的方法，对事物的未来发展趋势作出估计和推测的过程。由此可见，预测分析是对不确定的或不知道的事件作出推测，其主要特点是根据过去或现在预测未来。

企业的经营预测分析是指对其未来经营状况、发展前景以及可能产生的经济效益作出科学的估计和推断，是企业经营管理的一个重要组成部分。企业的经营预测不同于一般经济增长预测，也不同于国民经济的宏观预测，它是以保证企业的生存和发展为中心，以提高经济效益为目的，从组织人事到科技、经济、市场各类专业兼而有之的综合性预测。

经营预测可以从各个不同的角度进行分类：

按预测的时间分类，可分为短期预测、中期预测和长期预测。短期预测一般为一年以内的预测，如年度预测或季度预测，是指对计划年度或季度经济发展前景的预测。短期预测是制订月度计划、季度计划、年度计划，明确规定一年以内经济活动具体任务的依据。中期预测是指对一年以上、五年以下经济活动的预测，常用的是三年预测，主要是为了检查长期计划的执行情况以及检查长期决策的经济效果，以便及时发现问题，纠正偏差。长期预测是指对五年以上时间的经济发展前景的预测，为企业考虑远期规划时制定重大的经营管理决策提供依据。

按预测的内容分类，可分为资金预测、利润预测、销售预测和成本预测。资金预测是关于企业短期和长期资金的供应与需求情况的预测，也包括社会资金供求趋势及资金供求成本变动情况的预测。利润预测是关于企业未来利润额和利润增减变动趋势及变动原因的预测。销售预测是关于企业未来销售产品的数量、价格和销售结构等因素的预测。成本预测是关于企业未来面对激烈的市场竞争，其单位成本和总成本变动趋势的预测。

二、经营预测的作用

（一）预测分析是进行经营决策的主要依据

企业的经营活动必须建立在正确的决策基础上，而科学的预测是进行正确决策的前提和依据。通过预测分析，企业可以科学地确定有关商品的品种结构、最佳库存结构等，合理安排和使用现有的人力、物力和财力，全面协调整个企业的经营活动。

（二）预测分析是编制全面预算的前提

企业的生产经营活动必须有计划地进行，为了避免经济活动的盲目性，企业要定期编制全面预算。而预算与计划的前提是必须首先做好预测工作，避免主观估计或任意推测，使企业计划与全面预算合理、科学，切实可行。

（三）预测分析是提高企业经济效益的手段

以最少的投入取得最大的收益是企业的经营原则。通过预测分析，及时掌握国内外市场信息、销售趋势和科学技术发展动态，合理组织和使用各种资源，必将降低消耗，增加销售收入，提高经济效益。

强调预测的重要性，并不是忽略预测的局限性。预测涉及的是未来，具有不确定性，它是借助于过去和现在的研究，求得对未来的了解，以减少不确定性对经济活动的影响，做到心中有数。同时，企业的经营发展趋势，要受到社会、经济、技术、自然等各方面因素的影响，这些因素往往相互交织，错综复杂。因此，必须重视调查研究，占有充分的经济信息资料，遵循科学的原则，综合运用社会科学和自然科学各方面的研究成果，不断改善预测方法，使预测工作发挥应有的作用。

三、经营预测的原则

预测分析的基本原则建立在任何经济过程发展趋势总有一定的规律性且可以被人们认识和掌握的基础之上。就企业来说，其经营活动过程中各因素之间的相互关系也必然存在一些客观规律可以遵循。它们实质上就成为预测分析的基本原则。

（1）延续性原则。这是指过去和现在的某种发展规律将会延续下去，并假设决定过去和现在发展的条件同样适用于未来。经营预测根据这一原则，就可以把未来作为过去和现在的延伸进行推测。

（2）相关性原则。这是指企业经营活动过程中一些经济变量之间存在相互依存、相互制约的关系。经营预测根据这一原则，就可以利用这些经济变量之间存在的相互依存、相互制约的关系来推测经济活动发展的规律。

（3）统计规律性原则。这是指企业经营活动过程中对于某个经济变量多次观测的结果会出现某种统计规律性的情况。经营预测根据这一原则，就可以利用概率分析及数理统计的方法进行推测。

（4）实事求是原则。这一原则要求我们依据真实可靠的数据信息进行预测，搜集数据信息时，要从实际出发，既要搜集有利条件下的信息，也要搜集不利因素的信息。

（5）成本效率原则。这是指预测活动本身花费的成本不应该超出其带来的收益。

四、经营预测的基本程序

预测分析的一般程序，大体可分为以下七个步骤：

1. 确定预测目标

首先要弄清楚预测什么。是预测保本点还是预测利润？是预测销售量还是预测成本？其次应根据预测的具体对象和内容，确定预测范围、时间及数量单位。

2. 制订预测计划

这一步是根据预测目标具体形成预测计划作为进行预测分析的基础。计划内容应包括由谁来领导和组织、采用什么预测方法、什么时间完成以及预测的各项准备工作等。

3. 搜集、分析信息

这一步即有组织地、系统地搜集相关的信息及原始资料和数据，进行加工、整理、归纳、鉴别，做到去粗取精、去伪存真。信息资料是前提，真实准确是关键。资料有纵横之分、内外之别，要注意各项指标的计算口径、计算方法、计量单位、计价标准是否一致和可比。对于历史资料，要注意其完整性和连续性。

4. 选择预测方法

正确选择预测方法是保证预测精度的另一关键，要根据预测目标和预测计划选择具体的预测方法。对于定量预测，要建立数学模型；对于定性预测，则要建立设想的逻辑思维模型，并拟订预测的调查提纲。

5. 实际进行预测

应用选定的预测方法和建立的模型，分别进行定量分析和定性分析，提出实事求是的预测结果。

6. 分析预测误差、修正预测结果

经过一段时间，对上阶段的预测结果进行验证、分析和评价，即以实际数与预测数进行比较，计算误差，分析原因，以便及时修正预测方法，完善预测模型。对于数据不充分或不确定因素引起的定量预测误差，可以用定性分析方法考虑这些因素，并修正定量预测结果。对于定性预测结果，应用定量分析方法加以验证、修改和补充，使预测结果更接近实际。

7. 输出预测结果

根据上一阶段的修正、补充，形成文字报告，把最后的预测结论传输给有关管理者。以上预测分析的一般程序如图 5-1 所示。

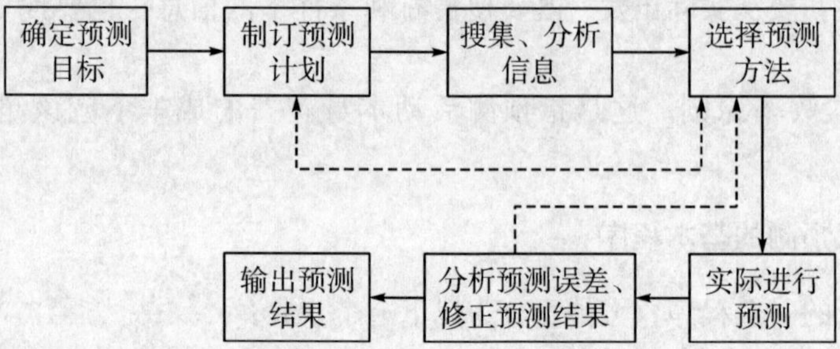

图 5-1　预测分析的一般程序

预测分析的程序是必要的，而不是简单机械的排列；要根据实际情况有简有繁，但不可忽视各个阶段。在整个预测分析过程中，要做到及时沟通信息和进行信息反馈。

第二节　销售预测

销售预测是指在充分调查、研究的基础上预计市场对本企业产品在未来时期的需求趋势。商品的销售业务量是企业经营的主要指标之一。在现代市场经济条件下，企业生产经营方针既不是“以产定销”，也不单纯是“推销促销”，而是在研究市场的基础上，自觉满足社会需要，以需定销，以销定产，努力适应和开发市场。作为商品经营者的企业必然十分关心在未来一定时期内哪些产品适销对路，企业能在市场上占有多大份额，经营某项业务究竟能赚取多少利润、成本多高、需用多少资金等。因此，在企业预测系统中，销售预测处于先导地位，它对于指导利润预测、成本预测和资金预测，进行长短期决策，安排经营计划，组织生产等都起着重要的作用。

一、影响销售变动的主要因素

（一）外界因素

1. 需求动向

需求是外界因素中最重要的一项，如流行趋势、爱好变化、生活形态变化、人口流动等，均可成为产品（或服务）需求的质与量方面的影响因素，因此必须加以分析与预测。企业应尽量搜集有关对象的市场资料、市场调查机构资料、购买动机调查等统计资料，以掌握市场的需求动向。

2. 经济变动

销售收入深受经济变动的影响，经济因素是影响商品销售的重要因素，为了提高销售预测的准确性，应特别关注商品市场中的供给和需求情况。近几年科技、信息的快速发展，更带来无法预测的影响因素，导致企业销售收入发生波动。因此，为了正确预测，须特别注意资源问题的未来发展、政府及财经界对经济政策的见解，以及基础工业、加工业生产、经济增长率等指标的变动情况，尤其要关注突发事件对经济的影响。

3. 同业竞争动向

销售额的高低深受同业竞争者的影响，古人云“知己知彼，百战不殆”。为了生存，必须掌握对手在市场上的所有活动，如竞争对手的目标市场在哪里、产品价格高低、促销与服务措施等。

4. 政府、消费者团体的动向

考虑政府的各种经济政策、方案措施，以及消费者团体所提出的各种要求等。

（二）内部因素

1. 营销策略

考虑市场定位、产品政策、价格政策、渠道政策、广告及促销政策等变更对销售额所产生的影响。

2. 销售政策

考虑变更管理内容、交易条件或付款条件、销售方法等对销售额产生的影响。

3. 销售人员

销售活动是一种以人为核心的活动，所以人为因素对于销售额的实现具有相当深远的影响，这是不能忽略的。

4. 生产状况

考虑货源是否充足、能否保证销售需要等。

二、销售预测的主要方法

销售预测的方法有很多，一般常用的有判断分析法、调查分析法、趋势预测分析法和因果预测分析法。前两类属于定性分析，后两类属于定量分析。

（一）定性分析法

1. 判断分析法

判断分析法就是聘请具有丰富实践经验的经济专家、教授、推销商或本企业的经理人员、推销人员等，对计划期商品的销售情况进行分析研究，并作出推测和判断的方法。该方法一般适用于不具备完整、可靠的历史资料，无法进行定量分析的情况，如对新产品的销售预测。判断分析法按具体进行的方式，可以分为专家判断法、推销人员意见综合判断法、经理人员意见综合判断法三种。

（1）专家判断法。专家判断法是聘请见识广博、学有专长的经济专家，根据他们的实践经验、知识和判断能力作出销售预测。这里的“专家”一般包括本企业或同行企业的高级领导人，商业部门、经销商、咨询机构、预测机构及其他方面的专家。吸收专家意见的方式多种多样，主要有以下三种：

一是个人意见综合判断法。先向各位专家征求意见，要求他们对本企业产品销售的当前状况和未来趋势作出个人判断，然后把各种不同意见加以综合归纳，形成一个销售预测。

二是专家会议综合判断法。将各位专家分成若干小组，分别召开各种形式的会议或座谈会，共同商讨，最后综合各种意见，形成一个销售预测。

三是德尔菲法。采用函询调查方式，并经多次匿名反馈，最后综合各专家意见，作出预测。

（2）推销人员意见综合判断法。推销人员意见综合判断法是征求本企业推销人员和商业部门人员的意见，然后综合汇总作出销售预测。采用此法得出的预测数比较接近实际，因为公司推销人员比较熟悉顾客需求特点和市场供求状况。但应注意防止某些主观因素的影响，例如，推销人员由于工作受挫或为了获得较多的推销份额，故意降低或提高预测值。为了提高预测的准确性，应采取如下一些措施：①把本企业过去的销售预测与实际销售的资料分发给各推销人员，供他们参考；②把公司领导对本企业的规划和预测资料，以及有关社会经济发展趋势的信息提供给所有推销人员作为导向；③要求各地区的销售经理讨论他们的销售预测，并分析有关预测的异常因素。在综合预测结果时，可采取算术平均法或加权平均法。

这种方法一般适用于直接推销给数量不多的顾客，同时这些顾客又能事先告知未来需求的产品，如机械产品行业的顾客。

（3）经理人员意见综合判断法。经理人员意见综合判断法是由企业经理人员、推销主管人员、各地区销售经理，根据实践经验和智慧，广泛交换意见，集思广益，进行销售预测。这种方法的优点是快捷、实用，但缺点是主观因素较多，所作出的估计和判断易受人们乐观或悲观心理状态相互感染的影响。因此，应向预测人员提供近期政治、经济形势和市场情况的调查分析资料，并组织座谈会讨论，最后综合平衡各种意见，作出预测结论。

2. 调查分析法

调查分析法就是通过调查某种商品的市场供求状况、消费者购买意向以及本企业该商品的市场占有率等情况，来预测其销售量或销售额的方法。

调查分析法一般可从以下四个方面进行：

（1）调查商品所处的寿命周期阶段。任何工业品在市场上都有其产生、发展与衰亡的过程，经济界把这个过程称为产品的寿命周期。它一般可分为介绍（或投入）期、成长期、成熟期和衰退期四个阶段，不同阶段的销售量或销售额是不相同的。

（2）调查消费者的情况。摸清消费者的经济情况，如选择供应者的标准、消费爱好、风俗、习惯、购买方式和购买力的变化情况，以及对本企业产品与商标的信任程度等因素对本企业产品销售所产生的影响。

（3）调查市场竞争情况。了解同行企业，特别是主要竞争对手的同类产品在花色品种、质量、价格、服务、经营、技术等方面的特点及所采取的改进措施对销售的影响，还要了解竞争对手的市场占有率，掌握本企业产品在市场上的竞争地位。

市场占有率的算法如下：

$$市场占有率=\frac{本企业产品在市场上的销售量}{同类产品在市场上的总销售量}\times 100\%$$

（4）调查国内外和本地区经济发展的趋势。了解国内外和本地区的经济发展水平、发展趋势对产品销售可能产生的影响。

将上述几个方面的调查资料进行综合、整理、加工、计算，就可以对产品的销售情况作出预测。

企业也可以利用社会上的专门机构（如统计部门或同业协会的调研机构等）的调查资料（这些资料一般只提供产品的整个行业市场需求潜量），将需求潜量乘以本企业市场占有率，即为本企业的销售潜量。

（二）定量分析法

1. 趋势预测分析法

（1）算术平均法。算术平均法是根据过去若干期的销售量，计算简单的算术平均数，作为未来的销售预测数。这种方法的原理是一视同仁地看待 n 期内的各期销售量对未来预测销售量的影响。计算公式为：

$$\text{预测销售量}\overline{Q_{n+1}}=\frac{\text{已知时间序列各期销售量之和}}{\text{时间序列期数}}=\frac{\sum Q_t}{n}$$

这种方法的优点是计算过程简单，缺点是没有考虑远近期销售业务量的变动对预测期销售状况的不同影响程度，从而使不同时期资料的差异简单平均化。所以，该法只适于对各期销售业务量比较稳定、没有季节性变动的食品和日常用品等的预测。

【例 5-1】某企业生产一种产品，2020 年 1—12 月份销售资料见表 5-1。

表 5-1 销售资料 单位：吨

月份	1	2	3	4	5	6	7	8	9	10	11	12
销量（Q_t）	25	23	26	29	24	28	30	27	25	29	32	33

要求：按算术平均法预测 2021 年 1 月份的销售量（计算结果保留两位小数）。

解：$\sum Q_t=25+23+26+29+24+28+30+27+25+29+32+33=331$（吨）（$n=12$）

2021 年 1 月份预测销售量 $\approx\frac{331}{12}=27.58$（吨）

（2）移动平均法。移动平均法是指在掌握 n 期销售量的基础上，按照事先确定的期数（记作 m，$m<n/2$）逐期分段计算 m 期的算术平均数，并以最后一个 m 期的平均数作为未来 $n+1$ 期预测销售量的一种方法。

“移动”是指预测值随着时间的不断推移，计算的平均值也在不断向后顺延。此法假定预测值主要受最近 m 期销售业务量的影响。计算公式为

$$\text{预测销售量}\overline{Q_{n+1}}=\text{最后 } m \text{ 期的算术平均销售量}=\frac{\text{最后 } m \text{ 期销售量之和}}{m}$$

移动平均法虽然能够克服算术平均法忽视远近期销售量对预测量影响程度不同的缺点，有助于消除远期偶然因素的不规则影响，但仍存在只考虑 n 期数据中的最后 m 期资料，缺乏代表性的弱点。此法适用于销售量略有波动的产品预测。

【例 5-2】仍按【例 5-1】中的销售资料。

要求：按移动平均法预测 2021 年 1 月的销售量（$m=5$）。

解：依题意

$$2021\text{ 年 1 月预测销售量}=\frac{27+25+29+32+33}{5}=29.2\text{（吨）}$$

但有人认为这样计算的平均值只反映预测期前一期的销售水平，还应在此基础上按趋势值进行修正。趋势值 b 的计算公式为

趋势值 b=最后移动期的平均值-上一个移动期的平均值

修正的移动平均法按以下公式进行预测：

$$\text{预测销售量 }\overline{Q_{n+1}}=\text{最后 } m \text{ 期的算术平均销售量}+\text{趋势值}$$

【例 5-3】仍按【例 5-1】中的销售资料和【例 5-2】中的计算结果。

要求：按修正的移动平均法预测 2021 年 1 月的销售量。

解：【例 5-2】中的最后移动期的平均值为 29.2 吨。

$$\text{上一个移动期的平均值}=\frac{30+27+25+29+32}{5}=28.6\text{（吨）}$$

趋势值 $b=29.2-28.6=0.6$

2021 年 1 月预测销售量 $=29.2+0.6=29.8$（吨）

（3）趋势平均法。趋势平均法是指在按移动平均法计算 n 期时间序列移动平均值的基础上，进一步计算趋势值的移动平均值，进而利用特定基期销售量移动平均值和趋势值移动平均值来预测未来销售量的一种方法。有关公式如下：

$$\text{预测销售量 }\overline{Q}=\frac{\text{基期销售量}}{\text{移动平均值}}+\frac{\text{基期趋势值}}{\text{移动平均值}}\times\frac{\text{基期与预测期的}}{\text{时间间隔}}$$

任意一期的趋势值=该期销售量移动平均值-上期销售量移动平均值

$$\frac{\text{基期趋势值}}{\text{移动平均值}}=\frac{\text{最后一个移动期趋势值之和}}{\text{趋势值移动时期数}}$$

$$\frac{\text{基期与预测期的}}{\text{时间间隔}}=\frac{\text{销售量移动时期数 } m+\text{趋势值移动时期数 } s}{2}$$

$$\frac{\text{基期的}}{\text{序数值}}=\frac{\text{时间序列}}{\text{期数 } n}-\frac{\text{销售量移动时期数 } m+\text{趋势值移动时期数 } s-2}{2}$$

趋势平均法的优点在于既考虑了销售量的移动平均数，又考虑了趋势值的移动平均数；缺点是过于复杂。

【例 5-4】仍按【例 5-1】中的销售资料，假定销售量的移动期 m 为 5，趋势值 s 移动期为 3，时间序列期数 n 为 12。

要求：按趋势平均法预测 2021 年 1 月的销售量。

解：依题意计算各期销售量移动平均值、变动趋势值和趋势值移动平均值，其结果见表 5-2。

表 5-2 趋势平均法计算表

时间 t	销售量观测值 Q_t	销售量5期移动平均值 $\overline{Q}$	变动趋势值 b_t	趋势值3期移动平均值 $\overline{b}_t$
1	25			
2	23			
3	26	25.4		
4	29	26.0	+0.6	
5	24	27.4	+1.4	0.73
6	28	27.6	+0.2	0.27
7	30	26.8	−0.8	0.13
8	27	27.8	+1.0	0.33
9*	25	28.6	+0.8	0.80
10	29	29.2	+0.6	
11	32			
12	33			

注：* 基期的序数值 = 时间序列期数 n − $\frac{\text{销售量移动时期数 } m + \text{趋势值移动时期数 } s-2}{2}$ $=12-\frac{5+3-2}{2}=9$

第 9 期销售量移动平均值 = 28.6（吨）

第 9 期趋势值移动平均值 = 0.80（吨）

基期与预测期的时间间隔 $=\frac{5+3}{2}=4$

2021 年 1 月的预测销售量 = 28.6+0.80×4 = 31.8（吨）

（4）加权平均法。加权平均法是指在掌握全部 n 期资料的基础上，按近大远小的原则确定各期权数，并据以计算加权平均销售量的一种方法。其公式为

$$\text{预测销售量}(\overline{Q}) = \sum(\text{某期销售量} \times \text{该期权数}) = \sum(Q_t \times W_t)$$

上式中 W_t 必须满足以下条件：

$W_t+1>W_t$（$t=1, 2, 3, \cdots, n-1$），且 $\sum W_t=1$（$0<W_t<1$）

加权平均法既可以利用 n 期全部历史数据，又充分考虑了远近期间对未来的不同影响。其缺点是不能按统一的方法确定各期的权数值。因而也有人主张只按最后 m 期的数据计算加权平均预测销售量。按后一种形式计算加权平均值的方法叫作移动加权平均法。从理论上看，移动加权平均法和加权平均法除了选用资料的时期长短不同外，没有本质上的区别。

【例 5-5】已知：仍按【例 5-1】中的销售资料。

要求：利用最后 3 期销售量用加权平均法预测 2021 年 1 月的销售量。

解：期数为 3，令 $W_1=0.2$，$W_2=0.3$，$W_3=0.5$，则：

2021 年 1 月的预测销售量 = 29×0.2+32×0.3+33×0.5 = 31.9（吨）

（5）平滑指数法。平滑指数法是指在综合考虑有关前期预测销售量和实际销售量信息的基础上，利用事先确定的平滑系数预测未来销售量的一种方法。计算公式为

$$\text{某期预测销售量 } \overline{Q} = \text{平滑系数} \times \text{前期实际销售量} + (1-\text{平滑系数}) \times \text{前期预测销售量}$$

$$=\alpha \cdot Q_{t-1} + (1-\alpha) \cdot \overline{Q_{t-1}}$$

式中 α 表示平滑指数，这是一个经验数据，其取值范围通常在 0.3 ~0.7。平滑指数具有修匀实际数所包含的偶然因素对预测值的影响的作用，平滑指数取值越大，则近期实际数对预测结果的影响就越大；平滑指数取值越小，则近期实际数对预测结果的影响就越小。因此，进行近期预测或销量波动较大时的预测，应采用较大的平滑指数；进行长期预测或销量波动较小时的预测，可采用较小的平滑指数。

从平滑指数法的预测公式可以看出，该法的实质是在已知以前期预测销售量和实际销售量的基础上，分别以平滑指数及其补数（1-平滑指数）为权数的一种特殊加权平均法。该法比较灵活，适用范围较广，但在选择平滑指数时，存在一定的随意性。

【例 5-6】已知：仍按【例 5-1】中的销售资料。

要求：

（1）用平滑指数法预测 2020 年 1—12 月份的销售量。

（2）预测 2021 年 1 月份的销售量。

解：（1）依题意，编制平滑指数法计算表，如表 5-3 所示。

表 5-3　平滑指数法计算表

时间 t	销售量观测值 Q_t	平滑指数 α	前期实际销售量 Q_{t-1}	平滑指数 $1-\alpha$	前期实际销售量 $\overline{Q_{t-1}}$	预测销售量 $\overline{Q_t}$
1	25	—	—	—	—	25.00
2	23	0.3	25	0.7	25.00	25.00
3	26	0.3	23	0.7	25.00	24.40
4	29	0.3	26	0.7	24.40	24.88
5	24	0.3	29	0.7	24.88	26.12
6	28	0.3	24	0.7	26.12	25.48
7	30	0.3	28	0.7	25.48	26.24
8	27	0.3	30	0.7	26.24	27.37
9	25	0.3	27	0.7	27.37	27.26
10	29	0.3	25	0.7	27.26	26.58
11	32	0.3	29	0.7	26.58	27.31
12	33	0.3	32	0.7	27.31	28.72

（2）2021 年 1 月份的预测销售量 $=0.3\times33+(1-0.3)\times28.72\approx30$（吨）

2. 因果预测分析法

因果预测分析法就是根据销售量（额）与其他有关指标之间的相互依存、相互制约的规律性联系，建立相应的数学模型并进行预测的一种方法。它的实质就是利用事物发展的因果关系来推测事物发展的趋势。常见的因果预测分析法有一元回归法、多元回归法和非线性回归法。

（1）一元回归法。一元回归法是以过去若干历史时期的销售量（额）资料，在直角坐标系中作图，能大致形成一条直线（直线可用 $y=a+bx$ 表达），借助这条直线求出预测期销售值的一种方法。其计算公式如下：

$$a=\frac{\sum y-b\sum x}{n}$$

$$b=\frac{n\sum xy-\sum x\sum y}{n\sum x^2-(\sum x)^2}$$

式中：y 为销售量（额）预测数，x 为自变量，n 为观察值的个数。

【例 5-7】因果预测分析法在销售量预测中的应用——回归分析法

已知：A 企业通过调查发现，甲产品的销售量与当地居民人均月收入有关，已知本地区连续 6 年的历史资料见表 5-4，该企业生产甲产品的市场占有率为 25%，假设 20×8 年居民人均月收入为 700 元。

表 5-4　资料

项目	20×2 年	20×3 年	20×4 年	20×5 年	20×6 年	20×7 年
居民人均月收入/元	350	400	430	500	550	600
甲商品实际销量/吨	10	11	12	14	15	16

要求：

①用回归分析法建立甲产品的销售量预测模型；

②预测 20×8 年本地区甲产品的销售量；

③预测 20×8 年 A 企业甲产品的销售量。

解：①根据所给资料，列计算表，见表 5-5。

表 5-5　计算表

年份	居民人均月收入 x/元	商品销售量 y/吨	xy	x^2	y^2
20×2	350	10	3 500	122 500	100
20×3	400	11	4 400	160 000	121
20×4	430	12	5 160	184 900	144
20×5	500	14	7 000	250 000	196
20×6	550	15	8 250	302 500	225
20×7	600	16	9 600	360 000	256
$n=6$	$\sum x=2\ 830$	$\sum y=78$	$\sum xy=37\ 910$	$\sum x^2=1\ 379\ 900$	$\sum y^2=1\ 042$

计算相关系数 $r=\dfrac{6\times 37\ 910-2\ 830\times 78}{\sqrt{(6\times 1\ 379\ 900-2\ 830^2)\times(6\times 1\ 042-78^2)}}\approx 0.996\ 9$

因为相关系数趋近于 1，表明 x 与 y 之间基本正相关，可以建立回归模型。

$$b=\frac{n\sum xy-\sum x\sum y}{n\sum x^2-(\sum x)^2}=\frac{6\times 37\ 910-2\ 830\times 78}{6\times 1\ 379\ 900-2\ 830^2}\approx 0.02$$

$$a=\frac{\sum y-b\sum x}{n}=\frac{78-0.02\times 2\ 830}{6}\approx 3.57$$

甲产品的销售量预测模型为

$y=3.57+0.02x$

②20×8 年本地区甲产品的销售量＝3.57+0.02×700＝17.57（吨）

③20×8 年 A 企业甲产品的销售量＝17.57×25%≈4.39（吨）

（2）多元回归法。一元回归法假定影响销售量的因素只有一个，即构建只有一个自变量的回归方程，但在实际的生产经营过程中，影响经济变动的因素是多种多样的，在这种情况下，必须考虑多个自变量，构建多元回归方程来计算预测期销售值。其计算公式如下：

$$y=a+b_1x_1+b_2x_2+b_3x_3+\cdots+b_nx_n$$

式中：y 为销售量（额）预测数；x_i 为各自变量；b_i 为每个 x_i 变动一个单位时，y 的变动值；n 为观察值的个数。

（3）非线性回归法。非线性回归法也称曲线趋势法，是以过去若干历史时期的销售量（额）资料为依据，在直角坐标系中作图，能形成一条曲线（曲线方程为 $y=a+bx+cx^2$），借助于这条曲线求出预测期销售量的一种方法。其计算公式如下：

$$\begin{cases}\sum y=na+b\sum x+c\sum x^2\\ \sum xy=a\sum x+b\sum x^2+c\sum x^3\\ \sum x^2y=a\sum x^2+b\sum x^3+c\sum x^4\end{cases}$$

式中：y 为销售量（额）预测数，x 为自变量，n 为观察值的个数。

第三节　成本预测

一、影响成本变动的主要因素

（一）技术因素

生产技术的提升与改良可以使企业的生产成本大幅降低。

（二）规划因素

成本是在设计阶段决定的，而不是在执行阶段决定。成本控制早在规划的阶段就已经决定了 80%的成本。

经营决策或经营方式规划不当，会对企业的经营成本产生重要的影响，进行成本控制与改善，如果不从规划面下手，而只是在执行面行动，就只会带来有限的效果。

企业若做好了规划阶段的工作，就是做了最好的成本控制。正确的决策与规划依赖于事前完善的资料搜集与分析，最后作出正确的判断与决策。

（三）管理因素

改善成本最有效的方法，应该是从企业的技术面及规划面去着手，其次才是进行管理活动的改善。

二、产品成本的预测

预测成本一般都是根据本企业产品成本的历史资料数据，按照成本习性的原理，应用数理统计的方法来推测、估计成本的发展趋势。成本的发展趋势一般可用直线方程式来反映，即 $y=a+bx$。

只要求出固定成本（a）和单位变动成本（b），就可以根据这个方程来预测在任何“产量（x）”下的“产品总成本（y）”的数值。

作为预测依据的历史资料，所选用的时期不宜过长，也不宜过短。因为当今世界经济形势发展太快，历史资料的时期过长则失去可比性，过短则不能反映出成本变动的趋势，通常以最近的3~5年的历史资料为宜。另外，对于历史资料中某些金额较大的偶然性费用，例如，意外的停工损失、材料或产品的盘盈盘亏等，在引用时应予剔除。

应用 $y=a+bx$，通过确定固定成本（a）与单位变动成本（b）进行总成本的预测，具体可采用高低点法、回归分析法（一元线性回归法、多元线性回归法）。

（一）高低点法

高低点法是将成本费用的发展趋势用 $y=a+bx$ 方程式来表示，选用一定时期历史资料中的最高业务量与最低业务量的总成本之差与两者业务量之差进行对比，先求出 a、b 的值，然后据以预测计划期成本。其计算公式如下：

$$b=\frac{y_{高}-y_{低}}{x_{高}-x_{低}}$$

$$a=y_{高}-bx_{高} \text{ 或 } a=y_{低}-bx_{低}$$

式中：$x_{高}$、$x_{低}$分别代表高、低点业务量；$y_{高}$、$y_{低}$分别代表高、低点业务量的总成本。

【例 5-8】某机床厂只产销 A 机床，最近 5 年的产量及成本数据见表 5-6。

表 5-6 某机床厂产品历年成本资料

年度	产量 x/台	单位变动成本 b/元	固定成本总额 a/元
1	20	600	4 000
2	75	300	5 200
3	60	450	5 400
4	45	550	4 800
5	100	400	6 000

若计划年度（第 6 年）产量为 120 台。

要求：采用高低点法预测计划年度产品总成本和单位成本。

解：（1）确定产量最高与最低年度的产量和总成本，计算其差异，见表 5-7。

表 5-7 高点和低点值及差额

项目	高点（第 5 年）	低点（第 1 年）	差异
产量 x/台	100	20	$\Delta x=80$
总成本 y/元	6 000+400×100=46 000	4 000+600×20=16 000	$\Delta y=30\ 000$

$$b=\frac{y_{高}-y_{低}}{x_{高}-x_{低}}=\frac{\Delta y}{\Delta x}=\frac{30\ 000}{80}=375\text{（元/台）}$$

$a=y_{高}-bx_{高}=46\ 000-375\times100=8\ 500$（元）

（2）计算计划期总成本与单位成本。

计划年度 A 机床总成本预测值 $y=a+bx=8\ 500+375\times120=53\ 500$（元）

计划年度 A 机床单位成本预测值 $x=\frac{y}{x}=\frac{53\ 500}{120}\approx445.83$（元）

（二）一元线性回归法

一元线性回归法是一种比较精确的方法。它是根据若干期的历史成本资料，利用最小二乘法，分析成本在一定条件下增减变动的趋势和基本规律，确定成本预测方程式，据以进行成本预测的方法。

总成本和业务量之间基本呈线性关系，可表示为

$$y=a+bx$$

式中：y 代表总成本，a 代表固定总成本，b 代表单位变动成本，x 代表产品产量。

a 与 b 的值计算公式如下：

$$a=\frac{\sum y-b\sum x}{n}$$

$$b=\frac{n\sum xy-\sum x\sum y}{n\sum x^2-(\sum x)^2}$$

式中：n 代表历史资料的期数。求得 a、b 的值后，代入 $y=a+bx$ 方程式，即可预测未来时期的成本。

【例 5-9】假设某公司生产甲产品，其最近五年的产量和产品单位成本资料如表 5-8 所示。

表 5-8　产量和产品单位成本资料

年度	产量/万件	产品单位成本/元
1	10	200
2	40	150
3	30	220
4	20	120
5	50	100

如果该公司计划年度产量为 150 万件，运用回归直线法预测甲产品总成本的方法如下：

首先，将该公司产量及成本资料进行加工，如表 5-9 所示。

表 5-9　产量及成本资料

年度	产量 x/万件	产品单位成本/元	总成本 y/万元	xy	x^2
1	10	200	2 000	20 000	100
2	40	150	6 000	240 000	1 600
3	30	220	6 600	198 000	900
4	20	120	2 400	48 000	400
5	50	100	5 000	250 000	2 500
合计（n=5）	150	—	22 000	756 000	5 500

其次，将表 5-9 最后一行合计数字代入下述两个公式进行计算：

$$b=\frac{n\sum xy-\sum x\sum y}{n\sum x^2-(\sum x)^2}=\frac{5\times 756\ 000-150\times 22\ 000}{5\times 5\ 500-150^2}$$

$$=\frac{3\ 780\ 000-3\ 300\ 000}{27\ 500-22\ 500}=\frac{480\ 000}{5\ 000}=96\text{（元）}$$

$$a=\frac{\sum y-b\sum x}{n}=\frac{22\ 000-96\times 150}{5}=\frac{7\ 600}{5}=1\ 520\text{（万元）}$$

最后，测算甲产品计划期的预计总成本：

$y=a+bx=1\ 520+96\times150=15\ 920$（万元）

（三）多元线性回归法

一元线性回归法假定影响成本的因素只有一个，即构建只有一个自变量的回归方程，但在实际的生产经营过程中，影响成本变动的因素是多种多样的，在这种情况下，必须考虑多个自变量，即构建多元回归方程来计算预测成本。计算公式如下：

$$y=a+b_1x_1+b_2x_2+b_3x_3+\cdots+b_nx_n$$

式中：y——销售量（额）预测数；

x_n——各个自变量；

b_n——每个 x_n 变动一个单位时，y 的变动值；

n——观察值的个数。

三、因素变动预测法

成本水平发展趋势的预测根据历年来的会计、统计上所积累的产品质量和产品成本的实际资料，运用高低点法和回归直线法来预测今后产品成本水平。而因素变动预测法是以基年实际产品成本为基础，预见各个成本项目中今后一定时期内将受哪些因素的影响及影响程度，预测今后的产品单位成本及总成本。

影响产品成本的因素很多，测算的具体方法也不尽一致，归纳起来有以下几种：

（一）直接材料消耗数量变动对产品成本的影响

产品成本中所消耗的直接材料，有原材料、辅助材料、燃料等，它是以单位产品耗用量乘以单价来计算的。如果基期与预计期之间单位产品耗用量与单价有变动，就会影响预计期产品的单位成本和总成本。所以，如果能够事先测定直接材料的变动数量，就可以直接测算出其对产品成本的影响程度。

【例 5-10】某企业生产甲产品，耗用 A、B 两种原材料。基期单位产品耗用 A 材料 2 千克，单价 10 元；B 材料 1.5 千克，单价 8 元。计划期单位产品耗用 A 材料 1.8 千克，B 材料 1.2 千克，单价不变。现可以直接测算这两种材料耗用量变动对甲产品单位成本的影响。

材料消耗量变动对甲产品单位成本的影响

=∑[(计划期单位产品材料消耗量-基期单位产品材料消耗量-)×基期材料单价]

=(1.8-2)×10+(1.2-1.5)×8

=-2×-2.4

=-4.4（元）

计算结果说明：由于计划期材料耗用量降低，产品单位成本减少 4.4 元。

（二）直接材料单位价格变动对产品成本的影响

产品成本中原材料、辅助材料等的单位价格变动对单位成本的影响，可以按以下公式计算：

材料价格变动对单位成本的影响

=∑[(计划期某材料单位价格-基期某材料单位价格)×计划期单位产品耗用材料数量]

【例 5-11】甲产品耗用 A 材料，基期平均单价每千克 10 元，计划期降到 9 元，计划耗用 1.8 千克；B 材料基期单价为每千克 8 元，计划上升到 8.5 元，计划期耗用 1.2 千克。对甲产品单位成本的影响计算如下：

材料单价变动对甲产品单位成本的影响=(9-10)×1.8+(8.5-8)×1.2

=-1.8+0.6

=-1.2（元）

计算结果说明：由于计划期材料单价的变化，单位产品成本下降 1.2 元。

（三）工资水平和劳动生产率变动对产品成本的影响

单位成本中的工资费用数额，取决于生产工人的平均工资和生产工人劳动生产率的高低。如果工资增长幅度大于劳动生产率增长幅度，产品成本就会上升；相反，如果工资增长幅度小于劳动生产率增长幅度，产品成本就会降低；如果工资增长幅度等于劳动生产率增长幅度，对产品成本就没有影响。因此，可以利用它们的关系来具体测算劳动生产率和平均工资的变动对成本的影响程度。计算公式如下：

工资和劳动生产率变动对单位成本的影响

$$=\left(1-\frac{1+\text{平均工资增长率}}{1+\text{劳动生产率增长率}}\right)\times\text{基期单位成本中的工资费用}$$

【例 5-12】某企业生产的甲产品，基期单位成本工资费用为 10.20 元，工资平均增长 8%，劳动生产率增长 12%。据此，可测算计划期工资水平及劳动生产率变动对产品单位成本的影响为

$$\left(1-\frac{1+8\%}{1+12\%}\right)\times 10.20\approx 0.36\text{（元）（降低额）}$$

计算结果说明：由于工资的增长幅度小于劳动生产率的增长幅度，单位成本降低约 0.36 元。

（四）产量变动对产品成本的影响

固定成本总额在相关范围内保持不变，所以，随着产量的增加，单位产品分摊的固定成本份额将相应减少；当产量减少时，分摊到产品单位成本的固定成本就相应地增加。因此，根据基年的产品产量和计划期产量以及基年单位成本中的固定费用额，能测定其影响程度。计算公式为

$$产量变动对单位成本中固定费用的影响 = \left(1-\frac{1}{1+产量增长率}\right) \times 基期单位成本中的固定费用$$

【例 5-13】某企业甲产品基年总成本中的固定费用为 100 000 元，单位成本中固定费用为 5 元，基年甲产品产量为 20 000 件，计划期测定为 30 000 件，计划期产品产量比基年增长 50%，由于产品产量增加，单位成本中的固定费用降低额为

$\left(1-\frac{1}{1+50\%}\right) \times 5 \approx 1.67$（元）（降低额）

根据以上测算的资料，各因素变动对产品单位成本的影响综合如下：①材料耗用量降低，使产品单位成本减少 4.4 元；②材料单价变动，使产品单位成本减少 1.2 元；③工资增长幅度小于劳动生产率增长幅度，使产品单位成本减少 0.36 元；④产量变动使产品单位成本减少 1.67 元。

各因素变动使产品单位成本降低 7.63 元。

【例 5-14】承接上例，假定已知基年甲产品平均单位成本为 120 元，已测定计划期甲产品产量为 30 000 件，测定计划期甲产品预计总成本为

（120-7.63）×30 000=3 371 100（元）

预测甲产品的成本降低率为

7.63÷120×100%≈6.36%

四、目标成本规划

目标成本是指在确保实现目标利润的前提下，企业在成本方面应该达到的目标。它规定着企业未来降低成本的努力方向，一般具有效益性、可控性、目的性与先进性的特点。目标成本的提出与测定应经过反复测算才能完成。一般可采用两种方法进行预测。

（一）按目标利润进行预测

这种方法以事先确定的目标利润为前提，通过市场调查，根据销售预测和国内外同类企业的情报资料，考虑具有竞争能力的价格水平，按照预计销售收入扣除目标利润，就可得到所需的目标成本。其公式为

$$\begin{aligned}目标成本 &= 预计单价 \times 预计销售量 - 目标利润 \\ &= 预计销售收入 - 目标利润\end{aligned}$$

【例 5-15】已知：某企业生产甲产品，预测的全年销售收入为 100 000 万元，目标利润为 15 000 万元。

要求：预测该企业的目标成本。

解：目标成本=100 000-15 000=85 000（万元）

这种方法可以使目标成本与目标利润的水平衔接起来，但它无法直接确定目标

固定成本和目标单位变动成本指标，还须在此基础上继续分析。

（二）以先进的成本水平作为目标成本

确定目标成本还可以从本企业的历史最好的成本水平或国内外同类企业先进水平中选择标准，也可以按照上年实际水平扣减成本降低额作为目标成本。这种方法可以直接确定单位目标成本，但无法与目标利润联系起来。

我国企业常常采用后一种方式预测目标成本，西方国家则多采用前一种方式。二者结合起来应用可以达到取长补短的效果，更有实践意义。

第四节　利润预测

利润预测是指按照企业经营目标的要求，通过对影响企业利润高低的业务量（产销数量）、成本、价格等因素的综合分析与计算，对企业未来一定期间可能达到的利润水平及其升降变动趋势所进行的预计和测算。正确做好利润的预测工作，可以为企业确定最优的利润目标提供依据，这对加强企业管理、扩大经营成果、提高经济效益有着极为重要的作用。

利润预测本身是科学根据与主观判断的结合体，它与实际情况往往存在一定的误差。特别是当客观条件发生显著变化时，原来预测的利润就必须加以修正或调整。为了对利润进行预测分析，有必要研究影响利润高低的销售收入、销售成本与利润之间的依存关系，而销售收入和销售成本又都与业务量，即产品的生产量或销售量和销售价格等有密切的联系。

一、影响利润变动的主要因素

企业的目标利润确定后，应根据本企业的实际情况和市场对产品的需求情况，对影响利润高低的各因素进行测算，如销售数量、销售单价，单位变动成本和固定成本总额及产品产销结构等，以便找出差距，及时采取措施，保证目标利润的实现。这种通过分析各有关因素的变动来确定它们对企业目标利润影响程度的方法，在管理会计中也可称为“利润敏感性分析”。

利润是产品销售收入与其销售成本之间的差额。它综合反映了企业生产经营成果和管理工作质量，是衡量和考核企业经济效果及工作业绩的重要依据。利润的计算公式为

利润＝销售收入－总成本

＝销售数量×销售价格－销售数量×单位产品变动成本－固定成本

可见，影响利润的主要因素有以下几个方面：

1. 产品产销数量

产品销售数量是销售收入的重要构成部分，它的增减变动是企业一定期间内的利润数额发生相应变动的重要因素。在其他有关因素保持不变的情况下，企业生产规模扩大，市场份额增加，产品销售数量增加，利润数额随之增加；反之，利润数额随之减少。而产品的销售量是以生产量为基础的，但在买方市场情况下，企业的

销售数量由市场决定而非生产决定，企业应根据市场的需求组织产品的生产，防止产品的积压和价格下降给企业带来的市场风险。所以，产品产销数量是影响利润的重要因素，且两者变动方向相同。

2. 产品销售价格

单位产品的销售价格是影响销售收入的另一个重要构成部分，它的升降变动也是企业一定期间内利润数额发生相应变动的重要因素。在其他有关因素保持不变的情况下，单位产品销售价格提高，利润数额随之增加；反之，利润数额随之减少。产品销售价格与利润的变动方向相同。

3. 单位产品变动成本

单位产品变动成本是构成销售成本的一个重要因素，它的增减变动必然引起企业一定期间内成本总额发生相应的变动。在其他因素保持不变的条件下，单位产品变动成本上升，利润数额随之降低；反之，利润数额随之增加。单位产品变动成本与利润的变动方向相反。

4. 固定成本总额

固定成本是构成销售成本的另一个重要因素，它的增减变动必然引起企业一定期间内成本总额发生相应的变动。在其他有关因素保持不变的情况下，固定成本总额增加，利润数额随之减少。固定成本总额的变动与利润的变动方向相反。

5. 产品产销结构

当企业生产两种以上的产品时，即使在以上其他因素都不发生变化的情况下，由于每一种产品的利润率不同，企业各种产品的销售在总销售额中的比率发生变化，也会影响企业利润的变动。边际贡献率较高的产品销售额在总销售额中的比重上升时，企业的利润就会随之增加；反之，企业的利润就会随之下降。

二、利润敏感性分析

（一）利润敏感性分析的意义

利润敏感性分析（profit sensitivity analysis）是研究制约利润的有关因素发生某种变化对利润所产生影响的一种定量分析方法。它对于利润预测分析，尤其是对目标利润预测有十分积极的指导意义。

影响利润的因素很多，在现实经济环境中，这些因素又经常发生变动。即使它们的变动方向和变动幅度完全一样，对利润所产生的影响也可能不同。如有些因素增长会导致利润增长，而另一些因素只有降低才会使利润增长；有些因素只要略有变化就会使利润发生较大的变动，而有的因素虽然变动幅度较大，却可能只对利润产生微小的影响。

那些对利润影响大的因素视为利润灵敏度高，反之则视为利润灵敏度低；从另一个角度也可以说利润对前者的敏感性高，对后者的敏感性低。显然，因素的利润灵敏度不同，人们对它们的重视程度也就应有所区别。对敏感性高的因素，应当给予更多的关注，而敏感性低的因素则不必作为分析的重点。利润敏感性分析的主要任务是计算有关因素的利润灵敏度指标，揭示利润与因素之间的相对数关系，并利用灵敏度指标进行利润预测。

（二）利润敏感度指标的计算

反映利润敏感程度的指标是敏感性系数，其计算公式为

$$敏感性系数=\frac{利润变动的百分比}{因素值变动的百分比}$$

1. 单因素敏感性分析

单因素敏感性分析就是单个不确定性因素的变动对利润的影响所做的分析。

敏感系数的排列顺序并不是唯一的。尽管如此，敏感系数的排列还是有一定规律可循的。在企业正常盈利的条件下，敏感系数的排列具有以下规律：

（1）单价的敏感系数最高；

（2）销售量的敏感系数不可能最低。

2. 多因素敏感性分析

在进行单因素敏感性分析的过程中，当计算某特定因素的变动对利润的影响时，假定其他因素均不变。实际上，许多因素的变动具有相关性，一个因素的变动往往也伴随着其他因素的变动。所以，单因素敏感性分析有其局限性。改进的方法是进行多因素敏感性分析，即考察多个因素同时变动对利润的影响。多因素敏感性分析要考虑可能发生的各种因素以不同幅度同时变动对利润的影响，计算起来要比单因素敏感性分析复杂得多。

【例 5-16】恒达公司年预计销售量为 1 000 件，财务资料见表 5-10，公司当期预计的利润表见表 5-11。

表 5-10　恒达公司预计的财务资料　　单位：元

项目	金额
单价	10
单位变动成本	6
固定成本	2 000
销售和管理费用	1 000

表 5-11　恒达公司预计的利润表　　单位：元

项目	金额
销售收入	10 000
减：变动成本	6 000
边际贡献	4 000
减：固定成本	2 000
销售和管理费用	1 000
利润	1 000

要求：根据公司的生产能力（最大的生产能力为 3 000 件）和市场预测，在现有基础上利润增加 50%，达到 1 500 元。为保证目标利润的实现，分析各因素应如何变动。

解：（1）单价变动的影响。

假设价格为 p，则根据本量利公式有

$1\ 500=1\ 000p-1\ 000\times6-3\ 000$

$p=10.5$（元）

结果表明，在其他条件不变的情况下，单位产品的售价从 10 元提高到 10.5 元，提高 5%，就可保证实现目标利润。

（2）单位变动成本变动的影响。

假设变动成本为 b，则根据本量利公式有

$1\ 500=1\ 000\times10-1\ 000b-3\ 000$

$b=5.5$（元）

结果表明，在其他条件不变的情况下，单位变动成本从 6 元降低到 5.5 元，减少约 8.3%，就可保证实现目标利润。

（3）销售量变动的影响。

假设产销量为 x，则根据本量利公式有

$1\ 500=10x-6x-3\ 000$

$x=1\ 125$（件）

结果表明，在其他条件不变的情况下，产销量从 1 000 件增加到 1 125 件，增加 12.5%，就可保证实现目标利润。

（4）固定成本变动的影响。

假设固定成本为 a，则根据本量利公式有

$1\ 500=1\ 000\times10-1\ 000\times6-a$

$a=2\ 500$（元）

结果表明，在其他条件不变的情况下，固定成本从 3 000 元降低到 2 500 元，降低约 16.7%，就可保证实现目标利润。

（5）敏感性分析。

表 5-12 是恒达公司单价、单位变动成本、销售量和固定成本的变化对利润的敏感程度。

表 5-12　恒达公司各因素的敏感系数

项目	敏感系数
单价	10
单位变动成本	-6
销售量	4
固定成本	-3

就恒达公司而言，影响利润的诸因素中最敏感的是单价（敏感系数为 10），其次是单位变动成本（敏感系数为-6），再次是销量（敏感系数为 4），最后是固定成本（敏感系数为-3）。其中敏感系数为正值的，表明它和利润为同向变动；敏感系数为负值的，表明它和利润为反向变动。这说明恒达公司要提升公司的目标利润，

首先可以考虑提高单价，因为单价每提高 1 个百分点，则利润将提高 10 个百分点；其次是降低单位变动成本，单位变动成本每下降 1 个百分点，则利润将提高 6 个百分点；再次是增加销量，销量每增加 1 个百分点，则利润将提高 4 个百分点；最后才考虑缩减固定成本，固定成本每减小 1 个百分点，则利润将提高 3 个百分点。

（6）多因素同时变动的影响。

假设恒达公司有剩余生产能力，可以进一步增加产量，但由于售价偏高，销路受到限制。为了打开销路，企业经理拟降价 10%，采取薄利多销的方针，争取实现 1 500 元的目标利润。

①计算降价后实现目标利润所需的销售量。

$$\text{目标利润下的销售量}=\frac{\text{固定成本}+\text{目标利润}}{\text{单价}-\text{单位变动成本}}=\frac{2\ 000+1\ 000+1\ 500}{10\times(1-10\%)-6}=1\ 500\text{（件）}$$

如果销售部门认为，降价 10%后可使销量达到 1 500 件，生产部门也可将其生产出来，则目标利润就可以实现；否则还需要进一步分析。

②计算既定销量下实现目标利润所需的单位变动成本。

假设销售部门认为，降价 10%后销售量无法达到 1 500 件，只能增加到 1 300 件，为此，需要在降低成本上努力。

$$\text{单位变动成本}=\frac{\text{单价}\times\text{销量}-(\text{固定成本}+\text{目标利润})}{\text{销量}}=\frac{10\times(1-10\%)\times1\ 300-(3\ 000+1\ 500)}{1\ 300}\approx5.54\text{（元）}$$

为了实现目标利润，在降价 10%的同时，还应使单位变动成本从 6 元降至 5.54 元。如果生产部门认为，通过降低原材料和人工成本，这个目标可以实现，则目标利润就可以实现；否则还需要进一步分析。

③计算既定产销量和单位变动成本下实现目标利润所需的固定成本。

假设生产部门认为，通过努力，单位变动成本可降到 5.54 元。为此，企业还需要压缩固定成本开支。

$$\text{固定成本}=\text{销量}\times\text{单位边际贡献}-\text{目标利润}=1\ 300\times[10\times(1-10\%)-5.54]-1\ 500=2\ 998\text{（元）}$$

为了实现目标利润，在降价 10%、使销量增至 1 300 件、单位变动成本降至 5.54 元的同时，还需压缩固定成本 2 元（即 3 000 元-2 998 元），则目标利润可以实现；否则，可以再次协商，寻找进一步增收节支的办法，重新分析计算并分别落实，或向经理汇报，请其考虑修改目标利润。

三、利润预测的方法

（一）本量利预测分析法

本量利分析是研究产品销售价格、销售数量、销售成本和利润之间的关系，从而进行预测、决策的一种方法。产品的销售数量乘以销售单价即为产品的销售收入。在销售收入的基础上，减去销售成本，就是利润。

本量利分析的基本公式为

利润=销售收入-销售成本

=(销售数量×销售单价)-(变动成本+固定成本)

=(销售数量×销售单价)-(销售数量×单位变动成本+固定成本)

=销售数量×(销售单价-单位变动成本)-固定成本

=销售数量×单位产品边际贡献-固定成本

=(销售数量×销售单价)×(单位产品边际贡献÷销售单价)-固定成本

=销售收入总额×边际贡献率-固定成本

本量利分析法是根据有关产品的产销数量、销售价格、变动成本和固定成本等因素同利润之间的相互关系，通过分析计量而确定企业目标利润的方法。

其确定目标利润的公式为

目标利润=预计产品产销数量×(预计单位产品售价-预计单位产品变动成本)-预计固定成本

采用本量利分析法预测目标利润时，应根据企业计划期间的实际生产能力及产品的市场需求、生产技术条件、物流保障情况及生产经营情况等，分别确定各影响因素的数据，进而计算出计划期可能达到的利润水平。

【例5-17】某企业经营丙产品，计划期预计销售量为36 000件，预计销售单价为60元，预计单位变动成本为36元，固定成本总额为540 000元。

要求：计算该企业计划期的目标利润。

解：目标利润=36 000×（60-36）-540 000=324 000（元）

（二）利润增长比率预测法

利润增长比率预测法是根据有关产品基期的实际利润额和过去若干期间平均利润增长幅度确定企业目标利润的方法。其预测目标利润的公式为

目标利润=基期利润总额×(1+预计利润增长百分比)

采用利润增长比率预测法预测目标利润，应结合有关产品基期的利润数额和计划期利润的增长幅度，并综合考虑影响利润的有关因素的预期变动。其目标利润数额的大小取决于基期利润额和预期利润的增长幅度。

【例5-18】某企业同时经营多种产品，上年度实现利润120万元，过去连续几年的利润增长率一直在15%左右，根据当年的技术进步情况，预计计划期的利润增长率可以达到17%。

要求：计算该企业计划期的目标利润。

解：目标利润=120×（1+17%）= 140.4（万元）

（三）经营杠杆系数法

通过成本性态分析可知，在其他条件不变的情况下，产销量的增加虽然不会改变固定成本总额，但会降低单位固定成本，从而提高单位利润，使利润的增长率大于产销量的增长率。反之，产销量的减少会提高单位固定成本，降低单位利润，使利润下降率大于产销量下降率。

在有关因素不变的情况下，只要存在固定成本，利润的变动幅度就将大于销售量的变动幅度，这一规律称为经营杠杆。对经营杠杆进行计量最常用的指标是经营

杠杆系数。

经营杠杆系数是指利润变动率相当于销售量（额）变动率的倍数。其计算公式为

$$经营杠杆系数=\frac{利润变动率}{销售量(额)变动率}$$

上述公式是计算经营杠杆系数的理论公式，但利用该公式必须以已知变动前后的相关资料为前提，比较麻烦。通过推导，经营杠杆系数还可以按以下简化公式计算：

$$经营杠杆系数=\frac{基期边际贡献总额}{基期利润}$$

利用上式确定企业的经营杠杆系数后，如果销售变动率也已测定，那么在目前的利润水平基础上，可按下面的公式来预测计划期的利润：

利润预测数=基期利润×（1+利润变动率）

=基期利润×（1+销售变动率×经营杠杆系数）

【例5-19】某企业今年的有关资料如下：销售量10 000件，边际贡献总额4 000 000元，固定成本总额2 000 000元，利润2 000 000元，预计明年销售量增长20%。

要求：运用经营杠杆系数预测该企业明年的利润。

解：根据今年的资料计算出明年的经营杠杆系数。

经营杠杆系数=4 000 000/2 000 000=2

利润预测数=2 000 000×（1+20%×2）=2 800 000（元）

经营杠杆系数不仅可以用于利润的预测，而且可以反映经营风险的大小。经营杠杆扩大了市场和生产等不确定因素对利润变动的影响。从上例也可以看出，经营杠杆系数越高，利润变动越激烈，企业的经营风险就越大。一般来说，在其他因素不变的情况下，固定成本越高，经营杠杆系数越大，经营风险也越大。

（四）利润率法

1. 资金利润率法

资金利润率法是根据过去若干期的实际资金利润率和计划期预计的资金占用情况确定企业目标利润的方法。资金利润率是反映企业资金使用情况的重要指标，其预测目标利润的公式为

目标利润=预计计划期资金占用额×预计资金利润率

企业在确定计划期的资金利润率时，应根据企业在计划期间的资金使用情况及使用效率，科学合理地确定资金利润率。

【例5-20】甲公司上一年度实际占用的资金总额为120万元，为扩大有关产品的产销规模，下半年将购置有关机器设备，其价值为50万元，另需追加流动资金8万元，预定资金利润率为16%。

要求：计算企业下年度的目标利润。

解：目标利润=（120+50+8）×16%=28.48（万元）

2. 销售收入利润率

预计产品销售利润=预计产品销售收入×预计销售收入利润率

式中，销售收入利润率是指产品销售利润与产品销售收入的比率，它说明了每一元的销售收入可以获得多少的利润。所以，只要能预计出计划产品销售收入，就可以据此测算出预计的产品销售利润。

3. 销售成本利润率

预计销售成本利润率=预计产品销售利润÷预计产品销售成本

式中，销售成本利润率是指企业在一定时期内取得的销售利润和同一时期发生的成本的比率。它说明了每耗费一元的成本可以取得多少利润，能敏锐地反映出成本升降的经济效果。所以在实际工作中，只要能预计出计划期产品的销售成本，就可以据此测算出预计的产品销售利润。

采用利润率法匡算预测期的产品销售利润，计算方法简便，易于掌握。但这种方法仅适用于企业生产、销售的产品品种结构比较稳定，而且销售价格和销售成本等因素变动不大的情况。否则，利润预测值就不准确。

第五节　资金需要量预测

资金需要量的预测，就是以预测期企业生产经营规模的发展和资金利用效果的提高等为依据，在分析有关历史资料、技术经济条件和发展规划的基础上，运用数学方法，对预测期资金需要量进行科学的预计和测算。

资金需要量的预测在提高企业经营管理水平和企业经济效益方面具有以下几方面的意义：①资金需要量的预测是进行经营决策的主要依据；②资金需要量预测是提高经济效益的重要手段；③资金需要量的预测是编制资金预算的必要步骤。

一、资金需要总量预测

在资金需要总量预测中，常用的方法有定性预测法和定量预测法。

（一）定性预测法

定性预测法是指利用直观的资料，依靠个人的经验和主观分析、判断能力，预测未来资金需求量的方法。

定性预测法的预测过程是：首先由熟悉财务情况和生产经营情况的专家，根据过去所积累的经验，进行分析判断，提出预测的初步意见；然后，通过召开座谈会或其他方式对上述预测的初步意见进行进一步的补充修正。这样经过一次或几次以后，确定最终的资金预测量。

定性预测法往往带有较强的主观性，一般适用于缺乏完备、准确的历史资料情况下的资金需要量预测，或者在实际工作中将它与其他方法结合使用。

（二）定量预测法

定量预测法包括资金增长趋势预测法和销售百分比法。

1. 资金增长趋势预测法

资金增长趋势预测法，就是运用回归分析法（最小二乘法）原理对过去若干期销售收入（或销售量）及资金需要量的历史资料进行分析、计算后，确定反映销售收入与资金需要量之间的回归直线（$y=a+bx$），并据以推算未来期间资金需要量的一种方法。

影响资金需求总量的因素很多，从短期经营决策角度看引起资金发生增减变动的最直接、最重要的因素是销售量。在其他因素不变的情况下，销售量增加，往往意味着企业生产规模扩大，从而需要更多的资金；相反，销售量减少，往往意味着企业生产规模缩小，于是所需要的资金也就随之减少。因此，资金需要量与销售量之间存在着内在的相互联系，利用这种相互联系可以了建立数学模型，预测未来期间销售量处于一定水平时的资金需要总量。

资金需要总量与销售量之间的相互依存关系可用下式表示：

$$y=a+bx$$

式中：y 为资金需要总量，a 为资金需要总量中不受销售量变动影响的部分，bx 为资金需要总量中随着销售量变动呈正比例变动的部分，x 为预测期一定水平的销售量。

运用最小二乘法求得 a、b 的值为

$$\begin{cases} a=\dfrac{\sum y-b\sum x}{n} \\ b=\dfrac{n\sum xy-\sum x\sum y}{n\sum x^2-(\sum x)^2} \end{cases}$$

【例 5-21】甲企业历年产销量和资金变化情况如表 5-13 所示，20×9 年预计销售量为 1 500 万件，要求按照回归模型建立资金需要量预测模型并计算 20×9 年的资金需要量。

表 5-13　甲企业产销量和资金变化情况　　金额单位：万元

年份	产销量 x/万件	资金占用 y	xy	x^2
20×3	1 200	1 000	1 200 000	1 440 000
20×4	1 100	950	1 045 000	1 210 000
20×5	1 000	900	900 000	1 000 000
20×6	1 200	1 000	1 200 000	1 440 000
20×7	1 300	1 050	1 365 000	1 690 000
20×8	1 400	1 100	1 540 000	1 960 000
$n=6$	$\sum x=7\ 200$	$\sum y=6\ 000$	$\sum xy=7\ 250\ 000$	$\sum x^2=8\ 740\ 000$

$$b=\frac{n\sum xy-\sum x\sum y}{n\sum x^2-(\sum x)^2}=0.5,\ a=\frac{\sum y-b\sum x}{n}=400$$

$y=a+bx=400+0.5x=400+0.5\times1\ 500=1\ 150$（万元）

2. 销售百分比法

销售百分比法，是指根据基期资料中资金各个项目与销售收入总额之间的依存

关系，并假定这些关系在未来时期将保持不变，然后根据计划期销售额的增长情况来预测需要相应追加多少资金的一种方法。

用销售百分比法来预测资金需要量的程序如下：

（1）分析研究资产负债表上哪些项目能随销售额变动而发生变化，并将这些项目分别除以基期的销售额，以销售百分比的形式表示。

一般来说，资产负债表中资产类项目，如货币资金、正常的应收账款和存货等项目都会随销售额的增长而增长。固定资产项目的利用率如果已经达到饱和状态，则要随销售额的增长而相应地增添设备。负债类项目，如应付账款、其他应付款等项目，一般会随销售的增长而增长。而应付票据、长期负债及所有者权益等项目，则不随销售的增长而增加。

（2）将资产以销售百分比表示的合计数减去负债随销售增长而增加的项目乘以销售百分比表示合计，求出未来年度每增加一元的销售额需要增加筹资的百分比。

（3）以预测未来年份增加的销售额乘以每增加一元销售额需筹资金额的百分比，然后扣除企业内部形成的资金来源（如未分配利润增加额等），即可得出未来年度需增加筹资的预测值。

假设基期销售收入总额为 S_0，计划期销售收入总额为 S_1，基期随销售额变动而变动的资产项目总额为 A，基期随销售额变动而变动的负债项目总额为 L，计划期提取的折旧减去用于固定资产更新改造后的余额为 D_1，基期的税后销售利润率为 R_0，计划期的股利发放率为 d_1，计划期的零星资金需要量为 M_1，则计划期预计需要追加的资金数额为

$$\text{计划期预计需追加资金数额} = \left(\frac{A}{S_0} - \frac{L}{S_0}\right)(S_1 - S_0) - D_1 - S_1R_0(1 - d_1) + M_1$$

【例 5-22】某公司在基期（2019 年）的实际销售总额为 500 000 元，税后利润为 20 000 元，发放普通股股利 10 000 元。假定基期固定资产利用率已达到饱和状态。该公司基期期末资产负债表见表 5-14。

表 5-14　某公司资产负债表

2019 年 12 月 31 日　　单位：元

资产	期末余额	负债及权益	期末余额
1. 货币资金	12 000	1. 应付账款	52 000
2. 应收账款	85 000	2. 应交税费	25 000
3. 存货	115 000	3. 非流动负债	120 000
4. 固定资产（厂房设备）	150 000	4. 普通股股本	200 000
5. 无形资产	48 000	5. 留存收益	13 000
资产总计	410 000	负债及权益总计	410 000

若该公司计划期（2020 年）销售收入总额将增至 750 000 元，并仍按基期股利发放率支付股利；折旧准备提取数为 20 000 元，其中 70%用于改造现有的厂房设备；计划期零星资金需要量为 15 000 元。

要求：预测计划期需要追加的资金数额。

（1）根据基期期末资产负债表，分析研究各项资金与当年销售收入总额的依存关系，并编制基期用销售百分比形式反映的资产负债表，见表5-15。

表5-15　某公司资产负债表（用销售百分比反映）

资产	占销售总额的比例/%	负债及权益	占销售总额的比例/%
1. 货币资金	2.4	1. 应付账款	10.4
2. 应收账款	17	2. 应交税费	5
3. 存货	23	3. 非流动负债	（不适用）
4. 固定资产（厂房设备）	30	4. 普通股股本	（不适用）
5. 无形资产	（不适用）	5. 留存收益	（不适用）
合计	72.4	合计	15.4

表5-15中，$\frac{A}{S_0}-\frac{L}{S_0}=72.4\%-15.4\%=57\%$，即表示该公司每增加1元的销售收入，需要追加资金0.57元。

（2）将以上各有关数据代入公式，计算计划期需要追加的资金数额。

$$\text{计划期预计需追加资金数额}=\left(\frac{A}{S_0}-\frac{L}{S_0}\right)(S_1-S_0)-D_1-S_1R_0(1-d_1)+M_1$$

$$=(72.4\%-15.4\%)\times(750\ 000-500\ 000)-(20\ 000-20\ 000\times70\%)-750\ 000\times\frac{20\ 000}{500\ 000}\times\left(1-\frac{10\ 000}{20\ 000}\right)+15\ 000$$

$$=136\ 500\ (\text{元})$$

二、流动资金需要量预测

流动资金需要量的预测是通过预测流动资产各项目资金的平均占用额来进行的，对于不同项目应采用不同的预测方法。预测流动资金的方法很多，最常见的有资金占用比例法、因素测算法、余额测算法和周转期预测法。

1. 资金占用比例法

资金占用比例法又称比例计算法，是指企业根据预测期确定的相关指标（如净产值、营业收入、营业成本费用、营业利润等指标），按基年流动资金实际平均占用额与相关指标的比例关系来预测流动资金需要总量的一种方法。其计算公式如下：

预测期流动资金需要量=预测期相关指标×基期相关指标流动资金率×（1-预测期流动资金周转加速率）

式中：

$$\text{基期相关指标流动资金率}=\frac{\text{基年流动资金平均占用额}-\text{不合理资金平均占用额}}{\text{基年相关指标}}\times100\%$$

【例5-23】甲公司2019年营业收入为500万元，流动资金平均占用额为80万元，不合理平均占用额为5万元。预计2020年营业收入为600万元，资金周转率提高5%。

要求：预测2020年流动资金需要量。

解：2020年流动资金需要量 $=600\times\frac{80-5}{500}\times(1-5\%)=85.5$（万元）

2. 因素测算法

因素测算法又称分析调整法，它是以上年流动资金实际平均需要量为基础，根据预测年度的生产经营任务和加速流动资金周转的要求进行分析调整，从而预测流动资金需要量的一种方法。其计算公式如下：

预测期流动资金需要量=(基年流动资金平均占用额-不合理占用)×(1+预测年度生产增长率)×(1-预测期流动资金周转加速率)

因素测算法计算比较简单、易掌握，但预测结果不太精确，因此它通常用来计算企业存货资金的占用数额，主要适用于产品品种繁多、规格复杂、用量较小、价格较低的辅助材料、机械配件、低值易耗品等项目的资金占用数额的预测。采用这种方法时，首先应在上年度流动资金平均占用额基础上，剔除其中呆滞积压不合理部分，然后根据预测期的生产经营任务和加速流动资金周转的要求进行测算。

【例5-24】某企业上年度存货平均余额为180万元，其中超储积压等不合理占用额为10万元。预测期生产预计增长20%，存货资金周转加速10%。

要求：用因素测算法计算该企业预测期存货资金需要量。

解：预测期存货资金需要量 $=(180-10)\times(1+20\%)\times(1-10\%)=183.6$（万元）

3. 余额测算法

余额测算法是以流动资产项目的上年结转余额为基础，根据预测年度发生数额、摊销数额来测算流动资金需要量的一种方法。该方法适用于流动资金占用数额比较稳定的项目，如待摊费用等。其计算公式如下：

预测期流动资金需要量=预测期期初结转余额+预测期发生额-预测期摊销额

4. 周转期预测法

周转期预测法又称定额日数计算法，它是根据流动资金完成一次循环所需要的天数（资金定额天数）和每日平均周转额（每日平均资金占用额）来计算流动资金需要量的一种方法。其计算公式如下：

预测期流动资金需要量=该项流动资金每日平均周转额×该项流动资金周转期

式中：流动资金每日平均周转额是指某项流动资金平均每天从本阶段流出的数额，它直接影响着流动资金占用数额的大小；流动资金周转期是指流动资金完成一次循环所需要的天数。

周转期测算法计算比较复杂，费时费力，但结果比较精确，它是预测流动资金需要量的基本方法，一般用于品种少、用量大、价格高、占用较多的流动资金项目的预测，如原材料、在产品、产成品等存货项目资金占用量的预测。

【例5-25】甲公司生产A产品，每日平均产量为100件，单位计划成本为430元，产成品资金周转期为20天。

要求：求A产品的资金定额是多少？

解：A产品的资金定额 $=100\times430\times20=860\,000$（元）

【本章小结】

本章介绍了经营预测的定义及分类、基本程序、方法和特点；重点分析了销售预测的几种常见方法，并对成本预测的相关内容进行阐述，在此基础上分析了影响利润变动的主要因素以及目标成本规划和目标利润规划，最后介绍了资金需要量预测的几种常见方法。

【关键术语】

经营预测　销售预测　成本预测　利润预测　目标利润　资金预测

【思考题】

1. 什么是预测分析？进行预测分析的内容和意义是什么？

2. 销售预测常用的方法有哪些？利用这些方法怎样对企业的销售收入进行预测？

3. 什么是利润的预测分析？它在企业的内部管理中有着怎样的作用？

4. 怎样预测企业的目标利润和目标利润销售额？

5. 怎样预测售价变动后为实现目标利润需要完成的销售额？怎样预测实现目标利润需要降低的成本额？

6. 什么叫高低点法和回归分析法？如何利用这两种方法预测企业的成本数额？

7. 资金预测有哪些内容？主要采用什么方法？请简要说明。

【练习题】

一、单选题

1.（　　）是根据人们的主观分析判断确定未来的估计值。

A. 定量分析法　　B. 因果预测法

C. 定性分析法　　D. 回归分析法

2. 下列各种销售预测方法中，没有考虑远近期销售量对未来销售状况产生不同影响的方法是（　　）。

A. 移动平均法　　B. 算术平均法

C. 加权平均法　　D. 指数平滑法

3. 假设平滑指数=0.6，9月份实际销售量为600千克，原来预测9月份销售量为630千克，则预测10月份的销售量为（　　）。

A. 618千克　　B. 600千克

C. 612千克　　D. 630千克

4. 某产品材料费用比率为60%，材料价格上升10%，同时消耗定额下降20%，则材料价格和材料消耗定额同时变动影响成本的降低率是（　　）。

A. 16.8%　　　　B. 7.2%

C. 12%　　　　D. 30%

5. 某公司20×6年度资金平均占用额为4 500万元，其中不合理部分占15%，预计20×7年销售增长率为20%，资金周转速度不变，采用因素分析法预测的20×7年年度资金需求量为（　　）万元。

A. 4 590　　　　B. 4 500

C. 5 400　　　　D. 3 825

6. 资金增长趋势预测法，就是运用（　　）原理对过去若干期间销售收入（或销售量）及资金需要量的历史资料进行分析、计量后，确定反映销售收入与资金需要量之间的回归直线 $y=a+bx$，并据以推算未来期间资金需要量的一种方法。

A. 回归分析法　　　　B. 判断分析法

C. 加权平均法　　　　D. 季节预测分析法

7. 对于制造企业来说，经营预测的对象包括对产品销售市场、产品生产成本、利润以及（　　）等方面的预测。

A. 资金需要量　　　　B. 流动资金需要量

C. 固定资产需要量　　　　D. 材料需要量

8. 在社会主义市场经济条件下，市场决定着企业的生存和发展。在企业经营预测中，起决定作用的是（　　）。

A. 成本预测　　　　B. 利润预测

C. 销售预测　　　　D. 资金需要量预测

9. 判断分析法是指销售人员根据（　　）进行估计，然后由销售人员加以综合，从而得出企业总体的销售预测的一种方法。

A. 消费意向　　　　B. 直觉判断

C. 数学模型　　　　D. 市场前景

10. 趋势预测分析法和因果预测分析法属于（　　）。

A. 调查分析法　　　　B. 判断分析法

C. 定性销售预测法　　　　D. 定量销售预测法

11.（　　）最常用的方法是回归直线法。

A. 调查分析法　　　　B. 因果预测分析法

C. 趋势预测分析法　　　　D. 季节预测分析法

二、多选题

1. 定性分析法有多种方法，具体包括（　　）。

A. 判断分析法　　　　B. 指数平滑法

C. 回归分析法　　　　D. 调查分析法

E. 移动平均法

2. 定量分析法包括（　　）。

A. 判断分析法　　　　B. 非数量分析法

C. 集合意见法　　　　D. 趋势预测分析法

E. 因果预测分析法

3. 成本降低方案的提出主要可以从（　　）三个方面着手，这些方案应该既能降低成本，又能保证生产和产品质量。

A. 改进产品设计　　B. 改善生产经营管理

C. 增加销售量　　D. 控制管理费用

E. 提高销售单价

4. 在测算各项措施对产品成本的影响程度时，应抓住影响成本的重点因素进行测算。一般可以从节约原材料消耗和（　　）等方面进行测算。

A. 提高劳动生产率　　B. 合理利用设备

C. 节约管理费用　　D. 减少废品损失

E. 提高销售量

5. 由于经济生活的复杂性，并非所有影响因素都可以通过定量进行分析，如（　　）等因素就只有定性的特征。

A. 市场前景　　B. 政治形势

C. 宏观环境　　D. 购买力指数

E. 生产力布局

6. 常用的趋势预测分析法有（　　）。

A. 算术平均法　　B. 加权平均法

C. 购买力指数法　　D. 指数平滑法

E. 回归直线法

7. 流动资金需要量预测常用的方法有（　　）。

A. 回归直线法　　B. 资金占用比例法

C. 周转期预测法　　D. 因素测算法

E. 余额测算法

8. 采用销售百分比法预测资金需要量时，随销售量变动而变动的项目有（　　）。

A. 存货　　B. 固定资产

C. 长期借款　　D. 应收账款

E. 应付账款

9. 影响产品销售利润的主要因素有（　　）。

A. 产品销售数量　　B. 产品品种结构

C. 产品销售成本　　D. 产品销售价格

E. 产品贡献毛益

三、判断题

1. 定量销售预测比定性销售预测更为精确。（　　）

2. 预测分析的时间越短，预测结果越准确。（　　）

3. 运用加权平均法进行销售预测的关键是按照各个观察值与预测值不同的相关程度分别规定适当的权数。（　　）

4. 当各历史期的销售量呈现大幅变动趋势，运用加权平均法时，有必要将近期观察值的权数规定得小一些。（　　）

5. 指数平滑法下，指数平滑系数的取值越大，近期实际销售量对预测结果的影响就越小。（　）

6. 采用趋势预测分析法预测成本时，作为预测根据的历史资料所选用的时期不应过长，也不应过短。（　）

7. 在实际工作中，企业可按基期的实际平均成本扣减上级下达的成本降低额作为目标成本。（　）

8. 产品品种结构变化对利润的影响是由于各个不同品种的产品利润率是不同的，而预测下期利润时，是以本期各种产品的平均利润率为依据的。（　）

9. 长期投资、无形资产等项目随着销售收入的增加而相应增加。（　）

10. 长期负债及股东权益等项目，不随销售的增加而增加。（　）

四、计算题

1. 假定某公司今年上半年6个月的实际销售收入如表5-16所示。

表5-16　某公司上半年实际销售收入

月份	1月	2月	3月	4月	5月	6月
实际销售额/元	24 000	23 600	28 000	25 400	26 000	27 000

又假定6月的预测销售收入为27 900元。

要求：分别采用以下方法预测7月的销售额：

（1）算术平均法。

（2）加权平均法（$w_1=0.01$，$w_2=0.04$，$w_3=0.08$，$w_4=0.12$，$w_5=0.25$，$w_6=0.5$）。

（3）指数平滑法（平滑系数$\alpha=0.6$）。

（4）回归分析法。

2. 假定某五金公司A产品2016—2020年有关成本及产量情况如表5-17所示。

表5-17　某五金公司A产品成本及产量

项目	2016年	2017年	2018年	2019年	2020年
产量/台	250	200	300	360	400
总成本/元	275 000	240 000	315 000	350 000	388 000
其中：固定成本/元	86 000	88 000	90 000	89 000	92 000
单位变动成本/元	756	760	750	725	740

若计划年度2021年的预计产量为480台。

要求：分别采用以下方法预测2021年A产品的总成本和单位成本：

（1）高低点法。

（2）加权平均法（$w_1=0.03$，$w_2=0.07$，$w_3=0.15$，$w_4=0.25$，$w_5=0.5$）

（3）回归分析法。

3. 华新公司2019年的销售额为100万元，这已是该公司现有设备的最大生产能力。已知该公司2019年税后净利润占销售额的4%，2019年12月31日的资产负债表有关项目资料如表5-18所示。

表 5-18 资产负债表

编制单位：华新公司　　　　2019 年 12 月 31 日　　　　单位：元

资产		负债及所有者权益	
银行存款	40 000	应付账款	140 000
应收账款	120 000	未交税费	60 000
存货	200 000	长期借款	200 000
固定资产	350 000	实收资本	500 000
无形资产	290 000	未分配利润	100 000
资产总计	1 000 000	负债及所有者权益总计	1 000 000

又假设 2020 年预计销售收入为 150 万元，股利发放率预计为 40%。计划年度折旧基金提取数为 100 000 元，其中 60%用于更新改造原有的设备，又假定 2011 年的零星资金需要量为 30 000 元。

要求：按销售百分比法预测计划年度（2020 年）需要对外追加资金数。

4. 某企业只生产一种产品，单价 200 元，单位变动成本 160 元，固定成本 400 000 元，2020 年销售量为 10 000 件。企业按同行业先进的资金利润率预测 2021 年企业目标利润基数。

已知：资金利润率为 20%，预计企业资金占用额为 600 000 元。

要求：(1) 测算企业的目标利润基数；

(2) 测算企业为实现目标利润应该采取哪些单项措施。

5. 已知：某企业只生产一种产品，本企业销售量为 20 000 件，固定成本为 25 000 元，利润为 10 000 元，预计下一年销售量为 25 000 件。

要求：预计下期利润额。

6. 某企业经营若干种产品，本年度的销售收入总额为 80 万元，边际贡献总额为 32 万元，利润总额为 16 万元。经调查测算，该企业下年度销售收入总额预定增长 10%。

要求：用经营杠杆系数法确定下年度的目标利润。

【案例分析】

冠华科技公司的目标利润分析

冠华科技公司是 20×6 年成立的高新科技公司，该公司自成立以来只生产“冠华 MP3”，且一直遵循科技和质量并抓的思路，销售量呈逐年稳定上升的良好势头，加上 20×6 年国内 MP3 销售情况非常好，冠华科技公司实现了 10 000 个的销售量。产品的市场单价为每个 200 元，生产的单位变动成本为每个 150 元，固定成本为 400 000 元。

20×6 年年底，冠华科技公司开始预测 20×7 年的利润情况，以便为下一步的生产经营做好准备。经过讨论，公司财务总监张为之决定按同行业先进的资金利润率预测 20×7 年该公司的目标利润基数，并且通过行业的一些基础资料得知行业内先进的资金利润率为 20%，预计公司的资金占用额为 600 000 元。

案例来源：吴大军，牛彦秀. 管理会计习题与案例 [M]. 5 版. 大连：东北财经大学出版社，2019.

要求：

假如你是冠华科技公司外聘的财务顾问，请你利用灵敏度指标进行测算，并给出你的咨询方案，即企业若要实现目标利润应该采取的单项措施。

第六章
经营决策

【本章学习目标】

了解决策的概念与类型；正确理解经营决策中的相关概念，如相关成本、无关成本等；掌握与运用产品生产决策、风险条件下与不确定条件下经营决策、定价决策的方法；从生产经营决策中理解价值管理与使用价值管理的关系，真正掌握在实际工作中增加企业价值的思维和方法。

第一节　经营决策概述

一、决策的概念

决策是指在实际客观条件下，人们运用科学的方法对客观规律的认识，并在此认识的基础上，对未来事物的发展方向进行合理的推断的过程。

决策的实质就是对未来经营活动进行事先控制，它的目的是引导人们走向未来目标，有效地利用人力、物力和财力资源，以实现最佳经济效益。因此，经营决策是经营管理的核心内容，关系到企业未来发展的兴衰成败，它贯穿于企业经营活动的一切方面和各个时期。

二、决策的类型

企业决策分析贯穿生产经营活动的始终，涉及内容颇多，按照不同的标准可分为以下几类：

（一）按决策目标实现的时间长短分类

按决策目标实现的时间长短分类，决策可以分为短期决策与长期决策。

短期决策是指在一年内或一个运营周期内能够实现其目标的决策。它的特点是充分利用企业现有的人力、物力以及财物资源，以取得最大经济效益。短期决策一般不涉及大量资金的投入，涉及时间短，且见效快，一般不考虑货币的时间价值。因此，短期决策又称为短期经营决策。

长期决策是指超过一年或一个运营周期才能够实现其目标的决策。它的特点是对若干期的收支产生影响，长期决策多涉及大型固定资产的投资，一般需要投入大量资金，且见效周期较长，通常进行决策时需要考虑货币的时间价值，因此，长期决策又称长期投资决策或资本性投资决策。

（二）按决策条件的确定性掌握程度分类

按决策条件的确定性掌握程度分类，决策可以分为确定性决策、非确定性决策与风险型决策。

确定性决策是指在决策过程中，所有的决策方案所涉及的有关信息都是已知的，并且对实施后果的效果也是非常确定的。例如，企业对新增某件生产零件是自行生产还是通过外购获取进行决策时，管理层对自制所增加的成本与外购所增加的费用都已经掌握了确切的数据。通常这类决策比较容易，只要进行不同方案的比较分析即可。

非确定性决策是指在决策过程中，各备选方案所涉及的各项信息只能凭借决策者的经验判断，以各项结果出现的概率作为决策依据，即决策的未来情况难以确定。所以，作出这类决策相当困难，需要决策人具备相当丰富的实践经验以及较高的理论知识水平。

风险型决策是指对未来的客观环境和状态不能充分肯定，虽然所涉及的各项信息都是已知的，但是每一种方案却表现出若干种变动趋势。企业管理者可以依据有关数据分析，凭借决策人的经验来预测其客观规律。这类决策由于结果的非唯一性，存在一定的风险。

（三）按决策重要程度分类

按决策重要程度分类，决策可以分为战略决策与战术决策。

战略决策是指解决全局性、长远性、战略性的重大决策问题的决策，一般多由高层次决策者作出。战略决策是企业经营成败的关键，它关系到企业的生存和发展。决策正确可以使企业沿着正确的方向前进，提高自身竞争力和适应环境的能力，取得良好的经济效益。反之，决策失误就会给企业带来巨大损失，甚至导致企业破产。战略决策是战略管理中极为重要的环节，其起着承前启后的枢纽作用。战略决策依据战略分析阶段所提供的决策信息，包括行业机会、竞争格局、企业能力等方面。战略决策要综合各项信息确定企业战略相关方案。战略实施是更详细地分解展开各项战略部署，实现战略决策意图和目标。

战术决策是指对组织的人力、资金、物资等资源进行合理配置以及经营组织机构加以改变的一种决策方式。它主要是对日常经营活动所采用的方法与手段的局部性决策，比如生产包装的自制与外购、短期资金筹措等问题。这类决策主要考虑怎么使现有的人力、物力和财力资源得到最合理、最充分的利用，决策所产生的后果不会对企业的大局产生决定性影响。

（四）按决策内容分类

按决策内容分类，决策可以分为产品生产决策、定价决策、库存决策等。本章其他小节将会对相关内容作详细介绍。

三、经营决策的基本程序和常用方法

（一）经营决策的基本程序

经营决策一般包括以下几个步骤：

1. 明确经营问题

由于市场经济环境的复杂性，企业在日常经营活动中必然会遇到各种各样的问题，这就需要调查、研究决策分析对象系统的外部环境，分析内部结构，根据理想与现实的差距进行企业诊断，从企业自身情况出发，找出存在的问题，为下一步展开决策工作创造有利条件。

2. 确定决策目标

目标是决策的出发点和归宿，企业须明确决策对象应达到的预期。目标的确定应具有明确性、定量性、易于测量性以及全面性。对于多目标决策，应先分清主次，区别对待，进而理顺目标排列顺序，简化、归并目标，使综合目标系统化。

3. 信息调研

决策日标确定之后，应有针对性地搜集解决问题所需要的数据和资料。能否广泛搜集与决策相关的信息，是决策能否成功的关键。信息越完备，看问题就越全面，解决问题的办法就越多，方案选择的正确性就越高。因此，在搜集信息时应做到定量信息与定性信息相结合，财务计量信息与非财务计量信息相结合，避免信息失真，避免犯主观、片面的错误。

4. 拟订备选方案

决策者根据所确定的决策目标与所掌握的相关信息，拟订各种可能实现决策目标的备选方案。备选方案的设计，应充分考虑现实与各种可能性，备选方案的形成应具有技术上的科学性和先进性、经济上的合理性。

5. 评选方案

决策者对各备选方案进行定性定量分析，要根据所掌握的关键信息，对备选方案作出科学的鉴别和全面评价，通过不断地比较、筛选，最后选出最可行的方案或方案排序。一般而言，选择的原则是“两利相权取其重，两害相权取其轻”。

6. 方案的实施、评价与反馈

决策方案选定后，应将其纳入企业计划，具体组织实施。在实施过程中，管理人员应制定相应的监督检查制度，将实现进展情况与决策目标进行比较分析，这有助于及时发现问题，找出偏离目标的程度和原因，及时反馈信息，作出调整。

（二）经营决策中的常用方法

经营决策方法是指在决策过程中通过计算、分析和比较有关短期经营决策方案的评价指标，据以作出选择的一系列方法的统称。常用的经营决策方法有边际贡献总额分析法、差别损益分析法、成本无差别点法以及直接比较法等。

1. 边际贡献总额分析法

边际贡献总额分析法是指以有关方案的边际贡献总额指标作为决策评价指标的一种方法。

当有关决策方案的相关收入均不为零，相关成本全部为变动成本时，可以将边际贡献总额作为决策评价指标。边际贡献总额等于相关的销售收入与相关的变动成本之差，该指标是个正指标，根据它作出决策的判断标准是：哪个方案的该项指标大，哪个方案为最优方案。该分析法常用于生产经营决策中不涉及专属成本和机会成本的单一方案决策或多方案决策中的互斥方案，比如亏损决策。

2. 差别损益分析法

差别损益分析法是指在两个互斥方案中，以差别损益的指标作为评价方案取舍标准的一种决策方法。

差别损益分析法的决策评价指标是差别损益，需要通过编制差别损益分析表才能求得该指标，表中需要将两个互斥方案的相关收入与相关成本做差别分析，而在求差别损益时需要以相关收入和相关成本作为基本数据，因此编制差别损益表前需要进行细致的相关数据分析，逐一列出相关成本明细项目。两个方案的收入之差称为差别收入，成本之差称为差别成本，而差别损益就等于差别收入与差别成本之差。

根据差别损益法作出决策的判断标准是：若差别损益大于零，则作为减数的方案优于作为被减数的方案；若差别损益小于零，则作为被减数的方案优于作为减数的方案；若差别损益等于零，则两个方案的效益相同。

3. 成本无差别点法

成本无差别点法是指在各备选方案的相关收入均为零，相关的业务量为不确定因素时，通过判断不同水平上的业务量与无差别业务量之间的关系，以此作出互斥方案决策的一种方法。

4. 直接比较法

直接比较法是指通过比较方案是否具备有关判断条件而直接作出决策的方法，又称为简单法。

这种方法以事先掌握的有关判断条件与决策结论之间的内在关系为应用的条件，往往不需要进行复杂的计算，比较简单，可以广泛应用于各类短期经营决策。但不同的决策方案判定的条件不同，在应用时必须具体问题具体分析。

第二节　经营决策中的一些特定概念

经营决策实质是一个分析选择的过程，企业决策者在作出决策时，往往需要通盘考虑企业的生产能力、经营能力、相关收入和相关成本等一些重要因素。其中影响企业经济收益的决定性因素分别为收入与成本。下面就对这两个因素当中需要考虑的一些特定概念进行阐述。

一、相关收入与非相关收入

相关收入是指与特定决策方案相联系的、能对决策产生重大影响的、在短期经营决策中必须予以充分考虑的收入，又称有关收入。如果某项收入只属于某个经营决策方案，即若有这个方案存在就会发生这项收入，若该方案不存在就不会发生这项收入，那么，这项收入就是相关收入。相关收入的计算要以特定决策方案的单价和相关销售量为依据。

与相关收入相对立的概念是非相关收入。如果无论某项决策方案是否存在均会发生某项收入，那么就可以断定该项收入是上述方案的无关收入。显然，在短期经营决策中，不能考虑无关收入，否则就有可能导致决策失误。

二、相关成本与非相关成本

在经营决策的各备选方案中，除了收入以外，对经济收益影响最明显的因素就是成本，而且相对收入来讲，成本是企业能控制的因素，因而在决策分析中要区分相关成本与非相关成本，分清影响可供选择方案效益的无关因素和有关因素，这对决策分析至关重要。

（一）相关成本

相关成本是指与特定决策方案相联系的、能对决策产生重大影响的、在短期经营决策中必须予以充分考虑的成本，又称有关成本。如果某项成本只属于某个特定决策方案，即若该方案存在就会发生这项成本，若该方案不存在就不会发生这项成本，那么这项成本就是相关成本。相关成本一定是将来可能发生的成本，过去或现在已经发生了的成本不是相关成本。

相关成本一般包括以下几类：

1. 差量成本

广义的差量成本是指两个备选的决策方案之间预测成本的差异数。两个备选方案的成本、费用支出之间不一致就形成了备选方案之间的成本差异，这个成本差异额就是差量成本。

狭义的差量成本又称为增量成本，是指单一决策方案由于产能利用程度的不同而表现在成本方面的差额。在一定条件下，某一决策方案的增量成本就是该方案的相关变动成本，即等于该方案的单位变动成本与相关业务量的乘积。这种差异是由于生产能力利用程度的不同而形成的。不同产量水平下的差量成本既包括变动成本的差异数，又包括固定成本的差异数。

2. 边际成本

边际成本是指产品成本对业务量（产量或销售量等）无限小变化的变动部分，也就是当业务量变动趋于 0 时，成本变动额与业务量变动的比值取极限。

但是在实际经济工作中，业务量无限小变动是不存在的，业务量的变动最小只能小到一个经济单位，且是相对的。因此，在管理会计中，边际成本是指业务量以一个相对最小经济单位变动所引起的成本差量。

边际成本与边际收入一起构成了边际分析的主要内容，原因是二者之间存在着一种重要关系，即当边际收入等于边际成本时，利润最大（或亏损最小），这时企业生产的产品数量为最佳产量。而当边际成本等于平均成本时，平均成本最低。

3. 机会成本

在决策过程中，选择了最优方案就必须放弃次优方案可能会带来的收益，通常把这种潜在的收益看作选择最优方案付出的代价，这称为机会成本。理解机会成本应注意以下几点：

（1）许多资源均有多种用途，但是无论是社会还是具体到某一企业，其所拥有的资源又是有限的，选择某一方案则意味着其他方案可能带来的经济收益丧失，所以在资源的使用过程中，有所得也必有所失。因此，以次优方案的可能收益作为最佳方案的“损失”，可以全面地评价决策方案所得与所失的关系。

(2) 机会成本并没有实际付出，没有构成企业的实际成本支出，所以，在财务会计实务中，机会成本并不会在任何会计账户中被登记。

(3) 机会成本的“负担者”是被选中的方案，也就是被选中的最佳方案有可能有机会成本。

4. 假计成本

假计成本是指需要估算的使用某种经济资源的代价，它不是企业的实际支出，但又与具体的经济活动相关联，实际上是机会成本的一种特殊表现形式，是需要特殊计量的机会成本。

假计成本是需要经过假定推断后才能确定的估算成本。比较典型的例子表现在企业对自有资金的使用上。企业使用自有资金时，虽然并没有因为使用该资金而需要向任何其他单位或个人支付利息，但同时也放弃了自有资金带来收益的机会，而这些收益称为假计成本。

5. 重置成本

重置成本又称为现行成本，是指按照当前市场条件，重新取得同样一项资产所需支付的现金或现金等价物金额。它是一个与历史成本相对应的概念，用以衡量企业所拥有的资产的市场价值。而市场价值是经常波动的，因此，当一项资产购置一段时间后，从市场上再次购买同型号、同规格的资产时，其购置成本往往也会发生变化。例如，企业一年前购入了一批材料，当时入账价为 100 元/千克，而现在同型号、同规格的材料需要市场价变化为 130 元/千克，那么企业在对这一批材料作决策时，应当按照现行成本来计算。

6. 付现成本

付现成本是指由选择和实现某项决策引起的需要在近期内有现金支付的成本。在进行短期经营决策时，付现成本就是动用现金支付的有关成本。在经济决策中，当企业面临现金短缺的情况而筹资又十分困难时，决策的付现成本成为企业首先要考虑的因素。因为在企业资金拮据的情况下，只有符合企业实际支付能力的方案才算得上是真正最优的方案。

7. 专属成本

专属成本是指能够明确归属于某种产品、某个部门等特定决策方案的固定成本或混合成本。它往往是为了弥补生产能力不足，增加有关装置、设备、工具等而发生的。例如，某车间生产甲产品，甲产品需要在专用机床上进行加工，那么，甲产品生产时专用机床产生的折旧费用就为专属成本。

8. 可延缓成本

可延缓成本是指在短期内对已经采用的方案推迟执行，对其暂缓的开支不会对企业未来的生产经营产生重大不利影响的那部分成本。可延缓成本是相对不可延缓成本而言的，企业的各项资源总有限，不可能对每一项决策都立即执行。对于那些已经决定采用的方案，还应该结合企业自身条件有计划、有步骤地依次付诸实施，这样才能达到充分利用经济资源，提高经济效益的目的。

9. 可避免成本

可避免成本是指其是否发生以及发生额为多少都受决策影响的那部分成本。也就是说，这类成本的发生与否取决于方案的取舍。如果某项决策方案被采纳，这项成本就会发生；反之，它与延缓成本的区别在于，延缓成本只是在发生时间上可以推迟，但将来一定会发生，而可避免成本的发生取决于决策者。

（二）非相关成本

非相关成本是指与某项特定决策没有直接联系的成本。这类成本通常不受决策结果影响——如果不管是否存在某项决策，该成本都已经发生或注定会发生，那么，就可以断定这项成本为非相关成本。

非相关成本主要包括沉没成本、共同成本、不可延缓成本和不可避免成本等。

（1）沉没成本。沉没成本又称沉落成本或旁置成本，是指由过去决策引起的，已经实际支付，而无法为现在或将来决策所改变的成本。在企业的经营决策中，沉没成本是无须考虑的成本。例如，企业5年前购入一台价值10万元的设备，预计使用10年，但是随着技术的进步，现在这台设备已经被淘汰，企业不得不再重新购置一台新设备，那么在对购置新设备做决策时，无须考虑旧设备的原入账价值。旧设备的原入账价值就是沉没成本。

（2）共同成本。共同成本是指与专属成本相对立的成本，对于那些由多种产品共同消耗的或为多个部门共同发生的支出，应该由多个成本计算对象共同承担。例如，某生产车间同时生产甲、乙两种产品，甲、乙两种产品都需要在某一精密机床上进行再加工才能形成成品，那么精密机床的折旧费用就是甲、乙产品的共同成本，应由甲、乙两种产品共同承担。

（3）不可延缓成本。不可延缓成本是与可延缓成本相对应的成本。如果某一项决策一旦作出就必须立即执行，否则会对企业的正常生产经营造成重大不利影响，那么该项成本就是不可延缓成本。不可延缓成本具有较强的刚性，方案一经确定，其成本就必须发生，所以必须保证其支付，没有什么选择的余地。

（4）不可避免成本。不可避免成本是与可避免成本相对应的成本，是指某项决策不能改变其发生或数额的成本。这类成本与某项特定决策没有直接联系，其发生与否不取决于特定决策方案是否被采纳。也就是说，无论某项决策方案是否被采纳，这项成本都会发生。

第三节 产品生产决策

产品生产决策是指在一年内或一个经营周期内，企业围绕着是否生产、生产什么产品、生产多少产品、怎样生产等一系列问题而进行的决策。

生产决策是企业的一项重要内容，是对产品日常生产经营的管理，是在产品价格决策、产品功能与成本协调基础上，在企业经营目标的总体要求下，为实现经济资源合理利用和经济效益不断提高而作出的一项决策。

一、不同生产方案的选择

（一）生产何种产品的决策

在企业的生产过程中，如果企业有剩余的生产能力可供使用，在两个或两个以上可供选择的多个新品种中，往往需要选择一个最优品种进行生产，这时就需要做生产何种产品的决策。

企业在进行生产何种产品的决策时，应考虑各种备选产品的生产是否存在专属成本的情况。在不存在专属成本的情况下，固定成本为无关成本，一般可以用单位资源边际贡献分析法进行决策，在某些条件一定的前提下，也可采用边际贡献总额分析法。在存在专属成本的情况下，可以考虑用差别损益法进行分析决策。

【例 6-1】 某厂现有以某种数量一定的 A 材料开发一种新产品的生产经营能力，假设开发新产品不涉及专属成本，现有甲、乙两种产品可供选择，具体资料如表 6-1 所示。

表 6-1 甲、乙产品资料表 单位：元

项目	甲产品	乙产品
预计销售单价	200	100
单位变动生产成本	160	70
单位消耗定额	10	6

要求：根据表 6-1 的资料，该厂应该选择开发何种产品决策。

解：据上述条件可知，企业在开发新产品时没有追加专属成本，因而可以采用单位资源边际贡献分析法进行分析。

甲产品的单位贡献毛利＝200－160＝40（元/件）

甲产品单位资源贡献毛利＝40÷10＝4（元/千克）

乙产品的单位贡献毛利＝100－70＝30（元/件）

乙产品单位资源贡献毛利＝30÷6＝5（元/千克）

由单位资源边际贡献分析法可知，乙产品的单位资源贡献毛利更大，因此应选择乙产品进行生产。

【例 6-2】 接【例 6-1】，假定该厂现在以 A 材料 12 000 千克用于开发新产品。要求：根据相关资料，用贡献毛利总额法作出应开发何种产品的决策。

解：

甲产品的相关业务量＝12 000÷10＝1 200（件）

乙产品的相关业务量＝12 000÷6＝2 000（件）

甲产品的贡献毛利总额＝（200－160）×1 200＝48 000（元）

乙产品的贡献毛利总额＝（100－70）×2 000＝60 000（元）

由上可知，乙产品提供的单位贡献毛利总额更大，因此应选择乙产品进行生产。

【例 6-3】 接【例 6-2】，假定开发甲、乙产品的过程中，需要不同的专用设备，预计甲产品因此增加的专属成本为 10 000 元，乙产品因此增加的专属成本为 25 000 元。问：该厂在此种情形下应该怎么作生产何种产品的决策？

解：本例中，由于甲、乙产品有各自的专属成本，因此可以考虑使用差别损益法进行分析决策。根据题意编制差别损益分析表见表 6-2。

表 6-2 差别损益分析表 单位：元

项目	甲产品	乙产品	差别额
相关收入	200×1 200＝240 000	100×2 000＝200 000	+40 000
相关成本合计	192 010	165 000	+27 010
其中：增量成本 专属成本	160×1 200＝192 000 10 000	70×2 000＝140 000 25 000	—
差量损益	—	—	+12 990

由表 6-2 计算可知，评价指标差别损益为+12 990 元，大于零，可以根据此判断应当开发甲产品，这样可以使企业多获得 12 990 元的利润。

需要注意的是，如果可供选择的产品品种多于两种，使用差别损益法进行分析就应逐次进行。因此，一般情况下，当选择品种大于两种时，不选用差别损益法进行分析决策，而使用其他更为合理的方法（如直接比较法）进行分析。

（二）生产设备利用决策

在生产过程中，同一种产品的生产可以由不同的设备进行加工，在其条件不变的情况下，不同的设备的加工成本也会有很大差别。不同生产设备利用决策属于互斥方案，各备选方案通常只涉及相关成本，而不涉及相关收入。

一般来说，各种设备的加工成本主要由加工设备的一次性调整准备费用和待加工产品（或零件）的加工费用共同构成。通常情况下，普通设备的一次性调整准备费用较少，但单件产品（或零件）的加工成本高；而精密设备则刚好相反，一次性调整准备费用较高，但单件产品（或零件）的加工成本较低。因此，对于选用何种生产设备来进行生产可采用无差别成本法进行决策。

无差别成本法是以成本无差别点作为最终的评价指标，根据成本无差别点所确定的数据范围来决定方案取舍的一种决策方法。

成本无差别点又称为成本分界点，是指两个不同备选方案总成本相等时的点。如果该点的数值范围为零至成本无差别点之间时，则应选择固定成本较小的备选方案；如果该点的数值的范围大于成本无差别点时，则应选择固定成本较大的备选方案；如果该点的取值范围等于成本无差别点时，说明两种备选方案的成本相同，决策中选用其中之一即可。

应用此法时值得注意的是，如果备选方案有两个以上时，应当先两两逐步进行确定其成本无差别点，然后再通过比较进行评价。比较时最好根据已知的资料作一个坐标图，这样可以直观地进行判断，因为从图中可以清楚地判断出至少有一个成本无差别点是没有意义的，通过坐标图可以剔除不需要的点，在此基础上再进行综合分析。

在使用无差别成本法对生产设备利用进行决策时，需要计算不同类型设备之间产品（或零件）加工批量的成本无差别点，然后根据所需加工的产品（或零件）的批量大小，选择合适的设备进行加工。

【例 6-4】 某加工厂生产一种 C 产品，可以利用甲、乙、丙三种设备进行加工，不同设备加工的成本资料如表 6-3 所示。

表 6-3　C 产品加工成本资料表　　单位：元

设备名称	一次性调整准备费	单件产品加工费
甲	1 000	30
乙	2 000	20
丙	5 000	5

要求：该加工厂应该选择哪台设备进行 C 产品的生产。

解：根据题意，可以采用无差别点法进行决策。

假定设备甲、乙、丙的总成本分别为 $C_{甲}$、$C_{乙}$、$C_{丙}$，以 X 表示甲设备和乙设备加工 C 产品的成本无差别点，以 Y 表示乙设备和丙设备加工 C 产品的成本无差别点，以 Z 表示甲设备与丙设备加工 C 产品的成本无差别点，于是可以得到三个独立方程：

$1\,000+30X=2\,000+20X$

$2\,000+20Y=5\,000+5Y$

$5\,000+5Z=1\,000+30Z$

解上述方程，得到 $X=100$，$Y=200$，$Z=160$，可画图 6-1。

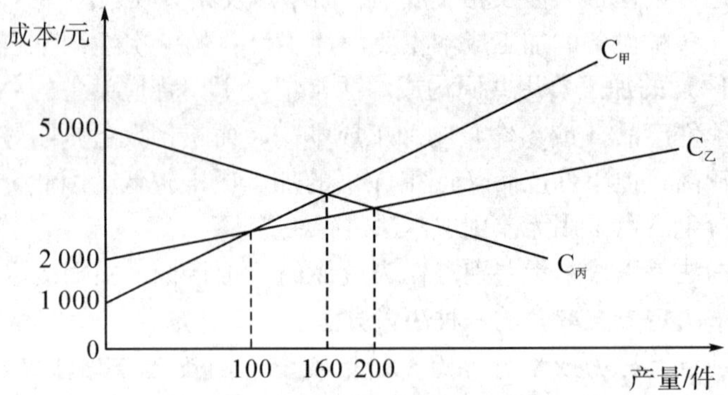

图 6-1　成本无差别示意图（一）

据此，可以得出决策结论：

当 C 产品生产批量在 100 件以内时，宜选用甲设备进行加工；当 C 产品生产批量在 100 件到 200 件之间时宜选用乙设备进行加工；当 C 产品生产批量大于 200 件时，宜选用丙设备进行加工。

（三）材料利用决策

有时企业同时生产几种产品都要耗用某种材料，而该类材料又是有限的。也就是说，此时，该有限的材料只能满足其中一种产品的生产时，企业应该在各种产品中进行比较，将有限的材料用于生产对企业最为有利的产品。对于材料利用决策，它是一项互斥方案，可以利用直接比较法对各种产品的“单位资源边际贡献”进行比较，从而作出决策。

单位资源边际贡献是个正指标，根据它作出决策的判断标准是，哪个方案的该项指标大，则哪个方案为优。单位资源边际贡献分析法比较简单，经常被应用于生产经营决策中的互斥方案决策。计算公式为：单位资源边际贡献=单位边际贡献/单位产品资源消耗定额。

【例6-5】某工厂主营A、B、C三种产品，且三种产品的主要材料都需要甲材料，而目前甲材料在市场上比较紧缺，该工厂库存的甲材料只能满足其中一种产品的大量生产，A、B、C三种产品的相关资料如表6-4所示。

表6-4 A、B、C三种产品有关资料

产品	单位售价/元	单位变动成本/元	单位产品耗用材料/千克
A	80	40	16
B	90	62	14
C	300	220	50

要求：在只考虑材料充分利用的前提下，帮该厂选择生产哪种产品。

解：根据表6-4的资料，可以计算出A、B、C三种产品的单位材料边际贡献，也就是这三种产品每消耗一单位的甲材料所能创造的边际贡献。计算结果见表6-5。

表6-5 单位材料边际贡献计算表

项目	A产品	B产品	C产品
单位产品边际贡献/元	40	28	80
单位产品耗用材料/千克	16	14	50
单位材料边际贡献/元	2.5	2	1.6

从表6-5的计算结果可知，C产品的单位产品边际贡献最多，但是A产品的单位材料边际贡献最多，依题意，在只考虑产品材料充分利用的情况下，该厂应该选择A产品进行生产。

（四）生产工艺选择

生产工艺是指生产工人利用生产工具和设备，对各种原料、材料、半成品进行加工或处理，最后使之成为成品的工作、方法和技术。它是人们在劳动中积累起来并总结的操作技术经验，也是生产工人和有关工程技术人员应遵守的技术规程。好的生产工艺是生产低成本、高质量产品的前提和保证。

因此，如果企业采用先进的生产工艺，其先进的生产设备的成本也相对较高，导致固定成本较高，但在先进的生产工艺下，由于劳动生产率高、劳动强度低、材料消耗少，单位变动成本也往往较低；而如果企业采用传统的生产工艺，那么情况恰好相反。所以，生产工艺选择属于“互斥方案”的决策类型，各备选方案通常只涉及相关成本，而不涉及相关收入，对此，可采用无差别点法进行决策。利用无差别点法，只要确定不同生产工艺的成本无差别点（不同生产工艺总成本相等时的产量点），就可以根据产量确定何种生产工艺最为有利。

【例6-6】某企业计划生产A产品，共有甲、乙、丙三个不同工艺方案，其成本资料如表6-6所示。

表 6-6　甲、乙、丙三个不同工艺方案成本资料　　　单位：元

工艺方案	专属固定成本	单位变动成本
甲方案	350	7
乙方案	300	8
丙方案	400	3

要求：该企业应该选择哪个工艺方案进行生产。

解：根据题意，可以采用无差别点法进行决策。

假定设备甲、乙、丙的总成本分别为 $C_{甲}$、$C_{乙}$、$C_{丙}$，以 X 表示甲方案和乙方案进行生产的成本无差别点，以 Y 表示乙方案和丙方案进行生产的成本无差别点，以 C 表示甲方案与丙方案进行生产的成本无差别点，于是可以得到三个独立方程：

$350+7X=300+8X$

$300+8Y=400+3Y$

$400+3Z=350+7Z$

解上述方程，得到 $X=50$，$Y=20$，$Z=12.5$，可画图 6-2。

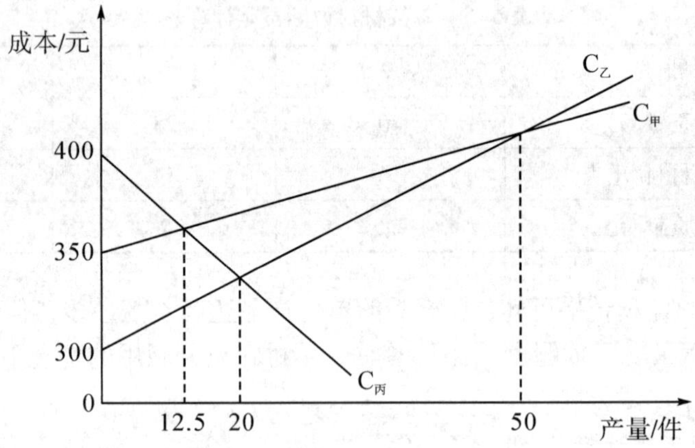

图 6-2　成本无差别示意图（二）

从图 6-2 可以看出，生产数量在 0~20 件的范围内，甲方案的成本最低，因此，当产量在这个范围内时，应当选择甲方案。而当产量大于 20 件之后，丙方案的成本则最低，因此，当产量大于 20 件时，应当选择丙方案。

二、零部件取得方式决策

如果企业需要的零部件既可以直接从市场购买，又可以利用企业自身的生产设备与生产技术进行自制，那么这就涉及零部件取得方式的决策。

零部件自制或是外购的决策，属于“互斥方案”的决策类型，这类型决策方案通常不涉及收入，只涉及成本。采用外购方案取得零部件需要支付购买价款及运杂费，而采用自制方案则需要支付生产加工过程中产生的直接材料费用、直接人工费用和制造费用等成本。不过通常来说，企业都是以剩余生产力自制零部件，这样，在自制方案中，与自制零部件相关的固定成本就属于沉没成本，所以在决策中，可

以不予考虑；如果在自制过程中需要追加，那么因追加投入发生的固定成本为相关成本。在企业现有剩余生产能力无法转移的情况下，自制零部件方案的相关成本只包括变动生产成本和追加投入的固定成本。在现有剩余生产能力还可以转移的情况下，自制零部件的相关成本还应包括与自制能力转移有关的机会成本。

根据所需零部件数量是否确定，需要采用不同的决策方法。一般来说，对于需要量确定情况下零部件取得方式决策，通常采用差别损益法或直接比较法进行决策，而对于需要量不确定情况下零部件取得方式决策，则可采用无差别点法进行决策。

（一）需要量确定情况下的零部件取得方式决策

【例 6-7】某企业主要生产甲产品，假设每年需要的主要零件 A 的需求量是固定的 30 000 个，如果外购，其单位为 35 元。且该企业还有剩余生产能力并无其他用途，可供制造 A 零件，有关单位成本资料如表 6-7 所示。

表 6-7　A 零件单位成本资料

项目	金额/元
直接材料费用	12
直接人工费用	8
变动制造费用	10
固定制造费用	12
合计	42

要求：判断该企业 A 零件应当自制还是外购。

解：（1）以直接比较法分析。由于企业自制方案是利用剩余生产能力进行生产，且该剩余生产能力并无他用，因此在自制 A 零件时，可以不考虑固定制造费用。因此，自制 A 零件单位成本计算如下：

自制 A 零件单位成本=直接材料费用+直接人工费用+变动制造费用=12+8+10=30（元）

而外购 A 零件单位成本=35（元）

结论：自制 A 零件比外购 A 零件每个节约成本 5 元，那么全年可节约成本共计 150 000 元，因而，该企业应选择自制方案。

（2）以差别损益法分析。以差别损益法分析，具体如表 6-8 所示。

表 6-8　A 零件差别损益分析表（一）　　单位：元

项目	方案		差别
	自制	外购	
相关成本	（12+8+10）×30 000=900 000	35×30 000=1 050 000	-150 000
差别损益			150 000

由表 6-8 可知，差损额为 150 000 元，说明自制比外购能够多获得利润 150 000 元，因此，该企业应该选择自制方案。

【例 6-8】在【例 6-7】的基础上，假设该企业自制 A 零件，每年还需追加 210 000 元的专属成本。在这种情况下，企业应该自制还是外购 A 零件？

解：(1) 以直接比较法分析。由于在本例中，每年自制 A 零件时需要追加 210 000 元的专属成本，因此在自制 A 零件时，还应考虑单位专属固定成本。因此，自制 A 零件单位成本计算如下：

自制 A 零件单位成本 = 直接材料费用+直接人工费用+变动制造费用+单位专属固定成本 = 12+8+10+210 000÷30 000 = 37（元）

外购 A 零件单位成本 = 35（元）

结论：外购比自制 A 零件每个节约成本 2 元，那么全年可节约成本共 60 000 元，因而，该企业应选择外购方案。

(2) 以差别损益法分析。以差别损益法分析，具体如表 6-9 所示。

表 6-9　A 零件差别损益分析表（二）　　单位：元

项目	方案		差别
	自制	外购	
相关成本	(12+8+10+210 000÷30 000) ×30 000 = 1 110 000	35×30 000 = 1 050 000	+60 000
差别损益			60 000

由表 6-9 可知，差损额为 60 000 元，说明外购比自制能够多获得利润 60 000 元，因此，该企业应该选择外购方案。

【例 6-9】 在【例 6-7】的基础上，假设该企业剩余生产能力除了能够自制 A 零件以外，还可以对外出租，每年预计可以收到租金 120 000 元。在这种情况下，企业应该自制还是外购 A 零件？

解：(1) 以直接比较法分析。在本例中，由于企业自制方案的剩余生产能力除自制零件外还能对外出租，因此在自制 A 零件时，还应考虑单位机会成本。因此，自制 A 零件单位成本计算如下：

自制 A 零件单位成本 = 直接材料费用+直接人工费用+变动制造费用+单位机会成本
= 12+8+10+120 000÷30 000 = 34（元）

外购 A 零件单位成本 = 35（元）

结论：自制比外购 A 零件每个节约成本 1 元，那么全年可节约成本共 30 000 元，因而，该企业应选择自制方案。

(2) 以差别损益法分析。以差别损益法分析，具体如表 6-10 所示。

表 6-10　A 零件差别损益分析表（三）　　单位：元

项目	方案		差别
	自制	外购	
相关成本	(12+8+10+120 000÷30 000) ×30 000 = 1 020 000	35×30 000 = 1 050 000	−30 000
差别损益			−30 000

由表 6-10 可知，差损额为 30 000 元，说明自制比外购能够多获得利润 30 000 元，因此，该企业应该选择自制方案。

当然，在本例中，对租金的收入还可将其作为相关收入来处理，则计算过程如表 6-11 所示。

表 6-11　A 零件差别损益分析表（四）　　单位：元

项目	方案		差别
	自制	外购	
相关收入	0	120 000	-120 000
相关成本	（12+8+10）×30 000=900 000	35×30 000=1 050 000	-150 000
差别损益			-30 000

由表 6-10 与表 6-11 可知，不管采用哪种处理方式，得到的结果都是一样的。

（二）需要量不确定情况下的零部件取得方式决策

对零部件需要量不确定时，就无法计算出单位相关成本，因此，在这种情况下，可以采用成本无差别点法进行决策。

【例 6-10】某企业主要生产甲产品，其主要零件 A 的外购单价为 36 元，自制的单位变动成本为 20 元，且每年还需追加 10 000 元的专属固定成本。该企业应该选择自制还外购？

解：假设每年 A 零件的需要量为 X，则每年自制 A 零件的成本为：$C_{自}=10\ 000+20X$；$C_{外}=36X$。

令 $C_{自}=C_{外}$，则解得 $X=625$，即成本无差别点为 625 件，通过画图可以得到图 6-3。

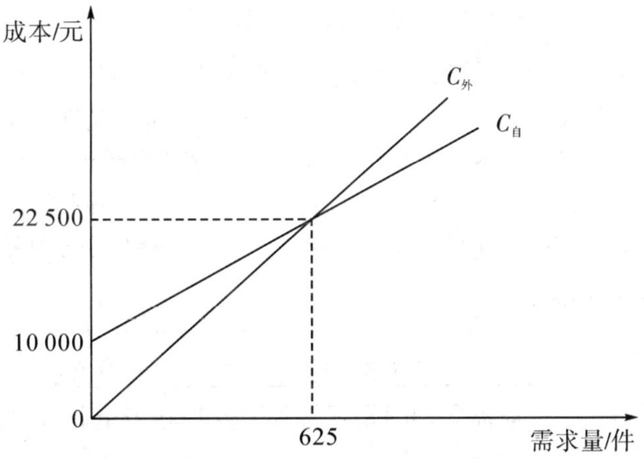

图 6-3　A 零件成本无差别示意图（一）

由图 6-3 可知，当 A 零件的需求量小于 625 件时，外购的成本低于自制的成本，应该选择外购；当 A 零件的需求量大于 625 件时，自制的成本低于外购的成本，应该选择自制；当 A 零件的需求量等于 625 件时，自制与外购的成本相同，选择自制或外购均可。

【例 6-11】接【例 6-10】，假设 A 零件外购单价随着需求量变化而变化，若需求量在 1 000 件以下时，外购单价为 32 元，但当需求量超过 1 000 件时，外购单价为 27 元。此时，该企业应当选择自制还是外购？

解：假设当 A 零件的需求量在 1 000 件以下时，需求量为 X，则每年自制 A 零件的成本为

$C_{自}=10\,000+20X$；$C_{外}=36X$

令 $C_{自}=C_{外}$，则解得 $X=625$，即成本无差别点为 625 件；

当 A 零件的需要量在 1 000 件以上时，需求量为 Y，则每年自制 A 零件的成本为：

$C_{自}=10\,000+20Y$；$C_{外1}=28Y$

令 $C_{自}=C_{外}$，则解得 $Y=1\,250$，即成本无差别点为 1 250 件，通过画图可以得到图 6-4。

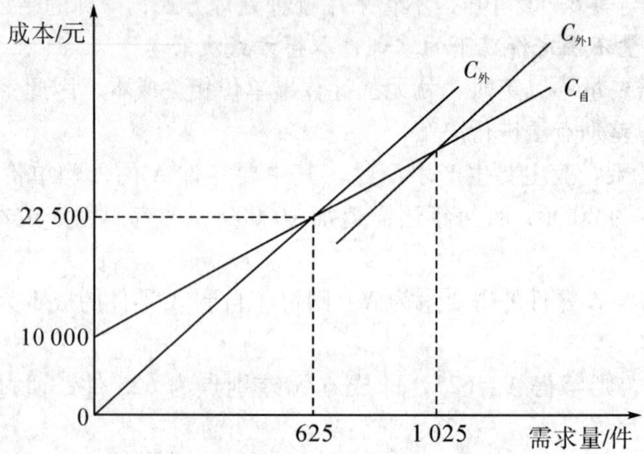

图 6-4　A 零件成本无差别示意图（二）

由图 6-4 可知，当 A 零件的需求量在 1 000 件以内，且 X 小于 625 件时，外购的成本低于自制的成本，应该选择外购；当 A 零件的需求量在 1 000 件以上，且 Y 小于 1 250 件时，外购的成本低于自制的成本，应该选择外购；当 A 零件的需求量大于 1 250 件，且自制的成本低于外购的成本，应该选择自制；当 A 零件的需求量等于 625 件或 1 250 件时，自制与外购的成本相同，选择自制或外购均可。

三、特殊订货决策

有时企业在满足计划生产与销售之后，生产能力尚有富余，此时有可能会接到一些出价较低的订单，企业需要判断是否接受。这种利用企业暂时闲置的生产能力而接受的临时订货，称为特殊订货。通常，企业在做此类决策时，需要结合生产能力来判断。

（一）生产能力允许范围内的特殊订货决策

企业在利用剩余生产能力接受订货而不减少正常销售量时，只要特殊订货的单价大于产品的变动成本，则可以接受。因为无论是否接受订货，固定成本都不会发生变动，在这里，固定成本属于无关成本，决策时不必考虑。而特殊订货所提供的贡献毛利将直接转化为利润，从而增加企业的利润总额，即

增加的利润=特殊订货单位贡献毛利×特殊订货数量

那么在这种情况下，企业是完全可以接受该特殊订货的。

【例 6-12】 某工厂假设只生产甲产品，生产能力为 500 件，正常产销量为 430 件，固定成本为 2 200 元，单位变动成本为 60 元，正常销售价格为 100 元，现有某客户欲订购 35 件，但最高出价每件只能为 75 元。该工厂是否能接受该订货？

解：依题意，特殊订货单价为 75 元，而单位变动成本为 60 元，特殊订货单价大于单位成本，这项订货是可以接受的。相关资料如表 6-12 所示。

表 6-12 甲产品特殊订货收益表 单位：元

项目	正常销售	特殊订货	合计
销售收入	43 000	2 625	45 625
变动成本	25 800	2 100	27 900
贡献毛利	17 200	525	17 725
固定成本	2 200	0	2 200
营业净利润	23 600	525	24 125

从表 6-12 当中也可以看出，这项特殊订货能使企业增加 525 元的贡献毛利，由于固定成本已全部由正常销售负担，所以新增的 525 元的贡献毛利全部转化为利润，即这项特殊订货可使企业增加 525 元的利润。

但是如果特殊订货需要追加专属订货成本，或者企业的剩余生产力可以有其他用途，那么在进行决策时，还应把这些因素考虑进来。

【例 6-13】 某企业生产乙产品，年实际生产能力为 20 000 件，正常销售价格为 180 元，其他资料如表 6-13 所示。

表 6-13 乙产品成本资料 单位：元/件

项目	成本
直接材料费用	60
直接人工费用	42
变动制造费用	24
固定制造费用	30
合计	156

假设该企业目前还有剩余生产能力，且该剩余生产能力可以出租，若将其出租，每年可获得租金收入 30 000 元。现有一客户要求加订乙产品 6 000 件，但每件最高出价为 142 元，且对生产还有一些特殊要求，如需满足其要求进行生产，还需增加一台 18 000 元的专用设备。该企业是否应该接受订货？

解：依题意，此题可以采用差别损益法进行分析，分析计算过程如表 6-14 所示。

表 6-14　乙产品差别损益分析表（一）　　单位：元

项目	方案		差别
	接受特殊订货	拒绝特殊订货	
相关收入	142×6 000=852 000	30 000	822 000
直接材料成本	60×6 000=360 000	0	360 000
直接人工成本	42×6 000=252 000	0	252 000
变动制造费用成本	24×6 000=144 000	0	144 000
专属成本	18 000	0	18 000
差别损益			48 000

由表 6-14 可知，差别损益为 48 000 元，说明接受订货比拒绝订货有利，因此应该接受该批特殊订货。

（二）超越生产能力允许范围的特殊订货决策

超越生产能力允许范围的特殊订货存在两种情况：一是利用闲置的生产能力，并暂时减少总分正常销售以接受特殊订货；二是扩大生产能力以同时满足正常销售与特殊订货，但这就需要增加相应的设备、人工等，而这些一般在短期内无法实现，属于长期决策的内容。因此，本节主要讨论第一种情况。

【例 6-14】接【例 6-13】，假设该企业的闲置生产能力为 30%，而客户要求追加的乙产品的订货量为 3 500 件，其他条件不变，此时，该企业是否应该接受特殊订货？

解：依题意，该企业的闲置生产能力只有 30%，即 3 000 件，可客户要求追加的数量为 3 500 件，超出了企业的剩余生产力 500 件，而此时如果企业想要接受该特殊订货的话，就得考虑压缩正常销售 500 件，也即需要放弃这 500 件正常销售所创造的收益，同时，这 500 件的变动成本也不会发生，这样，接受追加订货将要放弃的是 500 件正常销售的边际贡献，也就是追加的特殊订货的机会成本。分析计算过程如表 6-15 所示。

表 6-15　乙产品差别损益分析表（二）　　单位：元

项目	方案		差别
	接受特殊订货	拒绝特殊订货	
相关收入	142×3 500=497 000	30 000	467 000
直接材料成本	60×3 500=210 000	0	210 000
直接人工成本	42×3 500=147 000	0	147 000
变动制造费用成本	24×3 500=84 000	0	84 000
专属成本	18 000	0	18 000
机会成本	500×(180−156)=12 000	0	12 000
差别损益			4 000

由表 6-15 可知，差别损益为-4 000 元，说明拒绝订货比接受订货有利，因此应该拒绝该批特殊订货。

四、品种最优组合决策

在实际业务中，每个企业一般都会同时生产两种或两种以上的产品，而且每种产品的成本与收入各不相同。在各项资源都有限的情况下，企业应当怎样安排各种产品的生产，才能达到利益最大化呢？这就涉及品种最优组合决策，管理层需要根据市场的需求情况，再结合企业掌握的资源，合理地安排各种产品的生产数量，以达到最大限度地发挥现有资源的作用，为企业创造最佳的经济效益。对于这类品种组合的决策问题，通常可以采用线性规划的图解法进行分析。

线性规划图解法就是用几何作图的方法求出其最优解的过程。求解的思路是，先将约束条件加以图解，求得满足约束条件的解的集合（可行域），然后结合目标函数的要求从可行域中找出最优解。

【例 6-15】假设某工厂主要生产甲、乙两种产品，有关数据如表 6-16 所示。

表 6-16 甲、乙两种产品有关资料

项目	甲产品	乙产品
单价/元	15	10
单位变动成本/元	8	6
单位边际贡献/元	7	4
单位产品耗用机器工时/小时	3	4
预计最大订货量/件	1 100	1 500

假设该工厂最大生产能力为 13 200 机器工时，则应如何安排甲、乙产品的生产，才能为企业提供最好的边际贡献？

解：设甲产品的产量为 X，乙产品的产量为 Y，则有目标函数 $T_{CM}=7X+4Y$

约束条件为 $\begin{cases} 3X+4Y \leqslant 13\ 200 \\ 0 \leqslant X \leqslant 1\ 100 \\ 0 \leqslant Y \leqslant 1\ 500 \end{cases}$

将约束条件在坐标图上画出来，可以得到图 6-5（图中单位为 1 000 件）：

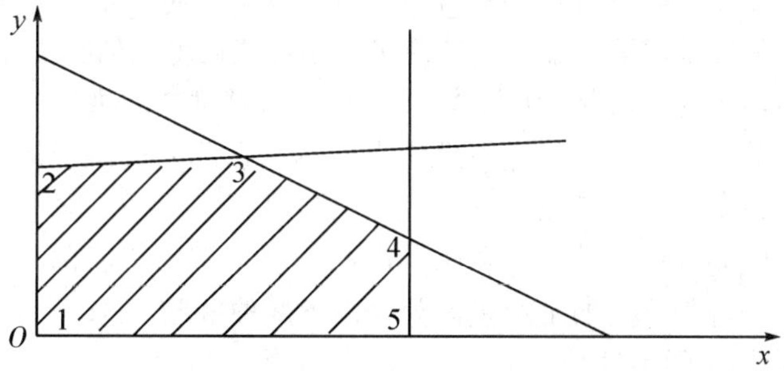

图 6-5 甲、乙产品约束条件图

在图 6-5 中，“可行域”一共有 5 个顶点，每个顶点我们以 1、2、3、4、5 分别予以标注，然后将每个顶点的坐标值分别代入目标函数中，计算出它们的目标函数值，通过比较各自目标函数值的大小，就可以得出最优组合了。计算过程如表 6-17 所示。

表 6-17　目标函数计算表

顶点	产品组合		目标函数值 $T_{CM}=7X+4Y$
	X	Y	
1	0	0	$T_{CM}=0$
2	0	1 500	$T_{CM}=7\times0+4\times1\ 500=6\ 000$
3	200	1 500	$T_{CM}=7\times200+4\times1\ 500=7\ 400$
4	1 100	825	$T_{CM}=7\times1\ 100+4\times825=11\ 000$
5	1 100	0	$T_{CM}=7\times1\ 100+4\times0=7\ 700$

由表 6-17 可以看出，最大边际贡献值为 11 000 元，对应顶点 4，因此最优组合为 $X=1\ 100$ 件，$Y=825$ 件，即当甲、乙产品的产量分别为 1 100 件和 825 件时，可以获得最大边际贡献 11 000 元。

五、产品是否深加工决策

某些企业生产的半成品或分离后的联产品可以立即进行销售，也可以继续加工后再出售。究竟怎么样才更有利，其标准是看继续加工后增加的收入是否大于追加成本（或联产品的可分成本）。

（一）半成品是否深加工的决策

半成品是一个相对于产成品的概念，是指那些经过初步加工而形成的，已具备独立的使用价值，但尚未制造完工成为产成品，仍需进一步加工的中间产品。半成品经过进一步加工后能够得到产成品，所以从这个意义上来讲，半成品也是产成品的原料之一。企业把原材料加工至半成品，再从半成品进一步加工到产成品，所用的工艺与材料都会有不同程度上的差异，所以，当半成品可以直接出售时，半成品出售的价格和成本与产成品出售的价格与成本是完全不同的。

当企业的半成品可以直接对外销售时，企业就面临将产品加工到什么程度再进行出售的问题。一般情况下，如果对产品进一步加工后增加的收入超过增加的成本，那么应该进一步加工为产成品后再出售；反之，如果对产品进一步加工后增加的收入不能超过增加的成本，那么就应当出售半成本。在此，进一步加工前的收入和成本都与决策无关，不必予以考虑。

产品作为半成品出售，其售价和成本都低于进一步加工后作为产成品出售的售价和成本。对于是否进一步加工的决策分为以下两种情况：

1. 应进一步加工的条件

当差量收入大于差量成本时，即进一步加工后产成品的销售收入-半成品的销售收入>进一步加工后产成品的成本-半成品的成本，企业应进一步加工后再进行出售。

2. 应出售半成品的条件

当差量收入小于差量成本时，即进一步加工后产成品的销售收入-半成品的销售收入<进一步加工后产成品的成本-半成品的成本，企业应出售半成品。

需要注意的是，在上述两种情况中，进一步加工后的产成品成本包括追加的变动成本和专属固定成本。

【例6-16】某企业主要生产和经营K产品，假设每年K产品的销售量为2 400件，每件变动成本为15元，每件产品的固定成本为1元，单位售价为32元。如果把K产品进一步深加工为K1产品，售价可以提高至40元，但单位变动成本需增至20元，同时还需增加专属固定成本600元。该企业应当出售K产品还继续深加工至K1产品？

解：依题意，差量收入＝进一步加工后产成品的销售收入-半成品的销售收入

＝（40-32）×2 400＝19 200（元）

差量成本＝进一步加工后产成品的成本-半成品的成本

＝（20-15）×2 400+600＝12 600（元）

在计算差量成本时，无论企业是否决定继续深加工，K产品1元的固定成本都存在，因此它属于沉没成本，在决策时不予考虑。

通过对差量收入与差量成本的比较，由于差量收入大于差量成本6 600元，因而企业应当选择进一步加工K产品至K1产品再进行出售。

（二）联产品是否深加工的决策

联产品是用同一种原材料，通过同一个生产过程生产出的两种或两种以上经济价值较大的主要产品。例如，炼油厂从原油中同时提炼出价值较大的汽油、煤油、柴油、润滑油等。有些联产品经过进一步的深加工还可以得到其他产品，例如联产品汽油经过深加工后可以得到不同规格的成品油。

需要注意的是，联产品之间的性质和使用价值都比较接近，其市场价值相差也不大。如果一种原料经过相同的工艺进行加工，形成了使用价值差距较大、市场价格相差甚远的不同产品，则不能称之为联产品，而分别为主产品和副产品。

联产品是否深加工的决策与半成品是否深加工的决策十分相似，都主要取决于继续加工后增加的收入是否大于追加成本，但是，联产品与最终产品之间的投入产出比通常不是1∶1——有的联产品在深加工时，可能完全具备深加工的能力，也可能只具备部分能力。所以，企业在进行决策时，还需要考虑“可分成本”，也就是变动性深加工成本。

【例6-17】某企业生产M1、M2、M3、M4四种联产品。月产M1产品1 100吨、M2产品1 000吨、M3产品1 500吨、M4产品3 000吨，发生原料及加工费等联合成本350 000元。四种产品的单位售价分别为300元、350元、370元和560元。其中M1与M2可进一步加工成L产品1 200吨与N产品1 800吨，售价分别为400元与520元；同时分别增加变动成本180 000元和100 000元，固定成本150 000元和160 000元。该企业M1与M2产品是否进一步加工？

解：对于半成品或联产品在进一步加工前发生的成本，无论其是变动成本、固定成本还是联合成本，在进一步加工决策中都属于无关成本，可以不予考虑。所以

本例中，联合成本350 000元为无关成本，决策可以不予考虑。但对追加的成本或可分成本必须予以考虑。

1. M1是否深加工决策

差量收入=进一步加工后产成品的销售收入-半成品的销售收入

=1 200×400-1 100×300=150 000（元）

差量成本=追加变动成本+追加固定成本

=180 000+150 000=330 000（元）

M1进一步加工至L产品后，差量收入小于差量成本180 000元，所以M1产品应当直接出售。

2. M2是否深加工决策

差量收入=进一步加工后产成品的销售收入-半成品的销售收入

=1 800×520-1 000×350=586 000（元）

差量成本=追加变动成本+追加固定成本

=100 000+160 000=260 000（元）

M1进一步加工至L产品后，差量收入大于差量成本326 000元（即586 000元-260 000元），所以M2产品应当选择进一步加工。

六、亏损产品决策

企业在组织产品和经营过程中，由于各种原因，企业所产销的某种产品有时会发生收入小于成本的情况，也就是亏损。对于亏损产品，不能一味地简单断定以停产或转产止损。因为在传统会计理论中，产品的成本包含着一些与该产品并不相关的固定成本，而这类固定成本并不随着亏损产品的停产而不再发生。因此，如果不加分析地停止亏损产品的产销，有时反而会给企业一定带来不利的影响。亏损产品是否停产或转产的决策，应当综合考虑企业各种产品的经营状况、生产能力和利用及有关因素的影响，可以采用差量分析法进行分析计算。

差量分析法是指在了解各种备选方案导致的预期收入与预期成本之间的差别后，从中选出最优方案的方法。在运用差量分析法前，应先明确差量收入与差量成本的概念。

1. 差量收入

差量收入是一个备选方案的预期收入与另一个备选方案的预期收入的差额。

2. 差量成本

差量成本是一个备选方案的预期成本与另一个备选方案的预期成本的差额。

如果差量收入大于差量成本，即差量损益为正数，则前一个方案是较优的；反之，如差量收入小于差量成本，即差量损益为负数，则后一个方案是较优的。

【例6-18】某企业主要产销Q1、Q2、Q3三种产品，有关盈亏按完全成本法计算，如表6-18所示。

表 6-18　盈亏计算表　　单位：元

项目	Q1	Q2	Q3	合计
销售收入	2 400	3 200	5 600	11 200
销售成本	2 750	2 600	4 300	9 650
营业利润	-350	600	1 300	1 550

仅仅从表 6-18 的数据来看，Q1 产品为亏损产品，停止其生产企业的利润将增加 350 元，是对企业有利的。不过是否真的有利，还应参考其他资料才行。假设按变动成本法分解成本，如表 6-19 所示。

表 6-19　成本分解表　　单位：元

项目	Q1	Q2	Q3
直接材料费用	980	870	1 560
直接人工费用	650	630	650
制造费用	330	290	900
管理费用	265	270	420
财务费用	230	240	375
销售费用	295	300	395

从表 6-19 中可以看出，在按完全成本法计算的 Q1 产品的成本总额 2 750 元中，有 790 元的期间费用的分摊额，而在变动成本法下，这部分费用均应在本期全数扣除。因此，在 Q1 产品尚能提供贡献毛益总额 440 元的情况下，停止生产 Q1 产品不但不会增加利润，反而会减少 470 元的利润。通过差量分析（表 6-20）也可以证明这一点。

表 6-20　Q1 产品差量分析表　　单位：元

项目	继续生产 Q1	停止生产 Q1	差量
销售总收入	11 200	8 800	2 400
直接材料成本	3 410	2 430	980
直接人工成本	1 930	1 280	650
制造费用成本	1 520	1 190	330
期间费用成本			
管理费用成本	955	955	0
财务费用成本	845	845	0
销售费用成本	990	990	0
利润	1 550	1 110	440

由此可见，如果亏损产品能够提供贡献毛益，弥补一定的固定成本，除存在其他更加有利可图的情况外，一般不应停产。但如果亏损产品存在其他更加有利的机会，如转产其他产品能够使企业获得更多的贡献毛益，通常该亏损产品应当转产其

他贡献更大的产品。

【例 6-19】接【例 6-18】，假设停止生产亏损的 Q1 产品后可转产 M 产品，其销售单价为 100 元/件，单位变动成本（单位直接材料费用、单位直接人工费用与单位制造费用之和）为 60 元，假设 M 产品可产销 200 件。转产 M 产品须追加设备投资 6 000 元。该企业是否应停止生产 Q1 而转产 M 产品？

解：在转产决策中，只转产的 M 产品提供的贡献毛益总额或剩余贡献毛益总额大于亏损的 Q1 产品提供的贡献毛益总额，就应该作出转产的决策。M 产品剩余贡献毛益总额的计算如下：

M 产品销售收入＝100×200＝20 000（元）

M 产品变动成本＝60×200＝12 000（元）

M 产品贡献毛益总额＝20 000－12 000＝8 000（元）

M 产品专属固定成本＝6 000（元）

M 产品剩余贡献毛益总额＝8 000－6 000＝2 000（元）

由上述计算可以看出，M 产品提供的剩余贡献毛益总额比 Q1 提供的贡献毛益总额多 1 560 元，说明转产 M 产品比继续生产 Q1 更加有利，如表 6-21 所示。

表 6-21　Q1 产品是否转产 M 产品分析表　　单位：元

项目	继续生产 Q1	转产 M 产品	差量
销售收入	11 200	28 800	-17 600
变动成本	6 860	16 900	-10 040
贡献毛益总额	4 340	11 900	-7 560
固定成本总额	2 790	8 790	-6 000
（其中：专属固定成本）		6 000	
利润	1 550	3 110	-1 560

第四节　风险条件或不确定条件下的经营决策

一、风险条件下的经营决策

风险条件下的经营决策也称风险决策，其特点一是存在着两种以上不以决策者主观意志为转的客观自然状态；二是决策者可以根据有关资料事先预估或计算出各种自然状态的可能性大小。风险型决策的一般标准是“报酬最大、风险最小”。各种可能状态的收入与其概念相乘后求和，再减掉成本，称为期望值，它表示各个决策方案的预期报酬。因此，风险型决策使用的方法，就是通过计算比较各方案收益期望值大小来选择最优方案的概率分析法。

【例 6-20】某企业拟为生产的新产品做一次大型促销活动，需要选择活动地址，目前有 A、B、C、D 四个区域可供选择，但这四个区域因地段不同，租金也不同。新产品的促销收入除受租金的影响外，还受促销期间的天气影响，预计促销期间的天气为晴天的概率为 0.6，雨天的概率为 0.4。其他相关资料如表 6-22 所示。

表 6-22　各地域租金及边际贡献　　单位：元

方案	租金	边际贡献	
		晴天	雨天
A 区域	6 000	12 000	7 000
B 区域	5 000	9 700	4 100
C 区域	4 500	8 300	4 700
D 区域	3 000	6 500	4 000

要求：判断该企业应该选择哪个区域。

解：以 E 表示决策方案的期望值，则有：

$E_A=(12\ 000\times0.6+7\ 000\times0.4)-6\ 000=4\ 000$（元）

$E_B=(9\ 700\times0.6+4\ 100\times0.4)-5\ 000=2\ 460$（元）

$E_C=(8\ 300\times0.6+4\ 700\times0.4)-4\ 500=2\ 360$（元）

$E_D=(6\ 500\times0.6+4\ 000\times0.4)-3\ 000=2\ 500$（元）

由上述计算可以看出，A 区域的期望边际贡献最大，故该企业应该选择租用 A 区域。

【例 6-21】某企业准备开发一种新产品，现有甲、乙两种品种可以选择，相关资料如表 6-23 所示。

表 6-23　某企业新产品相关资料　　单位：元

项目	甲品种	乙品种
单价	420	285
单位变动成本	365	250
固定成本	28 000	28 000

两种产品的销售量随着市场的变动而发生变化，如表 6-24 所示。

表 6-24　销售资料表

预估销量/件	概率	
	甲品种	乙品种
700	—	0.1
900	0.1	0.2
1 200	0.1	0.2
1 400	0.3	0.4
1 500	0.3	0.1
1 600	0.2	—

要求：试分析该企业应该选择哪个品种进行生产。

解：根据上述资料，甲、乙两种品种的期望价值计算如表 6-25 所示。

表 6-25　期望价值计算表

品种	销量/件	单位边际贡献	边际贡献	概率	边际贡献期望值
	①	②	③=①×②	④	⑤=③×④
甲品种	900	420-365=55	49 500	0.1	4 950
	1 200		66 000	0.1	6 600
	1 400		77 000	0.3	23 100
	1 500		82 500	0.3	24 750
	1 600		88 000	0.2	17 600
	合计				77 000
乙品种	700	285-250=35	24 500	0.1	2 450
	900		31 500	0.2	6 300
	1 200		42 000	0.2	8 400
	1 400		49 000	0.4	19 600
	1 500		52 500	0.1	5 250
	合计				42 000

由于固定成本相同，都是 28 000 元，因此哪个品种的期望边际贡献越大则哪个品种的期望收益值越大。通过表 6-25 可知，甲品种的期望收益值大于乙品种的期望收益值，因此，该企业应当选择甲品种进行生产。

二、不确定条件下的经营决策

不确定条件下的经营决策，也就是非确定性决策，是指在决策过程中，各备选方案所涉及的各项信息只能凭借决策者的经验判断确定，并以各项结果出现的概率作为决策依据，即决策的未来情况难以确定。所以，作出这类决策相当困难，需要决策人具备相当丰富的实践经验以及较高的理论知识水平。通常使用的方法包括大中取大法、小中取大法和大中取小法等。

（一）大中取大法

如果在决策不确定的条件下情况仍然乐观，那么可采用大中取大法进行决策。此法又称最大的最大收益值法，是指在几种不确定的随机事件中，选择在最有利的市场需求情况下能提供最大边际贡献总额（或税前净利润）的方案作为最佳方案的决策方法。

【例 6-22】某企业准备开发一种新产品，现有三种不同的产量方案，并预估不同销售情况下的边际贡献总额，有关资料如表 6-26 所示。

表 6-26　边际贡献资料　　　　单位：元

产量方案	畅销	一般	滞销
1 000 件	20 000	14 500	8 500
1 250 件	24 500	14 000	10 750
1 500 件	29 250	16 800	9 300

问：采用大中取大法，该企业应该选择哪个产量方案进行生产？

解：依题意，可编制表 6-27。

表 6-27　大中取大法分析表　　　　单位：元

产量方案	畅销	一般	滞销	最大收益值	最小收益值
1 000 件	20 000	14 500	8 500	20 000	8 500
1 250 件	24 500	14 000	10 750	24 500	10 750
1 500 件	29 250	16 800	9 300	29 250	9 300

由表 6-27 可以看出，在大中取大法下，最大收益值都集中在“畅销”的情况下，而最大收益值当中的最大值是“29 250”，因此，应该选择产量为 1 500 件的方案进行生产。

（二）小中取大法

如果决策者面对不确定条件时，态度比较悲观或保守，那么可采用小中取大法进行决策。小中取大法是指在几种不确定的随机事件中，选择在最不利的市场需求情况下能提供最大边际贡献总额（或税前净利润）的方案作为中选方案的决策方法。

小中取大法要求首先从各备选方案中选出一个最小的边际贡献值；其次从这些最小值中选出一个最大值，该最大值所对应的方案就是中选方案。

【例 6-23】沿用【例 6-22】的资料，如果决策者主张使用小中取大法，则应该选择哪种产量的方案？

解：从表 6-27 可见，在小中取大法下，最小边际贡献值均集中在“滞销”情况下，而“滞销”情况下，最大收益值是“10 750”，因此，这种情况下应该选择产量为 1 250 件的方案进行生产。

（三）大中取小法

大中取小法又称最大后悔值法，是在几种不确定的随机事件中，选择最大后悔值中的最小值的方案为最优方案。所谓后悔值也就是损失额，是指各种不同需求情况下的最大收益值超过本方案收益值的差额，即

后悔值 = 预期最大收益额 - 实际收益额

= 预期最大边际贡献 - 实际边际贡献

它表示如果选错方案将会受到的损失额。显然，出现几种随机事件，就会有几个相应的后悔值。一般决策者比较稳健，在不确定的条件下会采用大中取小法。

【例6-24】继续沿用【例6-22】的资料，如果采用大中取小法进行分析，则分析过程如下：

第一步，找出不同情况下各方案的预期最大收益值。

畅销情况下最大收益值为29 250元，一般情况下最大收益值为16 800元，滞销情况下最大收益值为10 750元。

第二步，计算不同情况下各方案的"后悔值"。

1. 在1 000件产量的方案中：

畅销情况下的后悔值=29 250-20 000=9 250（元）

一般情况下的后悔值= 16 800-14 500=2 300（元）

滞销情况下的后悔值=10 750-8 500=2 250（元）

2. 在1 250件产量的方案中：

畅销情况下的后悔值=29 250-24 500=4 750（元）

一般情况下的后悔值= 16 800-14 000=2 800（元）

滞销情况下的后悔值=10 750-10 750=0（元）

3. 在1 500件产量的方案中：

畅销情况下的后悔值=29 250-29 250=0（元）

一般情况下的后悔值= 16 800-16 800=0（元）

滞销情况下的后悔值=10 750-9 300=1 450（元）

第三步，编制"后悔值"计算分析表如表6-28所示。

表6-28　后悔值计算分析表　　单位：元

产量方案	畅销	一般	滞销	最大后悔值
1 000件	9 250	2 300	2 250	9 250
1 250件	4 750	2 800	0	4 750
1 500件	0	0	1 450	1 450

由表6-28可看出，最大后悔值中的最小值是"1 450"，因此，该企业应该选择产量为1 500件的方案进行生产。

第五节　定价决策

企业为其产品和劳务制定合理的销售价格，是企业经营中的一项重要决策内容。如果定价过低，企业的收入会下降，会导致利润减少甚至出现亏损；定价过高则会削弱企业在市场上的竞争优势，同样会造成收入下降，利润减少。因此，企业在确定产品或劳务销售价格时，要充分考虑价格的各种内外影响因素，选择最适当的售价，以保证企业取得足够的收入来补偿成本并实现利润。

一、产品定价方法

（一）以成本为基础的定价方法

成本是影响定价的最基本因素。从长期来看，产品价格应等于成本加上合理的利润，否则企业无利可图；从短期来看，企业应根据成本结构确定产品价格，即产品价格必须高于平均变动成本，以便掌握盈亏情况，减少经营风险。因此，以成本为基础的定价方法主要有完全成本定价法和变动成本定价法两种。

1. 完全成本定价法

完全成本定价法是指在单位产品的全部成本上加上预期的加成率作为产品的销售价格。采用这种方法定价，不仅能如数收回全部生产成本，还能取得一定的利润额，且计算简便，易于理解。其计算公式为

$$\begin{aligned}\text{单位产品价格}&=\text{单位产品生产成本}\times(1+\text{加成率})\\&=\text{单位产品生产成本}+\text{加成额}\end{aligned}$$

其中：

$$\text{加成率}=\text{预期成本毛利润率}=(\text{利润}+\text{非生产成本})\div\text{生产成本}$$

2. 变动成本定价法

变动成本定价法是指用单位成本除以变动成本率进行定价的方法。采用这种方法时，只要产品的销售价格能够补偿其变动生产成本并可提供一定数额的边际贡献，就是可以接受的。其计算公式为

$$\text{单位产品价格}=\frac{\text{单位变动成本}}{\text{变动成本率}}=\frac{\text{单位变动成本}}{1-\text{边际贡献率}}$$

【例 6-25】某企业生产甲产品，产量为 500 件时的有关费用资料如下：直接材料费用为 10 000 元，直接人工费用为 5 500 元，变动性制造费用为 6 000 元，固定性制造费用为 5 000 元，销售及管理费用为 900 元。该企业计划实现 15 000 元的目标利润。要求利用上述两种方法确定产品售价。

解：(1) 完全成本定价法下：

$$\text{成本毛利率}=\frac{15\ 000+900}{10\ 000+5\ 500+6\ 000+5\ 000}\times100\%=60\%$$

$$\text{单位产品生产成本}=\frac{10\ 000+5\ 500+6\ 000+5\ 000}{500}=53\ (\text{元})$$

$$\text{产品单价}=53\times(1+60\%)=84.8\ (\text{元})$$

(2) 变动成本定价法下：

$$\text{变动成本率}=\frac{10\ 000+5\ 500+6\ 000}{10\ 000+5\ 500+6\ 000+5\ 000+900+15\ 000}\times100\%\approx50.71\%$$

$$\text{单位产品变动生产成本}=\frac{10\ 000+5\ 500+6\ 000}{500}=43\ (\text{元})$$

$$\text{产品单价}=\frac{43}{50.71\%}\approx84.8\ (\text{元})$$

（二）以特殊要求为导向的定价方法

1. 保本定价法

保本定价法也称为盈亏平衡法，是指运用盈亏平衡原理，以保本为目标来制定产品价格的方法。不考虑相关税费，保本价格的计算公式为

$$\text{保本价格}=\text{单位变动成本}+\frac{\text{固定成本}}{\text{预计销售量}}$$

2. 保利定价法

保利定价法是企业在确定了保本价格后，以此为基础，在目标利润确定的情况下，以计算确保实现目标利润的一种定价方法。不考虑相关税费，其计算公式为

$$保利价格=单位变动成本+\frac{固定成本+目标利润}{预计销售量}$$

以上两种方法简易便行，能向企业提供可获必要利润的最低价格。但由于销售量往往受到价格的影响，因而计算结果的准确性也受到一定的影响。

【例 6-26】 某企业生产甲产品，固定成本为 80 000 元，目标利润为 120 000 元，单位变动成本为 10 元，预计销售 100 000 件，不考虑相关税费，利用保本定价法与保利定价法确定甲产品售价。

解：$保本价格=10+\frac{80\ 000}{100\ 000}=10.8$（元/件）

$保利价格=10+\frac{80\ 000+120\ 000}{100\ 000}=12$（元/件）

3. 极限定价法

极限定价法是将事先确定的某一成本作为产品价格的底线（如在企业尚有剩余生产能力时，可将单位变动成本作为接受特殊订货的最低售价）。

二、产品最优售价的确定

产品最优售价是能使产品销售后获得最大利润的单价。产品售价的高低受很多因素的影响，其中市场对产品需求情况的影响是最为重要的一个因素。一般来说，产品的市场需求会影响产品的价格，而产品价格的变动反过来又会影响产品的市场需求。为了确定产品的最优售价，就要充分考虑售价与需求量之间的关系。通常情况下，我们借助边际分析的方法，根据边际收入和边际成本的基本概念，以及二者之间的特定数量关系和经济内涵，来确定产品的销售价格。

（一）连续可导条件下的最优售价

若收入、成本函数均为连续可导的函数，这时可以利用数学中求导数的方法来计算。

设总收入函数 $TR=a_1+b_1x+c_1x^2$，总成本函数 $TC=a_2+b_2x+C_2x^2$，于是利润函数为 $P=TR-TC=(a_1+b_1x+c_1x^2)-(a_2+b_2x+C_2x^2)$。

应用边际分析法，需要计算边际收入和边际成本。对于连续可导的收入和成本函数，边际收入（MR）是收入函数的一阶导数，边际成本（MC）是成本函数的一阶导数。当边际收入与边际成本相等时，即 MR=MC 时，利润 P 取到最大值，此时的销售量即为最佳销售量，用 X_m 表示。

将 X_m 代入利润函数中，即可求得最大利润

$$P_m=(a_1-a_2)+(b_1-b_2)X_m+(C_1-C_2)X_m^2$$

将 X 代入收入的函数中，即可得最佳售价

$$sp=\frac{TR}{X_m}=\frac{a_1}{X_m}+b_1+C_1X_m$$

【例 6-27】假设某企业生产的甲产品的成本、收入与产销量（假定产销平衡）之间的关系如下所示（数量单位为万件，金额单位为元）：

$TR = 6X - 0.08X^2$；$TC = 20 + 0.4X + 0.08x^2$

则

$P = TR - TC = (6X - 0.08X^2) - (20 + 0.4X + 0.08x^2) = -20 + 5.6X - 0.16X^2$

$MR = 6 - 0.16X$；$MC = 0.4 + 0.16X$

令 MR=MC，可解得

$X_m = 17.5$（万件）

于是，最大利润 $P_m = -20 + 5.6 \times 17.5 - 0.16 \times 17.5^2 = 29$（万元），而甲产品最优售价 $sp = \frac{TR}{X_m} = 6 - 0.08 \times 17.5 = 4.6$（元）。

（二）不连续条件下的最优售价

若收入、成本函数不是连续函数，就不能利用求导数的方法计算边际收入和边际成本，这时确定产品的最优售价就要用列表计算的方式来进行了。以下举例来说明不连续条件下最优售价的确定。

【例 6-28】某企业生产的乙产品单位变动成本为 3 元，固定成本为 5 000 元，其在不同销售价格水平上的各期销售量资料见表 6-29。

表 6-29　乙产品售价、销量资料

销售单价/元	销售量/件
25	1 200
24	1 300
23	1 400
22	1 500
21	1 600
20	1 700
19	1 800
18	1 900
17	2 000
16	2 100

要求：计算该产品的销售价格为多少才能使企业获得最大利润。

解：利用边际分析法，根据上述资料，可编制分析计算表如表 6-30 所示。

表 6-30 分析计算表

售价/元	预计销售量/件	销售收入/元	边际收入/元	销售成本/元			边际成本/元	边际利润/元	利润总额/元
				固定成本	变动成本	总成本			
①	②	③=①×②	④	⑤	⑥	⑦=⑤+⑥	⑧	⑨=④-⑧	⑩=③-⑦
25	1 200	30 000	—	5 000	3 600	8 600	—	—	21 400
24	1 300	31 200	1 200	5 000	3 900	8 900	300	900	22 300
23	1 400	32 200	1 000	5 000	4 200	9 200	300	700	23 000
22	1 500	33 000	800	5 000	4 500	9 500	300	500	23 500
21	1 600	33 600	600	5 000	4 800	9 800	300	300	23 800
20	1 700	34 000	400	5 000	5 100	10 100	300	100	23 900
19	1 800	34 200	200	5 000	5 400	10 400	300	-100	23 800
18	1 900	34 200	0	5 000	5 700	10 700	300	-300	23 500
17	2 000	34 000	-200	5 000	6 000	11 000	300	-500	23 000
16	2 100	33 600	-400	5 000	6 300	11 300	300	-700	22 300

从表 6-30 中可以看出，售价为 20 元时利润最大，因此，甲产品的最优售价为 20 元。

三、定价策略

产品定价策略是指企业为实现总体目标，根据企业的经营战略方针和影响产品价格的因素变化情况，而制定的与价格水平及其浮动幅度相关的行动方针和方法。

（一）新产品定价策略

它是指用于指导新产品定价的原则技巧，具体有撇脂高额利润策略和渗透策略。

1. 撇脂高额利润策略

撇脂高额利润策略是指对于那些初次投放市场、尚未形成竞争的产品施以高价以确保高额利润，随市场销量的提高、竞争的加剧而逐步降价的策略。这种策略能保证新产品在投放初期获得高额利润，并可保证新产品在产销方面无法预知的成本得到足额补偿。但投放初期的高额利润必然会迅速引来竞争，高价难以持久。因此这是一种短期性的定价策略，一般用于市场上没有类似替代物、没有竞争对手、弹性小、容易开辟市场的新产品。

2. 渗透策略

渗透策略是指以较低价格的新品开拓市场，争取顾客，赢得竞争优势，然后逐步提高定价的策略。这种策略虽然在新产品投放初期会减少一些短期利润，但它能有效地排除竞争，以便建立长期的市场地位，给企业带来长远的经济效益，是一种立足长远的策略，一般用于有类似替代物、需求弹性较大、市场前景光明的新产品。

（二）心理定价策略

心理定价策略是指充分利用消费者们的心理特点进行的产品定价。一般有以下几种：

1. 零数定价策略

该策略是指利用人们追求实惠的心理和认为零数价格比整数价格便宜的心理错觉而采取的定价策略。如果一件商品的价格可在9元至10元之间，则应尽量把价格确定在零数上，如9.8元。零数定价策略适用于价格低廉的商品。

2. 整数定价策略

整数定价与零数定价相反，是把价格定在整数上。它是利用人们认为物有所值或惜时心理而采取的定价策略。整数定价给消费者传递质量高、性能可靠的感觉，因此高档名牌、耐用商品宜采用整数定价。在时间紧迫的休闲场所，如车站商店、影剧院等也都可以采用整数定价。

3. 声望定价策略

它是利用人们的信誉心理和自尊心理而采取的定价策略。企业的产品在市场竞争中获得一定的商业信誉后，即可利用产品的信任感采用高价策略，维护产品的声望。此外，为满足消费者对声誉特别卓著的产品的炫耀消费心理，也应采用特殊高价策略。

（三）折扣定价策略

折扣定价策略是指在一定条件下，以降低商品的销售价格来刺激购买者，从而达到扩大商品销量目的的定价策略。一般分为以下几种：

1. 数量折扣

它是指按购买数量多少给予的不同价格折扣，购买数量越多，则折扣越大；反之，折扣则越小。它鼓励购买者大量或集中向企业购买产品。

2. 现金折扣

它是指按购买者付款期限长短给予的不同价格折扣，其目的在于鼓励消费者常向本企业采购且尽早付款，加快资金周转速度。

3. 交易折扣

它是指按各类中间商在商品流通中负担职能的大小所给予的报酬。交易折扣的多少随行业与产品的不同而不同。对于同一行业或同一品种的产品，则又要看中间商所承担的责任多少而定。一般地说，给予批发商的折扣要比给予零售商的多。

4. 季节性折扣

它是指对购买者在商品淡季购买产品时给予的价格折扣。这样做既可以鼓励购买者提早采购，从而减轻企业库存压力，又可以加速资金周转，充分发挥企业的生产能力。

第六节 库存决策

存货是指企业在日常生产经营活动中储存的，以为销售或生产耗用的各种资产。在制造业中，存货一般包括原材料、委托加工物资、包装物、低值易耗品、在产品、半成品等。

企业持有充足的存货，不仅有利于生产过程的顺利进行，节约采购费用与生产时间，而且能够迅速地满足客户各种订货的需要，从而为企业的生产与销售提供较大的机动性，避免因存货不足带来的机会损失。然而，存货的增加必然要占用更多的资金，将使企业付出更大的持有成本，而且存货的储存与管理费用也会增加，影响企业获利能力的提高。因此，如何在存货的收益与成本之间进行利弊权衡，在充分发挥存货功能的同时降低成本、增加收益，实现它们的最佳组合，成为存货管理的基本目标。

一、库存决策中的有关概念

存货库存决策的任务在于恰当地控制存货水平，在保证销售和生产正常进行的情况下，尽可能地节约资金、降低存货成本。因此，在存货库存决策中通常需要考虑以下几个概念：

（一）采购成本

采购成本是指由购买存货而发生的买价加上运杂费等构成的成本，其总额取决于采购数量和单位采购成本。由于单位采购成本一般不随采购数量的变动而变动，因此，在存货库存决策中，采购成本通常属于无关成本，但当供应商为扩大销售而采用数量折扣等优惠办法时，采购成本就成为与决策相关的成本了。

（二）订货成本

订货成本是指企业为取得存货而发生的各种成本，包括采购人员的工资、采购部门的办公费、折旧费等费用以及因采购业务而发生的差旅费、检验费等。订货成本一般分为两部分：一部分与订货次数无关，主要是为维持一定的采购能力而发生的各期金额比较稳定的成本，称为固定订货成本；另一部分与订货次数有关，会随着订货次数的变动而成比例变动，称为变动订货成本。

（三）储存成本

存货储存成本是指因储存存货而发生的各种费用，通常包括两大类：一是付现成本，包括仓储费、按存货价值计算的保险费、陈旧报废损失、因储存存货发生的水电费、库管人员工资等费用；二是资本成本，包括由于存货占用资金而形成的机会成本和购置存货的银行借款利息。储存成本也可以分为固定成本与变动成本：固定成本是指与存货数量的多少及储存时间长短无关的成本，如仓库折旧、仓库员工固定工资等；变动成本是指与存货数量的多少及储存时间长短相关的成本，如存货资金的应计利息、存货的破损和变动损失、存货的保险费用等。

订货成本、储存成本中的固定部分和变动部分，可依据历史成本资料，采用高低点法等方法进行分解。分解确定的固定订货成本和固定储存成本属于存货决策中的无关成本，可不予考虑。

（四）缺货成本

缺货成本是指由于存货数量不能及时满足生产和销售的需要而给企业带来的损失。例如，因停工待料而发生的损失（如因无法按期交货而支付的罚款、停工期间的固定成本等），由于商品存货不足而失去的盈利额，因采取应急措施补足存货而发生的超额费用等。缺货成本大多属于机会成本，由于单位缺货成本往往大于单位储存成本，尽管计算比较困难，也应采用一定的方法估算单位缺货成本，以供决策之用。

在允许缺货的情况下，缺货成本是与决策相关的成本，但在不允许缺货的情况下，缺货成本是与决策无关的成本。

二、经济订货批量的确定

所谓订货批量，是指每次订购存货的数量。在某种存货全年需求量已定的情况下，降低订货批量，必然会增加订货批次。一方面，存货的变动储存成本随平均储存量的下降而下降；另一方面，变动订货成本随着订货批次的增加而增加。反之，减少订货批次必然要增加订货批量，在减少订货成本的同时，储存成本将会增加。可见，存货决策的目的就是确定使年订货成本和年储存成本合计数最低时的订货批量，即经济订货批量。

确定经济订货批量的基本模型如下：

（一）基本假设

影响企业存货相关总成本的因素很多，为了在众多复杂因素中找出对其有重大影响的主要因素，需要做相关的假设条件，并在此基础上建立经济订货批量的基本模型。

基本假设如下：

（1）企业能够及时补充存货，即需要订货时可立即取得存货；

（2）能集中到货，而不是陆续到货；

（3）不允许缺货，也就是没有缺货成本；

（4）需求量稳定，并全能够预测，且存货单价不变，不考虑现金折扣；

（5）企业现金充足，不会因现金短缺而影响订货；

（6）所需存货市场供应充足，不会因买不到需要的存货而影响生产等。

（二）经济订货批量基本模型的确认方法

由于企业不允许缺货，即每当存货量降至零时，下一批订货便会随即全部到位，不存在缺货成本，此时与存货订货批量、批次直接相关的就只有订货成本和储存成本。计算公式为

$$存货相关总成本=相关订货成本+相关储存成本$$

以 TC 表示存货相关总成本，TC_a表示相关订货成本，TC_c表示相关储存成本，则该公式又可表述为

$$TC=TC_a+TC_c=\left(F_1+\frac{D}{Q}K+DU\right)+\left(F_2+\frac{Q}{2}K_c\right)$$

式中，F_1表示订货的固定成本，D 表示存货全年需求量，Q 表示每次订货量，K 表示每次订货的变动成本，U 表示订货单价，F_2表示订货的固定成本，K_c为单位储存成本。当上式中 F_1、K、D、U、K_c为常量时，Q 为变量，TC 就成为 Q 的函数。如果我们对 Q 求导，使得导数为零时的订货批量便是经济订货批量，此时总成本最低，得出计算公式为

$$Q^*=\sqrt{\frac{2KD}{K_c}}$$

$$TC=\sqrt{2KDK_c}$$

$$T^* = \frac{360}{N^*}$$

$$N^* = \frac{D}{Q^*}$$

$$W^* = \frac{Q^*}{2}U$$

式中，Q^* 为经济订货批量，K 表示每次订货的费用，D 表示存货全年需求量，TC 为订货总成本，K_c 为单位储存成本，T^* 为每年订货周期，N^* 为每年订货次数，W^* 为占用资金量。

存货的年订货成本、年储存成本、总成本之间的关系如图 6-6 所示。

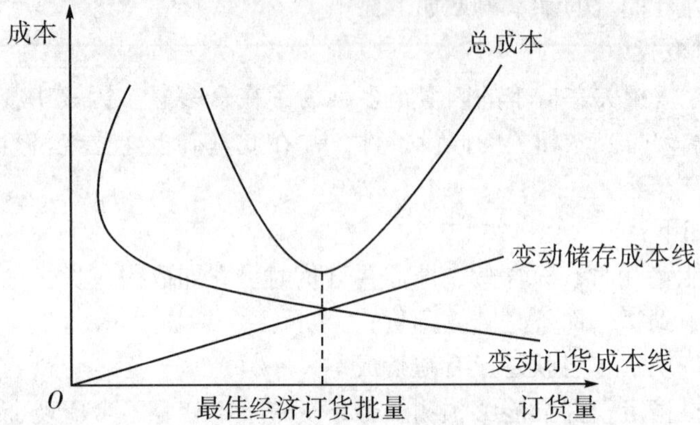

图 6-6 经济订货批量模型

从图 6-6 中可以看出，最佳经济订货批量，即存货总成本最低的订货批量也就是使年储存成本和年订货成本相等时的经济订货批量。

【例 6-29】 某企业每年甲材料的需要量为 3 000 吨，该材料单位成本为 750 元/吨，单次订货费用为 45 元/吨，单位储存成本为 3 元/吨，求最佳经济订货批量、年最佳订货次数、存货总成本以及经济订货占用资金。

解：（1）最佳经济订货批量为

$$Q^* = \sqrt{\frac{2KD}{K_c}} = \sqrt{\frac{2 \times 3\,000 \times 45}{3}} = 300（吨）$$

（2）年最佳订货次数为

$$N^* = \frac{D}{Q^*} = \frac{3\,000}{300} = 10（次）$$

（3）存货总成本为

$$TC = \sqrt{2KDK_c} = \sqrt{2 \times 3\,000 \times 45 \times 3} = 900（元）$$

（4）经济订货占用资金为

$$W^* = \frac{Q^*}{2}U = \frac{300}{2} \times 750 = 112\,500（元）$$

【本章小结】

本章介绍了决策的不同分类、经营决策的基本程序及特定概念，以及经营决策中的一些主要问题，包括生产决策、定价决策、库存决策等，并对如何解决这些问题提供了相应的决策方法。经营决策的主要目的，在于为企业经营管理者进行日常生产经营管理提供理论上的指导和解决具体问题的方法，从而为企业改善经营管理、提高经济效益服务。

【关键术语】

决策　风险型决策　不确定条件决策　相关收入　相关成本　差别成本　机会成本　专属成本　沉没成本　差别损益　成本无差别点　亏损产品　最佳经济订货批量

【思考题】

1. 什么是决策？怎样对决策进行分类？
2. 经营决策的基本程序是什么？
3. 什么是机会成本？举例说明在经营决策中为什么要考虑机会成本。
4. 如何利用差别损益法进行特殊订货决策？
5. 如何利用差别损益法进行零部件自制或外购决策、生产设备利用决策？
6. 怎样进行风险条件下的经营决策？
7. 什么是后悔值？如何利用后悔值法进行不确定型决策？
8. 怎么利用边际分析原理确定产品最优价格？
9. 什么是最佳经济订货批量？其模型建立的假设条件是什么？

【练习题】

1. 某厂现有某种数量一定的A材料开发一种新产品的生产经营能力，假设开发新产品不涉及专属成本，现有甲、乙两种产品可供选择，具体资料见表6-31。

表6-31　甲、乙产品资料表　　单位：元

项目	甲产品	乙产品
预计销售单价	400	300
单位变动生产成本	360	90
单位消耗定额	30	8

要求：根据表6-31的资料，判断该厂应该选择开发何种产品决策。

2. 某加工厂生产一种C产品，可以利用甲、乙、丙三种设备进行加工，不同设备加工的成本资料见表6-32。

表 6-32 C 产品加工成本资料表　　单位：元

设备名称	一次性调整准备费	单个产品加工费
甲	1 300	60
乙	2 400	50
丙	5 200	80

要求：判断该加工厂应该选择哪台设备进行 C 产品的生产。

3. 某企业计划生产 A 产品，共有甲、乙、丙三种不同工艺方案，其成本资料如表 6-33 所示。

表 6-33 甲、乙、丙三种不同工艺方案成本资料　　单位：元

工艺方案	专属固定成本	单位变动成本
甲方案	120	8
乙方案	450	10
丙方案	370	6

要求：判断该企业应该选择哪个工艺方案进行生产。

4. 某企业主要生产甲产品，假设每年需要的主要零件 A 的需求量是固定的 60 000 个，如果外购，其单位为 70 元。且该企业还有剩余生产能力并无其他用途，可供制造 A 零件，有关单位成本资料如表 6-34 所示。

表 6-34 A 零件单位成本资料　　单位：元

项目	金额
直接材料费用	24
直接人工费用	16
变动制造费用	20
固定制造费用	24
合计	84

要求：

分别采用直接比较法与差别损益分析法分析。

（1）该企业的 A 零件应当自制还是外购？

（2）假设每年还需追加 21 000 元的专属成本，在这种情况下，企业应该自制还是外购 A 零件？

5. 某企业主要生产甲产品，其主要零件 A 的外购单价为 16 元，自制的单位变动成本为 10 元，且每年还需追加 5 000 元专属固定成本。该企业应该选择自制还是外购？

6. 某工厂假设只生产甲产品，生产能力为 700 件，正常产销量为 620 件，固定成本为 2 600 元，单位变动成本为 40 元，正常销售价格为 120 元，现有某客户欲订购 35 件，但最高出价每件只能为 95 元。该工厂是否能接受该订货？

7. 某企业生产乙产品，年实际生产能力为 10 000 件，正常销售价格为 180 元，其他资料如表 6-35 所示。

表 6-35 乙产品成本资料 单位：元/件

项目	成本
直接材料费用	56
直接人工费用	38
变动制造费用	16
固定制造费用	20
合计	130

假设该企业目前还有剩余生产能力，且该剩余生产能力可以出租，若将其出租，每年可获得租金收入 26 000 元。现有一客户要求加订乙产品 3 000 件，但每件最高出价为 162 元，且对生产还有一些特殊要求，如需满足其要求进行生产，还需增加一台 18 000 元的专用设备。该企业是否应该接受订货？

8. 假设某工厂生产主要产品有甲、乙两种产品，有关数据如表 6-36 所示。

表 6-36 甲、乙两种产品有关资料

项目	甲产品	乙产品
单价/元	30	40
单位变动成本/元	16	12
单位边际贡献/元	14	8
单位产品耗用机器工时/小时	6	8
预计最大订货量/件	2 200	3 000

假设该工厂最大生产能力为 26 400 机器工时，则应如何安排甲、乙产品的生产才能为企业提供最好的边际贡献？

9. 某企业主要生产和经营 K 产品，假设每年 K 产品的销售量为 2 800 件，每件变动成本为 23 元，每件产品的固定成本为 9 元，单位售价为 40 元。如果把 K 产品进一步深加工为 K1 产品，售价可以提高至 50 元，但单位变动成本需增至 31 元，同时还需增加专属固定成本 800 元。该企业应当出售 K 产品还继续深加工至 K1 产品？

10. 某企业拟为生产的新产品做一次大型促销活动，需要选择活动地址，目前有 A、B、C、D 四个区域可供选择，但这四个区域因地段不同，租金也不同。新产品的促销收入除受租金的影响外，还受促销期间的天气影响，预计促销期间的天气为晴天的概率为 0.7，雨天的概率为 0.3。其他相关资料如表 6-37 所示。

表 6-37　各地域租金及边际贡献　　单位：元

方案	租金	边际贡献	
		晴天	雨天
A 区域	9 000	32 000	16 000
B 区域	6 000	26 000	12 000
C 区域	8 500	30 000	10 000
D 区域	4 000	14 000	6 000

要求：判断该企业应该选择哪个区域。

11. 某企业准备开发一种新产品，现有甲、乙两种品种可以选择，相关资料如表 6-38 所示。

表 6-38　某企业新产品相关资料　　单位：元

项目	甲品种	乙品种
单价	240	585
单位变动成本	145	470
固定成本	16 000	16 000

两种产品的销售量随着市场的变动而发生变化，如表 6-39 所示。

表 6-39　销售资料表

预估销量/件	概率	
	甲品种	乙品种
900	—	0.1
1 100	0.1	0.2
1 300	0.1	0.2
1 500	0.3	0.4
1 700	0.3	0.1
1 600	0.2	—

要求：试分析该企业应该选择哪个品种进行生产。

12. 某企业准备开发一种新产品，现有三种不同的产量方案，并预估不同销售情况下的边际贡献总额，有关资料如表 6-40 所示。

表 6-40　边际贡献资料　　金额单位：元

产量方案/件	畅销	一般	滞销
2 000	40 000	28 500	16 500
3 250	48 500	28 000	20 750
3 500	54 250	30 800	20 300

要求：如果采用大中取大法，试分析该企业应该选择哪个产量方案进行生产。

13. 某企业生产甲产品，产量为800件时的有关费用资料如下：直接材料费用20 000元、直接人工费用7 500元、变动性制造费用8 000元、固定性制造费用7 000元、销售及管理费用1 100元。该企业计划实现35 000元的目标利润。请利用完全成本定价法、变动成本定价法确定产品售价。

14. 某企业生产甲产品，固定成本为70 000元，目标利润为110 000元，单位变动成本为9元，预计销售90 000件，不考虑相关税费，请利用保本定价法与保利定价法确定甲产品售价。

15. 某企业生产的乙产品，单位变动成本为5元，固定成本为3 000元，其在不同销售价格水平上的各期销售量资料如表6-41所示。

表6-41 乙产品售价、销量资料

销售单价/元	销售量/件
30	1 900
29	2 000
28	2 100
27	2 200
26	2 300
25	2 400
24	2 500
23	2 600
22	2 700
21	2 800

要求：计算该产品的销售价格为多少才能使企业获得最大利润。

16. 某企业每年甲材料的需要量为2 000吨，该材料单位成本为650元/吨，单次订货费用为25元/吨，单位储存成本为6元/吨，求最佳经济订货批量、年最佳订货次数、存货总成本以及经济订货占用资金。

【案例分析】

康师傅的自制或外购决策案例

1992年，当康师傅开始引入碗面生产线时，并不自己生产面碗，而是向当时仅有的北京一家方便面专用碗生产公司订购。不料在既定送货日，没有等到面碗，等来的却是该公司将面碗卖给了康师傅的头号竞争对手“统一”的消息。尽管如此，康师傅仍不得不继续向该公司订货，结果在供货数量和供货日期上没有保障，导致生产时断时续。为了摆脱受制于供应商的困境，康师傅索性成立了自己的面碗工厂。1994年，康师傅生产袋装方便面的时候，遇到的问题则是：供应商制作周期长，产能有限，无法满足康师傅产品更新快、产量大而对包装材料的需求。结果，康师傅也选择了成立自己的包装材料公司。在方便面调味包和菜包的供应方面，康师傅千挑万选，并对供应商提供辅导，最终才在国内选定七八家还算合格的脱水蔬菜供应商，但是，质量不稳定的状况一直没有得到彻底改善。最后，为了保证质量，康师傅成立了自己的脱水蔬菜生产制造基地。

1998 年以前，康师傅的物流实行外包，一年招标一次。但是，承运商为节省成本，超量摆放，导致消费者拿到的方便面破碎。此外，第三方在配送的准时和仓储的先进先出方面都很难达到康师傅的要求，最终，康师傅成立了独立的物流公司。虽然在有的省份，这样做的成本甚至比外包的成本还要高，但是由于产品的新鲜度、完整度得到了保证，服务品质有了极大的提升。

不过，这都是 20 世纪 90 年代初期的情况。当时，国内市场的专业化服务还很不发达，服务质量不高，市场交易成本大。康师傅自己完成配套业务，实现一体化经营，从战略层面上保证了原材料的配套供应，并降低了整体的成本，取得了巨大的成功。

进入 21 世纪以后，国内包装行业迅速发展，此时，康师傅自己的包装公司与外部包装商相比，在质量、技术、成本、实效方面的优势开始不明显了，由于是自己生产，当出现质量问题时，不能像对待外部供应商那样严格执行退货标准。

案例来源：郭晓梅. 高级管理会计理论与实务［M］. 北京：中国财政经济出版社，2005.

请思考：

1. 康师傅在自制或外购的决策中是否只考虑成本因素？是否还需要考虑其他因素？

2. 进入 21 世纪后，康师傅又应如何考虑自制或外购的决策？

第七章
长期投资决策

【本章学习目标】

通过本章的学习，学生应了解长期投资决策的含义、特点、一般程序及意义；掌握影响长期投资决策的两个重要因素——现金流量和货币时间价值；掌握长期投资决策的主要评价指标——静态评价指标和动态评价指标，并了解物价变动对于这些主要评价指标的影响；掌握有关固定资产更新或改造、更新或大修、最佳更新期等实务决策；了解长期投资决策的敏感性分析。

第一节　长期投资决策概述

一、长期投资决策的分类与特点

（一）长期投资决策的分类

长期投资是指企业为了适应生产经营的长远发展而投入大量的资金，并期望获得更多收益的资金投放活动。它既包括固定资产的改建、扩建和更新，资源的开发和利用，新产品的研制开发，又包括无形资产投资和长期有价证券投资等。长期投资决策是对长期投资项目的经济可行性所进行的决策，亦称资本支出决策。长期投资决策一般可按不同标志对其进行分类。

1. 按重要程度分类

按照投资决策重要程度的不同，长期投资决策可以划分为战略型投资决策和战术型投资决策两类。

战略型投资决策是指对企业的全局或长远发展构成重大影响，将会改变企业经营方向、影响企业未来发展前途的投资决策，如现有生产规模的大幅扩充、新技术引进或新产品开发等。

战术型投资决策是指对企业的全局或长远发展并不构成重大影响，仅限于局部范围变化或个别条件改善的投资决策，如现有机器设备应否更新、怎样更新、何时更新等。

2. 按对象分类

按照决策具体对象的不同，长期投资决策可以划分为固定资产投资决策、无形资产投资决策和其他长期资产投资决策三类。

固定资产投资决策是指对预计使用年限在 1 年以上、单位价值必须在规定限额以上、其实物形态始终保持不变的长期资产所进行的投资决策，如建造厂房车间、购买机器设备等。

无形资产投资决策是指对预计使用年限较长、并不存在实物形态的有关长期资产所进行的投资决策，如外购专利或专有技术等。

其他长期资产投资决策是指对预计需要在未来长期占用资金的流动资产或递延资产所进行的投资决策，如伴随某项固定资产投资而发生的流动资金投入等。

3. 按性质分类

按照决策性质的不同，长期投资决策可以划分为增收型投资决策和节支型投资决策两类。

增收型投资决策是指其直接目的在于扩充业务、增加收入的投资决策，如现有生产设备加工效率的提高、现有产品产销能力的增加等。

节支型投资决策是指其直接目的在于节约耗费、降低成本的投资决策，如现有工艺技术的改良、现有机器设备的更新改造等。

4. 按决策项目之间的相互关系分类

按决策项目之间的相互关系的不同，长期投资决策可以划分为独立型投资决策和互斥型投资决策两类。

独立型投资决策是指某一投资项目是否应予选择，完全不受别的任何投资项目应否选择的影响，只需考虑其自身是否可行的投资决策。在这类决策中，各有关备选投资项目或方案可以并存，它们之间既不相互冲突，又不彼此依赖。就独立型投资方案的决策分析而言，其所要解决的问题是，如何根据某种特定的决策标准确定方案的取舍问题。

互斥型投资决策是指在两个或两个以上不能同时并存、相互排斥的投资项目中作出最终选择的投资决策。在这类投资决策中，某一投资项目究竟能否最后被选取，既应视其自身是否可行，还须按照“非此即彼”的原则，同与之相联的至少1个备选投资项目进行比较和筛选之后才可决定。例如，在可以生产同种产品的两种不同型号的机器设备中作出购买何种型号生产设备的选择。就互斥型投资方案的决策分析而言，其所要解决的问题是，如何在计算、分析有关备选方案预期效益的基础上，根据某种特定的决策标准对它们进行比较、鉴别，继而选定一个最优的决策行动方案。

（二）长期投资决策的特点

长期投资是企业生产经营活动中极为重要的资金支出活动，它直接关系到企业未来物质技术基础的正常形成和经济资源的合理配置，直接影响企业未来生产经营的持续发展和经济效益的长远提高。能否正确地制定和实施长期投资决策，在很大程度上决定着企业未来的发展前途和命运。长期投资决策的主要特点有三。

1. 投入资金多

长期投资决策实际上是为规划企业未来的生产经营而进行的巨额资金运用抉择。一般说来，任何长期投资项目都需要投入大量甚至巨额的资金，全面制约着企业的财务状况和经营成果。投资决策一旦成功，即意味着有关长期资金得到了有效的运用，从而取得了理想的资金效益；而一旦决策失败，则将对企业的现金流量和财务状况造成严重损害，从而给企业的各项生产经营活动带来不良的甚至是灾难性的后果。

2. 持续时间长

长期投资决策实际上是为追求企业长远利益、实现企业未来持续发展而进行的长期资金支出抉择。在通常情况下，任何长期投资项目都将在较长（至少1年）的期间内连续发挥效用，直接影响企业目前和未来的现金流出和现金流入。投资决策一旦成功，即意味着企业在今后相当长的时期内将会获得满意的现金流量，必然对企业未来的发展产生深远的影响；而一旦决策失误，则会给企业带来持续性的破坏，使其生产经营活动长期处于被动状态之中。

3. 面临风险大

长期投资决策实际上是在利弊共生、安危并存的条件下，为了获得期望的资金报酬而进行的风险性资金支出抉择。从总体上看，任何长期投资项目都是在错综复杂的环境中选定的，不可避免地会受到某种非稳定状态或某些不确定因素的影响，因而有关长期投资决策极有可能存在着两种或两种以上的结果，使某一决策行动方案的实际资金运用效益同其预期的资金运用效益发生背离，给企业带来一定的经济损失。有时候，这种损失还是相当严重、相当久远的，高新技术方面的长期投资尤其如此。

可见，长期投资决策的成败，不仅广泛涉及企业人、财、物等各项经济资源的合理配置，以及供、产、销等各项生产经营活动的正常进行，而且深刻影响着企业的经营能力、获利能力和偿债能力的提升，进而关系到企业目前的生存和未来的发展。为此，企业管理当局务必努力加强长期投资管理，科学制定和有效实施长期投资决策，力求最大限度地发挥长期资金的作用，不断提高投资效益。

二、长期投资决策的基本步骤

由长期投资决策的特点及重要性所决定，在制定、实施任一长期投资决策时，除应符合前面有关章节阐明的经营决策的一般要求之外，还须确立并遵循自身特有的管理程序。长期投资决策的基本步骤为：

（一）确定投资目标

在进行长期投资决策时，首先必须遵循统筹规划的原则，按照企业长期经营目标的要求，明确规定某一特定投资项目在未来特定时间的投资报酬水平，为其确定一个明确的、具体的奋斗目标。就某一特定的投资项目而言，其决策目标的确立实际上是企业未来总体奋斗目标的分解与落实，是企业长期经营目标的阶段化、对象化和数量化。

（二）提出投资建议

提出投资建议是长期投资决策程序中的重要一环。能否根据企业外部市场条件和企业内部经营需要提出合理的投资建议，对于能否正确地确定投资方向、能否如愿地取得预期投资效益、能否最终实现投资目标影响极大。

（三）拟订投资方案

投资项目确定之后，即应为其拟订至少两个可行或备选投资方案，作为某个投资项目的可行性方案，应能保证最终实现有关投资项目的特定决策目标，应能同企业当时所面临的环境保持高度适应。要使有关可行性方案完全达到上述要求，必须经过科学的设想、分析和探索，确切掌握各该方案的基本结构、约束条件、预期结果和应对措施等。

（四）评价投资效益

投资效益的评价过程也就是若干备选投资方案之间明确差异、权衡利弊、比较优劣的过程。评价的直接目的是选定技术上最先进、经济上最合理的投资方案，然后交由企业管理当局进行最终决断，据以选定最佳的长期投资行动方案。

（五）决策行动方案的贯彻实施

投资决策行动方案一经选定之后，即可按照与之相应的专项资本预算所限定的现金流量计划，具体组织方案的贯彻实施，将有关预算指标予以逐项分解、层层落实，在企业内部有关责任部门或责任个人之间形成针对特定投资项目的任务执行网络。

（六）方案实施结果的考核评价

在组织实施投资方案的整个过程中，应适时、适当做好有关信息的搜集、加工和反馈工作，准确把握决策方案的实施进度与质量。这一步骤的工作重点应当是：通过特定投资项目实际现金流量同其预计现金流量的比较，发现差异，分析形成原因，制定改进措施。这样才能进一步加强长期投资管理，不断提高长期投资效益。

第二节　长期投资决策的影响因素

科学地进行长期投资决策，既要考虑各种可计量的因素，又要考虑各种有关的不可计量因素。管理会计是根据可计量因素评价投资项目经济效果的。长期投资决策所需考虑的可计量因素主要有货币时间价值、现金流量、投资的风险价值和资金成本、效用期间等因素。

一、货币时间价值

（一）货币时间价值的含义

众所周知，在商品经济条件下，即使不存在通货膨胀，等量货币在不同时点上的价值也不相等，今天的 1 元钱和将来的 1 元钱不等值，前者要比后者的经济价值大。资金在使用过程中随时间的推移而发生的增值，即为货币的时间价值。

因此，货币时间价值是指一定量货币在不同时点上价值量的差额。具体可从三个方面加以理解：第一，货币时间价值的形式是价值增值，是同一笔货币资金在不同时点上表现出来的价值差量或变动率；第二，货币的自行增值是在其被当作投资资本的运用过程中实现的，不能被当作资本利用的货币是不具备自行增值属性的；第三，货币时间价值量的规定性与时间的长短呈同方向变动关系。

货币时间价值在任何经济形态下都是客观存在的，是货币经过一定期间的投资和再投资所增加的价值，实质上就是在没有风险和没有通货膨胀条件下的社会平均资金利润率。货币时间价值通常采用利息的形式，按复利方式进行计算。货币时间价值的计量分为两种情况：当款项收付的规律性较强时，即对于间隔期相同、收付金额相等的款项，按年金计算；否则，按复利计算。

（二）货币时间价值的计算

1. 复利

复利是将本金及其在一定期间所获得的利息累计在一起，据以计算下期应获利息的特定计算方法。采用复利计息，不仅本金要计算利息，而且利息也要计算利息，即利滚利。按照货币时间价值计算的不同需要，通常需要计算复利终值和复利现值。

（1）复利终值。复利终值是指在复利计息方式下，现时的一定量货币在若干期以后的总价值。

设现值为PV，终值为FV，年利息率为 i，复利期数为 n。复利终值的计算公式为

$$FV=PV\cdot(1+i)^n$$

式中的 $(1+i)^n$ 称为复利终值系数或复利终值因子，记作 $(F/P,i,n)$ 或 $FVIF_{i,n}$，即单位资金按每一期间的利息率 i 计算的 n 期后的价值。

【例7-1】某企业将资金80 000元存入银行，银行存款年利率为5%。3年后，企业存款本息总额为多少？

解：$FV=80\ 000\ (1+5\%)^3\approx 80\ 000\times 1.157\ 6=92\ 608$（元）

（2）复利现值。复利现值是指在复利计息方式下，未来某一期间一定量货币相当于现在的总价值。把未来一定量货币折算成现值，称为折现，折现时所用的利率称为折现率。复利现值的计算公式为

$$PV=FV\ (1+i)^{-n}$$

式中的 $(1+i)^{-n}$ 称作复利现值系数，记作 $(P/F,i,n)$ 或 $PVIF_{i,n}$，即未来第 n 期的单位资金按每一期间的利息率 i 计算的现时价值。

在使用现值系数和终值系数时，可以不必用公式来计算，而根据 i 和 n 的具体数值，在复利现值系数表（附表1）和复利终值系数表（附表2）上直接查得。例如，利率为10%，复利期为4，则在复利现值系数表上可查得1元现值系数为0.683 0；利率为10%，复利期为4，则在复利终值系数表上可查得1元终值系数为1.464 1。这样通过现值和终值的计算，就可以把不同时间的货币置于同一可比的基础上。

【例7-2】某企业现在有一投资机会，预计3年后可取得现金收入100 000元，如果目前市场上同样期限的存款年利率为6%，那么现在投资的数额为多少时，该项投资才可以考虑？

分析：解决这个问题可以把3年后取得的现金按6%的利率折算为现值，查复利现值系数表（附表1）得1元现值系数为0.839 6。有关计算如下：

$PV=FV\cdot PVIF_{6\%,3}=100\ 000\times 0.839\ 6=83\ 960$（元）

由计算可见，3年后取得100 000元现金的现值为83 960元，这表明，如果这项投资的金额不超过83 960元，则该项投资是可行的；如果投资的金额超过83 960元，那么该项投资就不应加以考虑了，还不如把这笔钱存入银行稳收利息。

2. 年金

年金是指在一定时期内，每隔相同时间就发生相同数额的系列收款或付款，也称等额系列款项。例如，按期支付相同金额的保险费、租金、债券利息、优先股股息，以及每年投入相等金额的款项或每年等额收回的投资额等，都属于年金的范畴。年金按其付款的具体时间不同，可分为普通年金、预付年金、递延年金和永续年金。

（1）普通年金。普通年金也叫后付年金，是指在每一相同的间隔期期末收到或付出的系列等额款项。由于货币时间价值计算的不同需要，普通年金也有终值与现值之分。

普通年金终值是指一定期间内每期期末等额收到或付出款项的终值之和。普通年金终值的计算如图 7-1 所示。

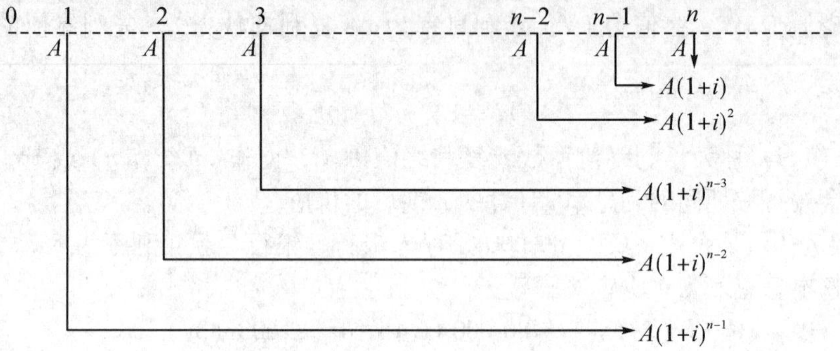

图 7-1　普通年金终值的计算

设 A 为年金，FVA 为年金终值，PVA 为年金现值，i 为年利息率，n 为计息期数。

年金终值的计算公式为

$$FVA=A+A(1+i)^1+A(1+i)^2+\cdots+A(1+i)^{n-2}+A(1+i)^{n-1}$$

根据上式可推导出

$$FVA=A\cdot\frac{(1+i)^n-1}{i}$$

式中，$\frac{(1+i)^n-1}{i}$ 称为年金终值系数或年金终值因子，记作（F/A，i，n）或 $FVIFA_{i,n}$，1 元年金终值系数可以在年金终值系数表（附表 4）上直接查得。

【例 7-3】假定某人连续 5 年于每年末存款 20 000 元，年利率为 10%。问第五年末可一次取出本利和多少钱?

解：根据题意，$A=20\ 000$，$n=5$，$i=10\%$

查表可得 $FVIFA_{i,n}=6.105\ 1$

$FVA=A\cdot FVIFA_{i,n}=20\ 000\times6.105\ 1=122\ 102$（元）

即 5 年后可一次取出 122 102 元。

已知普通年金终值，可反过来计算年金（在此称为年偿债基金）。年偿债基金是指为了偿还未来某一笔约定债务，从现在起每年年末应在银行存入的等额款项，其是年金终值的逆运算。其计算公式为

$$A=FVA/\frac{(1+i)^n-1}{i}$$

【例 7-4】某企业 5 年后要偿还一笔数额为 552.5 万元的到期借款，在银行存款利率为 5%的条件下，为保证到期一次还清，该企业每年年末应在银行存入的等额资金是多少？

解：$A = 552.5 / \dfrac{(1+5\%)^5 - 1}{5\%} = 552.5/5.525 = 100$(万元)

普通年金现值是指在一定期间内每期期末等额收到或付出款项的现值之和，它和年金终值恰恰相反，年金终值好比先零存后整取，而年金现值好比先整存后零取。其计算公式如下：

$$\text{PVA}=A \cdot \frac{1}{(1+i)^1}+A \cdot \frac{1}{(1+i)^2}+\cdots+A \cdot \frac{1}{(1+i)^{n-1}}+A \cdot \frac{1}{(1+i)^n}$$

根据上式可推导出

$$\text{PVA}= A \cdot \frac{1-(1+i)^{-n}}{i}$$

式中，$\dfrac{1-(1+i)^{-n}}{i}$ 称为年金现值系数或年金现值因子，记作（$P/A,i,n$）或 $\text{PVIFA}_{i,n}$，1 元年金现值系数可以在年金现值系数表（附表 3）上直接查得。

【例 7-5】假定某人打算连续 5 年于每年末取出 20 000 元，年利率为 10%。问现在应一次存入多少钱？

解：根据题意，$A=20\ 000$，$n=5$，$i=10\%$

查表可得 $\text{PVIFA}_{i,n}=3.790\ 8$

$\text{PVA}=A \cdot \text{PVIFA}_{i,n}=20\ 000\times 3.790\ 8=75\ 816$（元）

即现在应一次存入 75 816 元。

已知普通年金现值，可反过来计算年金（在此称为年资本回收额）。年资本回收额是指初始投资每年应当等额收回的数额，其是普通年金现值的逆运算。其计算公式为

$$A = \text{PVA}/\frac{1-(1+i)^{-n}}{i}$$

【例 7-6】某企业现在向银行贷款 1 000 万元，期限为 10 年，年利率为 5%，每年等额还本付息。要求计算每年应等额偿还的本息数额。

$A = 1\ 000/\dfrac{1-(1+5\%)^{-10}}{5\%} = 1\ 000/7.721\ 7 \approx 129.51$(万元)

（2）预付年金。预付年金也叫先付年金，是指在每一相同的间隔期期初收到或付出的系列等额款项。由于货币时间价值计算的不同需要，预付年金亦有终值和现值之分。

预付年金终值是指一定期间内每期期初等额收到或付出款项的未来总价值。对于 n 期先付年金与 n 期普通年金来说，两者的付款期数相同，而两者的区别仅在于先付年金比普通年金的付款时间早一期。因此，在计算先付年金终值时，n 期的先付年金终值比 n 期的普通年金终值要多计算一期利息，只要先求出 n 期普通年金终值，然后再乘以（$1+i$）便可求得 n 期先付年金的终值。

预付年金现值是指在一定期间内每期期初等额收到或付出款项的现时总价值。

在计算先付年金现值时，由于 n 期的先付年金现值比 n 期的普通年金现值多折现一期，所以，在 n 期普通年金现值的基础上再乘以（$1+i$），便可求得 n 期先付年金的现值。设 B 为预付年金。有关计算公式如下：

$$FV = B \cdot (1+i) \cdot \frac{(1+i)^n - 1}{i}$$

$$PV = B \cdot (1+i) \cdot \frac{1-(1+i)^{-n}}{i}$$

【例 7-7】假定某企业决定连续 5 年于每年初存入银行 200 万元作为新厂建设基金，银行存款年利率为 6%。问该企业在第 5 年末能一次取出本利和多少钱?

分析：这是求预付年金终值的问题。

$$FV = B \cdot (1+i) \cdot \frac{(1+i)^n - 1}{i}$$

$$= 2\,000\,000 \times 5.637\,1 \times (1+6\%)$$

$$= 11\,950\,652 \text{（元）}$$

可见，该企业在第 5 年末能一次取出本利和共计 11 950 652 元。

【例 7-8】某企业 5 年分期付款购进一大型设备，每年初付 100 000 元，假定银行利率为 10%，该项分期付款相当于一次现金支付的购价是多少元?

分析：这是求预付年金现值的问题。

$$PV = B \cdot (1+i) \cdot \frac{1-(1+i)^{-n}}{i}$$

$$= 100\,000 \times 3.790\,8 \times (1+10\%)$$

$$= 416\,988 \text{（元）}$$

可见，该项分期付款相当于一次现金支付的购价 416 988 元。

（3）递延年金。递延年金是指从若干期以后开始收到或付出的系列等额款项。因递延年金终值与普通年金终值的计算方法相同，故在此只对递延年金现值进行说明。

递延年金现值是指从若干期以后开始于每期期末等额收到或付出款项的现值之和。设 C 为递延年金，m 为递延期，其计算公式为

$$PV = C \cdot \left[\frac{1-(1+i)^{-(m+n)}}{i} - \frac{1-(1+i)^{-m}}{i}\right]$$

或

$$PV = C \cdot \frac{1-(1+i)^{-n}}{i} \cdot (1+i)^{-m}$$

【例 7-9】某投资项目建设期为 2 年，完工投产后经营期为 10 年，预计每年现金净流量为 50 000 元，预定投资报酬率为 15%。试计算该项目未来全部现金净流量的现值。

解：$$PV = 50\,000 \times \left[\frac{1-(1+15\%)^{-(2+10)}}{15\%} - \frac{1-(1+15\%)^{-2}}{15\%}\right]$$

$$\approx 50\,000 \times (5.420\,6 - 1.625\,7)$$

$$= 189\,745 \text{(元)}$$

或

$$PV = 50\ 000 \times \frac{1-(1+15\%)^{-10}}{15\%} \times (1+15\%)^{-2}$$

$$\approx 50\ 000 \times 5.018\ 8 \times 0.756\ 1$$

$$\approx 189\ 735.73(\text{元})$$

（4）永续年金。永续年金是指无限期收到或付出的系列等额款项，可视为期限趋于无穷的普通年金。期限长、利率高的年金可视同永续年金。永续年金由于时间无限长，其终值无法计算。永续年金现值可以按照普通年金现值的公式进行近似计算。永续年金现值的计算公式为

$$PV = \frac{A}{i}$$

【例 7-10】某学校准备筹集一笔款项存入银行，以便今后无限期地于每年年末提取利息 40 000 元作为学生的奖励基金。如果银行存款年利率为 5%，该学校现在应一次性向银行存入的款项为多少？

$$PV = \frac{40\ 000}{5\%} = 800\ 000(\text{元})$$

3. 名义利率与实际利率的换算

前文关于时间价值的计算均假定利率为年利率，且每年复利计息一次。但在实际工作中，复利的计息不一定是一年，有可能是按季、按月甚至按日计息。比如，有些公司债券半年计息一次；有的抵押贷款每月计息一次；银行之间拆借资金为每天计息一次。

名义利率是指央行或其他金融机构所公布的未调整通货膨胀因素的利率，即利息（报酬）与本金的比率，其中包括补偿通货膨胀（通货紧缩）风险的利率。它不是投资者能够获得的真实收益，如果发生通货膨胀，投资者所得收益的货币购买力会贬值，因此投资者所获得的真实收益必须剔除通货膨胀的影响，这就是实际利率。实际利率是指物价水平不变，从而货币购买力不变条件下的利息率。名义利率与实际利率存在着两方面的关系。其一，当计息周期为一年时，名义利率和实际利率相等；计息周期短于一年时，实际利率大于名义利率。其二，名义利率不能完全反映资金时间价值，实际利率才真实地反映了资金的时间价值。

理论上，按实际利率每年复利一次计算的利息，应该与按名义利率每年多次复利计算的利息等价。因此，对于一年内多次复利的情况，可按两种方法计算货币时间价值。

（1）将名义利率调整为实际利率，然后再按实际利率计算货币时间价值。

名义利率与实际利率之间的关系为

$$i = \left(1 + \frac{r}{m}\right)^m - 1$$

式中，i 为实际利率，r 为名义利率，m 为每年复利次数。

【例 7-11】假定某公司于年初存入银行 1 000 万元，在年利率为 10%、半年复利一次的情况下，问到第 10 年末能得到的本利和是多少元？

解：依题意，PV=1 000，r=10%，m=2，n=10，则

$$i=\left(1+\frac{10\%}{2}\right)^{2}-1=10.25\%$$

$$FV=PV\cdot(1+i)^{n}=1\ 000\times(1+10.25\%)^{10}\approx 2\ 653.30\text{（万元）}$$

即该公司于第 10 年末可得到本利和 2 653. 30 万元。

这种方法的缺点是调整后的实际利率往往带小数点，不利于查表。因而在实际工作中，一般多按第二种方法计算货币时间价值。

（2）不计算实际利率，相应调整有关指标。

$$每次复利利率=r/m$$

$$复利总期数=m\times n$$

【例 7-12】仍用上例【7-11】中的有关数据，用第二种方法计算的本利和如下：

$$FV=P\cdot\left(1+\frac{r}{m}\right)^{mn}$$

$$=1\ 000\times\left(1+\frac{10\%}{2}\right)^{2\times 10}$$

$$=10\ 000\times(1+5\%)^{20}$$

$$\approx 1\ 000\times 2.653\ 3$$

$$=2\ 653.30\text{（万元）}$$

二、现金流量

（一）现金流量的含义与意义

现金流量的含义在财务会计与管理会计中有明显区别。管理会计中的现金流量是指由于长期投资方案而引起的未来一定期间内现金流入量与现金流出量的统称。这里的现金指的是广义的现金，它不仅包括货币资金，还包括企业拥有的非货币资源的变现价值。现金流量是以收付实现制为计算基础，它比与权责发生制为计算基础的利润具有更重要的决策意义。

（1）应用现金流量有利于考虑货币的时间价值。由于不同时间收付的款项具有不同的价值，所以需要确定每笔款项收入和付出的具体时间。只有通过计算投资方案的现金流量，将投资方案的收入、支出与时间联系起来，并将不同时点发生的收入、支出换算到同一时点进行比较，才能真正评价投资方案的优劣。而以权责发生制为基础的利润，却不考虑现金收付的具体时间。

（2）应用现金流量能客观评价长期投资方案的效益。现金流量反映投资方案发生的现金收入和现金支出，其现金流出代表着投资的发生，现金流入代表着投资收入的获得，现金净流量代表着投资方案的现金净收益，它客观反映了投资方案的经济效益。而企业对未来利润的预测通常没有统一的标准，各期利润数额的多少在一定程度上受到存货估价方法、费用分配方法、折旧计提方法等的影响。利润的确定比现金流量的确定带有更大的主观随意性，难以客观、准确地评价长期投资方案的效益。因此，将现金流量作为决策依据将更为可靠。

（二）现金流量的计算

进行长期投资决策分析时，最重要也最困难的就是测算投资项目的现金流量。虽然不同投资项目的现金流量估计所涉及的范围和复杂程度不完全一样，但其基本原理和步骤是一致的。通常投资项目的规模越大，投资所涉及的范围越广，现金流量的计算也就越复杂。因此，在评价投资项目时，要求对现金流量的估计尽可能准确，否则就会影响决策结果。

一个投资项目的现金流量一般由初始现金流量、营业现金流量和终结现金流量三部分构成。

1. 初始现金流量

初始现金流量是指投资项目开始投资时所发生的现金流量，一般包括以下内容：

（1）固定资产投资。固定资产投资包括厂房的建造成本、机器设备的购买价格以及运输费用、安装费用等。

（2）增加的营运资金。增加的营运资金一般包括对原材料、在制品、产成品、现金和应收账款等流动资产的垫支。

（3）其他投资费用。其他投资费用指与长期投资项目相关的谈判费、注册费等筹建费用，以及员工的培训费。

（4）原有固定资产的出售收入。原有固定资产的出售收入指在固定资产更新决策时，变卖原有旧资产所得的现金收入，属于现金流入量。

（5）所得税的影响。在进行固定资产更新时，对原有旧资产的出售会产生收益或损失，从而影响应税利润，最终影响现金流量。出售旧资产可能涉及三种纳税情形：一是当旧资产售价高于该资产账面净值时，其售价与账面净值之间的差额属于应税利润，应纳所得税，此项纳税支出应视为现金流出量：二是当旧资产售价等于该资产账面净值时，资产出售未带来任何收益或损失，无须纳税；三是当旧资产售价小于该资产账面净值时，其售价与账面净值之间的差额是应税损失，可以用来抵减应税利润从而减少纳税，此项纳税节约应视为现金流入量。

上述全部现金流出量扣除现金流入量，就是初始现金净流出量。

2. 营业现金流量

营业现金流量是指投资项目建成投产后，在其经济寿命期内，由于开展生产经营活动所带来的现金流入量和现金流出量，一般按年度进行计算。营业现金流量一般包括以下内容：

（1）营业收入。营业收入指项目投产后，在其经济寿命期内每年实现的销售收入或业务收入。它是生产经营阶段主要的现金流入量。

（2）付现成本。付现成本又称付现的营运成本或经营成本，是指在项目寿命期内为满足正常生产经营需要而动用现金支付的成本费用。它是生产经营阶段最主要的现金流出量。某年的付现成本等于当年的总成本费用扣除该年的折旧费用、无形资产和开办费的摊销额等项目后的差额。这是因为总成本费用中包含了一部分非现金流出的内容，这些项目大多与固定资产、无形资产和开办费等长期资产的价值转移有关，不需要动用现金支出。

（3）各项税款。各项税款指项目投产后依法缴纳、单独列示的各项税款，包括营业税、消费税、所得税等。新建项目通常只估算所得税。

根据上述内容，有关营业净现金流量的计算公式如下：

各年营业净现金流量（NCF_t）= 该年营业收入-该年付现成本-该年所得税

上式也可简化为

各年营业净现金流量（NCF_t）= 该年税后净利润+该年折旧+该年长期资产摊销额

如果营业现金流出量中不考虑所得税因素，则上述简化公式中的利润应为该年营业利润。

3. 终结现金流量

终结现金流量是指投资项目寿命期结束时所发生的各项现金回收。主要包括以下两个内容：

（1）固定资产残值收入。固定资产残值收入指在投资项目寿命期结束时，对固定资产进行报废清理所回收的价值。它属于现金流入量。

（2）营运资金的收回。营运资金的收回指在投资项目寿命期结束时，因不再发生新的替代投资而回收的原垫支的全部流动资金额。它也属于现金流入量。

回收的固定资产残值和回收的流动资金统称为回收额。

下面举例说明现金流量的计算。

【例 7-13】某公司准备投资建设一条新的生产线用于生产其开发的一种新产品。有关预计资料如下：

（1）固定资产投资 500 万元，营运资金增加 100 万元，建设期为 1 年，固定资产投资全部于建设起点投入，而增加的营运资金全部于建设工程完工时（即第 1 年末）投入。

（2）预计项目经济寿命期为 5 年，固定资产按直线法计提折旧，期满有 20 万元净残值。

（3）该项目投产后，每年增加的销售收入为 400 万元，每年增加的付现成本为 200 万元。

（4）企业所得税税率为 40%。

要求：

（1）计算各年的净现金流量。

（2）编制该投资项目的现金流量表。

解析：根据上述资料计算现金流量如下：

（1）初始投资的净现金流量：

$NCF_0=-500$（万元）

$NCF_1=-100$（万元）

（2）各年的营业净现金流量：

每年折旧费=（500-20）÷5=96（万元）

①每年销售收入	400 万元
②每年付现成本	200 万元
③每年折旧	96 万元
④税前利润=①-②-③	104 万元
⑤所得税=④×40%	41.6 万元
⑥税后净利润=④-⑤	62.4 万元

营业净现金流量=①-②-⑤

或=⑥+③　　158.4 万元

（3）终结净现金流量：

项目寿命期结束时的回收额=20+100=120（万元）

则项目寿命期内各年的净现金流量表示如下：

$NCF_{2\sim5}$=158.4（万元）

NCF_6=120+158.4=278.4（万元）

在投资决策实务中，所估计的各期净现金流量的计算通常是通过编制投资项目现金流量表来列示的。本例中投资项目现金流量表如表 7-1 所示。

表 7-1　投资项目现金流量表　　单位：万元

项目	建设期		经济寿命期					合计
	0	1	2	3	4	5	6	
现金流入量：								
销售收入			400	400	400	400	400	2 000
回收固定资产残值							20	20
回收营运资金							100	100
现金流入量合计	0	0	400	400	400	400	520	2 120
现金流出量：								
固定资产投资	500							500
营运资金		100						100
付现成本			200	200	200	200	200	1 000
所得税			41.6	41.6	41.6	41.6	41.6	208
现金流出量合计	500	100	241.6	241.6	241.6	241.6	241.6	1 808
净现金流量	-500	-100	158.4	158.4	158.4	158.4	278.4	312

【例 7-14】某企业计划用一台新设备替换现有旧设备，新设备购置成本为 300 000 元，预计使用 5 年，期满残值收入 30 000 元。旧设备变现价值为 80 000 元，还可使用 5 年，期满残值收入 5 000 元。使用新设备后，每年可节约人工成本 65 000 元，节约材料成本 30 000 元。该企业采用直线法计提折旧，所得税税率为 25%。

要求：计算使用新设备比使用旧设备增加的现金净流量。

具体计算、分析如下：

新设备年折旧=（300 000-30 000）/5=54 000（元）

旧设备年折旧=（80 000-5 000）/5=15 000（元）

Δ 设备年折旧=54 000-15 000=39 000（元）

（1）计算原始投资额的差额。

Δ 原始投资=300 000-80 000=220 000（元）

（2）计算经营期现金净流量的差额。

Δ 年 NCF=（65 000+30 000-39 000）×（1-25%）+39 000=81 000（元）

（3）计算终结点现金流入量的差额。

Δ终结点现金流入量 = 30 000 − 5 000 = 25 000（元）

三、投资风险价值

（一）投资风险价值的含义

风险是指实际值偏离预期值的差异程度。投资风险则是指投资项目实际现金流量偏离其预期现金流量的差异程度。由于投资涉及的时间长，投资者面临的不确定性因素多，投资项目的估计现金流量会与实际现金流量发生较大的差异。因此，在进行投资决策时应该考虑风险，并据以计量风险，以保证投资决策的正确性。

由于风险可能带来损失，因此人们宁愿接受某一肯定的投资报酬率，也不愿接受不肯定的同一投资报酬率，即厌恶风险。投资者之所以敢冒风险进行投资，是由于风险报酬的存在，风险投资要求获得风险报酬。投资的风险价值是指投资者冒风险进行投资所获得的超过货币时间价值的那部分额外报酬。如不考虑通货膨胀因素，考虑风险因素的投资报酬率即为货币时间价值与风险报酬率之和。由于厌恶风险现象的存在，投资者在投资报酬率相同的条件下，通常不愿意投资于有风险的行业。于是，这些行业的产品价格将因供不应求而有所提高，其投资报酬率也会相应提高，这一连锁变动的过程最终使风险报酬的大小与投资的风险程度相适应。

（二）投资风险价值的估量

风险程度的估计需要运用概率、期望值、标准差和标准差系数等概念。

估量投资风险价值的程序如下：

（1）在事先测算的投资项目未来各种情况下的预计年收益的基础上，以各种情况下相应的客观或主观概率为权数，计算未来收益的数学期望值。公式为

$$未来收益的数学期望值 = \sum（某种情况下的预计年收益 \times 该种情况出现的概率）$$

（2）计算未来收益的标准差和标准差系数。标准差是各种可能情况的数值偏离期望值的综合差异，它是反映离散程度的一种量度。标准差可以作为衡量风险程度的一个重要指标，如果标准差越小，则各种可能情况偏离期望值的程度就越小，那么期望值的代表性就越高，从而风险也就越小；反之，如果标准差越大，则各种可能情况偏离期望值的程度就越大，期望值的代表性就越低，从而风险也就越大。

标准差系数也称变化系数，是标准差除以期望值之商。

（3）确定风险系数。根据经验或参照同行业相似的投资项目确定风险系数常数。

（4）计算投资风险报酬率和风险报酬额。其计算公式为

$$预期的风险报酬率 = 标准差系数 \times 风险系数$$

$$预期的风险报酬额 = \frac{未来收益的数学期望值 \times 预期风险报酬率}{货币时间价值 + 预期风险报酬率}$$

式中，货币时间价值常称为无风险报酬率。

【例 7-15】某公司欲以 50 万元投资一服装加工厂，根据对原料市场、产品市场和竞争对手的调查，估计风险系数为 20%，货币时间价值为 8%，年收益及概率见表 7-2。

表 7-2　年收益及其概率分布表

市场情况	预计年收益/万元	概率
畅销	10	0.3
一般	6	0.5
滞销	2	0.2

要求：对该项目投资风险进行评价。

具体分析如下：

期望收益 $=10\times0.3+6\times0.5+2\times0.2=6.4$（万元）

标准差 $=\sqrt{(10-6.4)^2\times0.3+(6-6.4)^2\times0.5+(2-6.4)^2\times0.2}=2.8$（万元）

标准差系数 $=2.8/6.4=43.75\%$

预期风险报酬率 $=20\%\times43.75\%=8.75\%$

预期风险报酬额 $=6.4\times8.75\%/(8\%+8.75\%)\approx3.3433$（万元）

综上，由于衡量投资方案风险程度的重要指标是标准差系数，所以企业在确定要求的报酬率中所包含风险报酬大小时，通常与标准差系数建立一定的数量关系：即标准差系数越大，要求的风险报酬就越高；标准差系数越小，要求的风险报酬也就越小。风险报酬的具体数值，当然应视不同情况而定。这样在无风险报酬率的基础上，根据各投资方案的风险程度调整其报酬率，从而将风险因素纳入有关指标的计算中，并同有关评价指标建立一定的数量关系。图 7-2 是报酬率同风险之间的关系坐标图，纵轴为包含风险的报酬率，横轴为标准差系数。上例中无风险报酬率为 8%，风险报酬则随标准差系数的增加而相应提高。

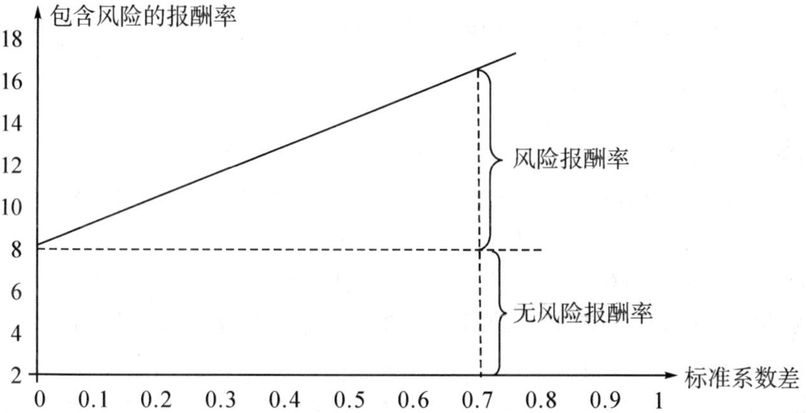

图 7-2　报酬率与风险之间的关系

四、资金成本

（一）资金成本的含义

资金成本是指企业筹集使用资金所必须承担的代价占有关资金来源的比率。资金成本不仅是筹资决策中选择资金供应渠道、拟订筹资方案的一项重要依据，而且也是投资决策中衡量和评价投资项目可行性的重要参考标准，因为它代表了投资项目使用资金的机会成本最低界限。如果一个投资项目的实际报酬率水平低于资金成本，则意味着该项目入不敷出，应当放弃此方案。所以，资金成本实质上就是投资项目的最低报酬率，又叫取舍率，记作 K，用相对数表示。

（二）资金成本的确定

在确定资金成本时，通常要考虑银行利率、有价证券的实际利率、股东权益的获利能力，以及有关项目的投资风险等因素。确定资金成本主要有两种方法。

1. 加权平均法

这种方法是指先分别按各主要投资资金来源计算各自资金成本，然后再按资金结构加权平均计算总资金成本的一种方法。其计算公式为

$$总资金成本\ K = \sum K_j \times W_j$$

式中：W_j 为第 j 项资金占全部资金的百分比，K_j 为个别资金成本。

【例 7-16】已知某投资项目的资金来源为发行公司债券和发行股票。债券的资金成本为 5%，优先股资金成本为 9%，普通股资金成本为 16%，它们所占的比重分别为 20%、30%和 50%。

要求：用加权平均法计算总资金成本。

解：总资金成本＝5%×20%+9%×30%+16%×50%＝11.7%

2. 风险调整法

这种方法是指在投资项目无风险报酬率（时间价值）的基础上，加上该项投资的预期风险报酬率，从而求得投资资金成本的方法。其计算公式为

资金成本＝无风险报酬率（资金时间价值）+风险报酬率

此公式有助于揭示资金时间价值、风险报酬率与资金成本之间的关系：时间价值是资金成本形成的基础；资金成本是时间价值和风险因素在资金使用过程中共同作用的结果；投资风险越大，资金成本也就越高。

五、效用期间

为正确评价投资项目的效益，除取得现金流量、资金成本等资料之外，还须正确预测投资项目的效用期间。效用期间是指投资项目发挥效益所能持续的时间。由于投资的发生通常与固定资产的形成相联系，一般将固定资产的经济寿命作为效用期间。固定资产的经济寿命是指根据设备使用成本的合理界限决定的设备使用期。

设备的经济寿命主要取决于折旧费和维护使用费的多少，折旧费和维护使用费与设备的经济寿命是互为消长的关系，设备使用寿命长，折旧费用低，但维护使用费高；设备使用寿命短，折旧费用高，但维护使用费低。设备的经济寿命就是使这两类费用之和为最低的设备使用年限。

以下举例说明设备经济寿命的确定。

【例 7-17】某企业购买一台价值为 80 000 元的机床，预计使用年限为 10 年，期满无残值。经测算，该机床平均每年将增加维护使用费 3 200 元，该企业预定投资报酬率为 12%。

现要求计算这台机床的经济寿命。

解析：(1) 考虑货币时间价值的影响，计算比较该机床的年平均成本。其计算结果如表 7-3 所示。

表 7-3　机床年平均成本计算表　　金额单位：元

设备使用年限	维护使用费	现值系数	维护使用费现值	设备购置成本	设备使用成本累计现值	年金现值系数	年平均成本
1	0	0. 892 9	0	80 000	80 000	0. 892 9	89 595. 70
2	3 200	0. 797 2	2 551. 04	80 000	82 551. 04	1. 690 1	48 843. 88
3	6 400	0. 711 8	4 555. 52	80 000	87 106. 56	2. 401 9	36 265. 69
4	9 600	0. 635 5	6 100. 8	80 000	93 207. 36	3. 037 4	30 686. 56
5	12 800	0. 567 4	7 262. 72	80 000	100 470. 08	3. 604 8	27 871. 19
6	16 000	0. 506 6	8 105. 6	80 000	108 575. 68	4. 111 4	26 408. 44
7	19 200	0. 452 3	8 684. 16	80 000	117 259. 84	4. 563 7	25 694. 03
8	22 400	0. 403 9	9 047. 36	80 000	126 307. 2	4. 967 6	25 426. 20
9	25 600	0. 360 6	9 231. 36	80 000	135 538. 56	5. 328 2	25 437. 96
10	28 800	0. 322 0	9 273. 6	80 000	144 812. 16	5. 650 2	25 629. 56

计算结果表明，该机床使用到第 8 年时，其年均成本最低，仅为 25 426. 20 元，这是现有条件下该机床的最低年均成本水平。因此，这台机床的经济寿命应为 8 年。

（2）不考虑货币时间价值的影响，直接计算该机床的最佳更新期。

设备最佳更新期的计算公式为

$$T=\sqrt{\frac{2K_0}{M}}$$

式中：T——设备最佳更新期；

K_0——设备投资（原始价值）；

M——设备每年增加的维护使用费。

将本例有关数据代入公式，即有

$$T=\sqrt{\frac{2\times 80\ 000}{3\ 200}}\approx 7\text{（年）}$$

计算结果表明，在不考虑货币时间价值影响的条件下，这台机床的经济寿命应为 7 年，即使用到第 7 年就应进行更新。

第三节　长期投资决策的分析方法

评价投资项目经济效益的方法一般可以分为非折现的现金流量法和折现的现金流量法两大类。两者的主要区别在于非折现的现金流量法没有考虑货币时间价值因素的影响，计算较为简便；而折现的现金流量法对货币时间价值因素的影响极为重视，计算较为复杂，但更加科学、合理。

一、非折现的现金流量法

非折现的现金流量法是不考虑货币时间价值对投资过程的影响，不对有关投资项目不同时点的现金流量进行现值计算，而是直接根据现金流量来评价和优选投资方案的方法。非折现的现金流量法主要有投资回收期法和平均报酬率法。

（一）投资回收期法

投资回收期法是以投资回收期限的长短为取舍依据，于若干备选方案中选择最优投资方案的决策分析方法。所谓投资回收期简称回收期，是指以投资项目寿命期内各期的营业净现金流量来回收该项目原始投资总额所需要的时间，一般以年为单位。投资回收期法包括以下两种形式：包含建设期的投资回收期（payback period，记作 PP）和不包括建设期的投资回收期（记作 PP^*）。显然，在建设期为 f 时，$PP^*+f=PP$，只要求出其中一种形式，就可很方便地推算出另一种形式。

一般而言，投资者总希望尽快地收回投资，因而投资回收期越短越好。运用该法进行投资决策时，应将投资方案的投资回收期与企业期望的投资回收期进行比较，若投资方案回收期小于或等于期望回收期，则接受投资方案；反之，则拒绝投资方案。

如果同时存在几个投资方案可供选择时，应该比较各个方案的回收期，选择最短者。对投资回收期的计算，要根据寿命期内各年的营业净现金流量是相等还是不相等两种情况，分别采用不同的方法进行。

1. 投资回收期的简化计算法

如果一项长期投资决策方案满足以下特殊条件，即投资均集中发生在建设期内，投产后前若干年（假设为 m 年）每年经营净现金流量相等。且有以下关系成立：

$m\times$投产后前 m 年每年相等的净现金流量（NCF）$\geqslant$ 原始投资总额

则可按以下简化公式直接求出不包括建设期的投资回收期 PP^*：

不包括建设期的投资回收期（PP^*）= 原始投资额÷投产后前若干年每年相等的现金净流量

则：

包括建设期的投资回收期（PP）= 不包括建设期的投资回收期（PP^*）+建设期（f）

【例 7-18】据【例 7-13】所示的净现金流量信息，利用简化方法计算该项目的投资回收期如下：

建设期（f）= 1 年

经营期净现金流量 $NCF_{2\sim5}=158.4$ 万元/年

原始投资额 = 600 万元

不包括建设期的投资回收期（PP^*）= 600/158.4≈3.79（年）

包括建设期的投资回收期（PP）= 3.79+1 = 4.79（年）

以上介绍的投资回收期计算的简化方法所要求的应用条件比较特殊，如果不能满足这些特殊条件，就无法采用这种方法。

2. 投资回收期的一般计算法

不论在什么情况下，都可以通过列表计算“累计净现金流量”的方式来确定投资回收期，这就是所谓确定投资回收期的一般方法。

该法的原理：按照回收期的定义，包括建设期的投资回收期 PP 满足下式：

$$\sum_{t=0}^{PP} NCF_t = 0$$

这表明在财务现金流量表的“累计净现金流量”一栏中，包括建设期的投资回收期 PP 恰好是累计净现金流量为零的年限。在计算时，无非有两种可能：

第一，在“累计净现金流量”栏上可以直接找到零，那么读出零所在列的 t 值，即为所求的包括建设期的投资回收期 PP。否则应按第二种情况处理。

第二，由于无法在“累计净现金流量”栏上找到零，可按下式计算包括建设期的投资回收期 PP：

$$\text{包括建设期的投资回收期（PP）} = m + \frac{\left|\sum_{t=0}^{m} NCF_t\right|}{NCF_{m+1}}$$

式中：m 为净现金流量由负变正的头一年，即累计净现金流量栏中最后一项负值所对应的年数；$\sum_{t=0}^{m} NCF_t$ 为第 m 年尚未收回的投资额；NCF_{m+1} 为第 $m+1$ 年的净现金流量。

【例 7-19】某公司开发了两种新产品甲和乙，并准备投资生产其中的一种产品。经过预测分析，对生产两种产品分别拟订了投资方案 A 和投资方案 B。两方案的初始投资额均为 500 000 元，寿命期均为 5 年，各年的净现金流量预计如表 7-4 所示。

表 7-4　投资方案净现金流量　　单位：万元

年份	方案 A				方案 B			
	净利润	折旧	NCF	累计 NCF	净利润	折旧	NCF	累计 NCF
0	—	—	-50	-50	—	—	-50	-50
1	2	8	10	-40	6	8	14	-36
2	10	8	18	-22	12	8	20	-16
3	14	8	22	0	18	8	26	+10
4	17	8	25	25	16	8	24	34
5	13	8	21	46	12	8	20	54

要求：计算两个方案的投资回收期（PP）。

分析：上例方案 A 中的累计净现金流量在第三年末恰好等于零，则：

方案 A 的投资回收期（PP）= 3 年

而方案 B 由于无法在“累计净现金流量”栏上找到零，则：

方案 B 的投资回收期（PP）= 2+16/26≈2. 62（年）

可见，方案 B 的投资回收期要短于方案 A，故应选择方案 B

3. 投资回收期法的优缺点

投资回收期法的优点在于计算简便，容易理解，而且回收期常被视为能显示各方案相对风险的指标。因为一般而言，投资方案的短期变动相对较小，且企业预测短期事件的能力较强；而投资方案的长期变动较大，且企业预测长期事件的能力较弱。如果其他情况相同，则资本回收速度快的投资方案风险相对较小，而回收期长的方案风险大。因此，这种方法广泛应用于小额资本支出的决策以及技术更新较快的高新技术企业的投资决策。

投资回收期法的主要不足在于：

第一，投资回收期法没有考虑投资方案在回收期后所产生的净现金流量。假如有两个投资方案 A 和 B，初始投资都是 30 万元，各期净现金流量如表 7-5 所示。

表 7-5　现金流量表　　单位：元

项目寿命年限	方案 A 净现金流量	方案 B 净现金流量
0	-300 000	-300 000
1	120 000	150 000
2	180 000	150 000
3	120 000	0
4	80 000	0
5	40 000	0

由表 7-5 可见，两个方案的回收期均为 2 年，从回收期的角度来看两个方案都可行，因而选择哪个方案都可以。但因 A 方案在回收期以后的 3 年内还有净现金流入量，而 B 方案在回收期以后没有现金流量，则人们通常会选择 A 方案而不是 B 方案。这说明回收期标准没有考虑投资项目回收期以后所发生的净现金流量。

第二，投资回收期法没有考虑货币时间价值，因为按照货币时间价值原理，发生在回收期内不同年份的净现金流量的价值是不相同的。

为了解决回收期法忽略货币时间价值的缺陷，决策者可以采用折现回收期法，通过计算折现回收期来进行决策。所谓折现回收期又称动态回收期，是指从折现后的净现金流量中收回原始投资所需要的时间。折现回收期法与上述回收期法的区别仅在于要将各期净现金流量按照要求的报酬率折现，用折现后的净现金流量代替回收期法中的未折现净现金流量。因此，前述回收期也称为静态回收期。

【例 7-20】 续【例 7-19】，投资方案 A 和 B 所要求的报酬率均为 12%，折现后的净现金流量和累计净现金流量如表 7-6 所示。

表 7-6　折现现金流量表　　金额单位：元

年份	现值系数	方案 A			方案 B		
		未折现 NCF	折现 NCF	累计 NCF	未折现 NCF	折现 NCF	累计 NCF
0	1.000 0	-500 000	-500 000	-500 000	-500 000	-500 000	-500 000
1	0.892 9	100 000	89 290	-410 710	140 000	125 006	-374 994
2	0.797 2	180 000	143 496	-267 214	200 000	159 440	-215 554
3	0.717 8	220 000	157 916	-109 298	260 000	186 628	-28 926
4	0.635 5	250 000	158 875	+49 577	240 000	152 520	+123 594
5	0.567 4	210 000	119 154	+168 731	200 000	113 480	+237 074

分析计算过程如下：

方案 A 的折现回收期计算如下：

折现投资回收期=3+109 298/158 875≈3.69（年）

方案 B 的折现回收期计算如下：

折现投资回收期=3+28 926/152 520≈3.19（年）

计算也表明方案 B 的投资回收期要短于方案 A，故应选择方案 B。

显然，折现回收期法在计算中考虑了货币时间价值因素，因而优于传统的静态回收期法。但折现回收期法仍然没有考虑项目在回收期以后年份所产生的净现金流量。因此，在投资决策分析中，通常将回收期法作为净现值法及内部报酬率法的辅助方法。

（二）平均报酬率法

平均报酬率法是以平均报酬率的高低作为取舍依据，于若干备选方案中选取最优投资方案的决策分析方法。所谓平均报酬率，是指一项投资方案的年平均净利润与初始投资额的比率，也称会计报酬率。该比率越高，说明获利能力越强。平均报酬率的计算公式如下：

$$\text{平均报酬率（ARR）}=\frac{\text{年平均净利润}}{\text{初始投资额}}$$

进行投资决策时，应将投资方案的平均报酬率同投资者期望的平均报酬率相比，若投资方案的平均报酬率大于或等于期望的平均报酬率，则接受投资方案；反之，则拒绝投资方案。如果有若干投资方案可供选择，应该选择平均报酬率最高的投资方案。

【例 7-21】仍以【例 7-19】中的数据为例（见表 7-4），要求计算两个方案的平均报酬率。

方案 A 的平均报酬率=［（2+10+14+17+13）÷5］/50=22.4%

方案 B 的平均报酬率=［（6+12+18+16+12）÷5］/50=25.6%

可见，用平均报酬率法进行决策，两个方案的平均报酬率都超过了期望平均报酬率（12%），由于方案 B 的平均报酬率高于方案 A 的平均报酬率，所以用平均报酬率法决策，则方案 B 较优。

平均报酬率法虽然考虑到了投资方案在其整个寿命期内的全部净利润，但它没有使用现金流量指标，也不能显示投资方案的相对风险，同时也没有考虑货币时间价值因素。

二、折现的现金流量法

折现的现金流量法是考虑货币时间因素对投资过程的影响，将不同时点发生的现金流量统一折算成相同时点的现金流量，然后据以评价和选择投资方案的方法。

折现的现金流量法主要有净现值法、现值指数法、内含报酬率法和等年值法等。

（一）净现值法

1. 净现值法的含义

净现值法是以净现值（net present value，简称 NPV）的大小为取舍依据，于若干备选方案中选择最优投资方案的决策分析方法。所谓净现值，是指将各年的净现金流量（NCF）按照要求的报酬率或资本成本折算为现值的合计。净现值也可表述为项目投产后各年的净现金流量按照规定的折现率折算的现值合计与项目的初始投资额折算的现值合计之间的差额。

其计算公式如下：

$$净现值（NPV）=\sum_{t=0}^{n}\frac{NCF_t}{(1+K)^t}==\sum_{t=0}^{n}NCF_t\cdot PVIF_{k,t}$$

式中：NCF_t为第t年的净现金流量（$t=0\sim n$）；K为要求的报酬率或资本成本；n为项目寿命期（包括建设期和经营期）；$PVIF_{k,t}$为第t年、折现率为k的复利现值系数。

2. 投资项目净现值的计算

投资项目净现值的计算可按下列步骤进行：

第一，计算各年的净现金流量。

第二，按照要求的折现率将未来经营期间各年的净现金流量折算成总现值，这又分成三步。

（1）将各年的营业净现金流量折成现值。如果每年的营业净现金流量相等，则按年金法折成现值；如果各年的营业净现金流量不相等，则须分别按复利折成现值，然后加以合计。

（2）将终结净现金流量（回收额）按复利折成现值。

（3）将上述（1）、（2）两项相加，即可求得未来经营期间各年净现金流量的总现值。

第三，将建设期间各期的初始投资额折成现值。

第四，计算投资方案的净现值。公式为

$$NPV=经营期各年净现金流量的总现值-初始投资额的现值$$

$$=\sum_{t=m+1}^{n}\frac{NCF_t}{(1+K)^t}-\sum_{t=0}^{m}\frac{I_t}{(1+K)^t}$$

式中：m为建设期或投资的年数；I_t为第t年的投资额；n为项目寿命期（包括建设期和经营期）；NCF_t为经营期各年的净现金流量。

如果全部投资均在建设起点一次投入，且当年投资当年生产，则建设期为零，上式可变为

$$NPV=经营期各年净现金流量的总现值-初始投资总额$$

$$=\sum_{t=1}^{n}\frac{NCF_t}{(1+K)^t}-I_0$$

采用净现值法的决策标准是：若投资方案的NPV≥0，则接受该投资方案；反之，则拒绝该投资方案。如果有多个互斥方案，它们的投资额都相同，且净现值均大于零，那么净现值最大的投资方案为最优方案。

【例7-22】仍以【例7-20】中的数据为例（见表7-6），假定企业对两个投资方案所要求的报酬率均为12%。要求：计算两个方案的净现值。

分析计算过程如下：

因为方案A和方案B各年的营业净现金流量不相等，故应分别按复利折现，然后加总。

（1）方案 A 的净现值为

$$NPV_A = \sum_{t=1}^{n} \frac{NCF_t}{(1+K)^t} - I_0$$

$$= (89\ 290 + 143\ 496 + 157\ 916 + 158\ 875 + 119\ 154) - 500\ 000$$

$$= 168\ 731（元）$$

（2）方案 B 的净现值为

$$NPV_B = \sum_{t=1}^{n} \frac{NCF_t}{(1+K)^t} - I_0$$

$$= (125\ 006 + 159\ 440 + 186\ 628 + 152\ 520 + 113\ 480) - 500\ 000$$

$$= 237\ 074（元）$$

以上计算表明，方案 A 和方案 B 的净现值均大于零，两个方案都可行。由于两个方案的初始投资额相等，而且方案 B 的净现值大于方案 A，所以用净现值法决策，方案 B 较优。

【例 7-23】某企业拟建一项固定资产，需投资 100 万元，按直线法计提折旧，使用寿命 10 年，固定资产报废时有 10 万元残值。该项工程于当年投产，预计投产后每年可获利 10 万元。假定该项目的行业基准折现率为 10%，要求计算其净现值。

分析计算过程如下：

原始投资额（I_0）= 100（万元）

投产后每年相等的净现金流量（NCF_{1-9}）=（10+100/10）万元=20（万元）

最后一年净现金流量= 营业净现金流量+残值回收额=30（万元）

这一投资项目净现值的计算可采用两种方法：

方法一：将 1~9 年每年相等的经营净现金流量视为普通年金，第 10 年净现金流量视为第 10 年终值。计算如下：

$$NPV = (20 \times PVIFA_{10\%,9} + 30 \times PVIF_{10\%,10}) - 100$$

$$= (20 \times 5.759\ 0 + 30 \times 0.385\ 5) - 100 \approx 26.75（万元）$$

方法二：将 1~10 年每年相等的经营净现金流量按普通年金处理，第 10 年发生的回收额单独作为该年终值。计算如下：

$$NPV = (20 \times PVIFA_{10\%,10} + 10 \times PVIF_{10\%,10}) - 100$$

$$= (20 \times 6.144\ 6 + 10 \times 0.385\ 5) - 100 \approx 26.75（万元）$$

应当指出的是，在项目评价中，正确地选择折现率至关重要，它直接影响项目评价的结论。如果选择的折现率过低，则会导致一些经济效益较差的项目得以通过，从而浪费了有限的社会资源；如果选择的折现率过高，则会导致一些效益较好的项目不能通过，从而使有限的社会资源不能充分发挥作用。在实务中，一般有以下几种方法确定项目的折现率：①以投资项目的资金成本作为折现率；②以投资的机会成本作为折现率；③根据不同阶段采用不同的折现率，在计算项目建设期净现金流量现值时，以贷款的实际利率作为折现率，在计算项目经营期净现金流量时，以全社会资金平均收益率作为折现率；④以行业平均收益率作为项目折现率。

3. 净现值法的优缺点

净现值法的优点有三：一是考虑了资金时间价值，增强了投资经济性的评价；

二是考虑了项目计算期的全部净现金流量，体现了流动性与收益性的统一；三是考虑了投资风险性，因为折现率的大小与风险大小有关，风险越大，折现率就越高。

净现值法的缺点也是明显的：一是不能从动态的角度直接反映投资项目的实际收益率水平，当各项目投资额不等时，仅用净现值无法确定投资方案的优劣；二是净现金流量的测量和折现率的确定比较困难，而它们的正确性对计算净现值有着重要影响；三是净现值法计算麻烦，且较难理解和掌握。

（二）现值指数法

现值指数法是以现值指数（present index，简称 PI）的大小为取舍依据，于若干备选方案中选择最优投资方案的决策分析方法。所谓现值指数，是指投资方案投产后各年净现金流量按照要求的报酬率或资本成本折算的现值合计与初始投资额的现值合计之比。其计算公式如下：

$$现值指数(PI)=\frac{经营期净现金流量的现值合计}{初始投资额的现值合计}$$

$$=\sum_{t=m+1}^{n}\frac{NCF_t}{(1+K)^t}\div\sum_{t=0}^{m}\frac{I_t}{(1+K)^t}$$

现值指数是一个折现的相对数指标，利用这一指标进行投资项目决策的标准是：若投资方案的 PI≥1，则接受投资方案；反之，则拒绝投资方案。如果几个互斥方案的投资额都相同，且获利指数均大于 1，那么获利指数越大，投资方案越好。

【例 7-24】仍以【例 7-20】中的数据为例（见表 7-6），假定企业对两个投资方案所要求的报酬率均为 12%。要求：计算两个方案的获利指数。

根据【例 7-20】的计算数据可得：

方案 A：

$PI_A=668\ 731\div500\ 000\approx1.34$

方案 B：

$PI_B=737\ 074\div500\ 000\approx1.47$

由于方案 A 和方案 B 的投资规模相同，都是 500 000 元，两个方案的获利指数均大于 1，均为可行方案，又因方案 B 的获利指数大于方案 A，所以方案 B 较优。

现值指数的优缺点与净现值基本相同。其区别在于现值指数是相对数指标，可以从动态角度反映投资方案的投入与产出关系，有利于评价原始投资额不同的投资方案的经济效果。

（三）内含报酬率法

1. 内含报酬率法的含义

内含报酬率法是以内含报酬率的大小为取舍依据，于若干备选方案中选择最优投资方案的决策分析方法。所谓内含报酬率（internal rate of return，简称 IRR）又称内部收益率，是指一项长期投资方案在其寿命期内预期可达到的报酬率。内部报酬率的实质就是未来净现金流量的现值之和正好等于初始投资的现值之和时的折现率，也就是使投资项目的净现值等于零时的折现率。显然，内部报酬率满足下列等式：

$$\sum_{t=0}^{n}\frac{NCF_t}{(1+IRR)^t}=0$$

利用这一指标进行投资项目决策的标准是：若投资方案的 IRR≥要求的报酬率或资本成本，则接受投资方案；否则，则拒绝投资方案。如果几个互斥方案的投资额都相同，且内部报酬率均大于要求的报酬率或资本成本，则内部报酬率越大的方案越好。

2. 内含报酬率的计算

（1）内含报酬率的简便算法。当项目满足以下特殊条件时，可按简便算法求得内部收益率：

全部投资均于建设起点一次投入，建设期为零，即建设起点第 0 期净现金流量等于原始投资的数值（$NCF_0 = I_0$）。

投产后每年净现金流量相等，即第 1 期至第 n 期每期净现金流量取得了普通年金的形式（$NCF_1 = NCF_2 = NCF_3 = \cdots = NCF_n = NCF$）。

则内部收益率 IRR 可按下式确定：

$$NCF \cdot PVIFA_{IRR,n} - I_0 = 0$$

$$PVIFA_{IRR,n} = \frac{I_0}{NCF}$$

式中：I_0为在建设起点一次投入的初始投资额；NCF 为项目投产后每年相等的净现金流量；$PVIFA_{IRR,n}$为以 IRR 为折现率，n 期的年金现值系数。

具体计算步骤如下：

第一步：计算年金现值系数 PVIFA

$$\text{年金现值系数 PVIFA} = \frac{\text{初始投资额}}{\text{每年相等的净现金流量（NCF）}}$$

第二步：根据计算出来的年金现值系数 PVIFA，查 n 年的年金现值系数表；

第三步：若在年金现值系数表 n 年所对应的一栏上恰好能找到等于上述 PVIFA 值的年金现值系数，则该系数所对应的折现率即为所求的内部报酬率 IRR；

第四步：若在年金现值系数表 n 年所对应的一栏上找不到 PVIFA 值，则应找出系数表上同期略大（$PVIFA_m$）及略小（$PVIFA_n$）与 PVIFA 值的两个相邻的系数，以及相对应的两个折现率 r_m 和 r_n，这样就可应用内插法计算近似的内部报酬率：

$$IRR = r_m + \frac{PVIFA_m - PVIF}{PVIFA_m - PVIFA_n} \times (r_m - r_n)$$

【例 7-25】假定某投资项目在建设起点一次投入 1 228 920 元，当年完工并投产，经营期为 10 年，每年的净现金流量为 200 000 元。要求：计算该项目的内部报酬率。

已知：I_0 = 1 228 920　NCF = 200 000，则

PVIFA = 1 228 920÷200 000 = 6. 144 6

查 10 年一栏所对应的年金现值系数，则系数 6. 144 6 所对应的折现率为 10%，因而该项目的 IRR 为 10%。

【例 7-26】仍以【例 7-23】的资料，假设固定资产报废时无残值。要求计算该项目的 IRR。

已知：I_0 = 1 000 000，NCF = 200 000，则

PVIFA = 1 000 000÷200 000 = 5

查 10 年的年金现值系数表：

$PVIFA_{14\%}$ = 5. 216 1，$PVIFA_{16\%}$ = 4. 833 2，则

$$IRR = 14\% + \frac{5.2161 - 5}{5.2161 - 4.8332} \times (16\% - 14\%) \approx 15.13\%$$

（2）内含报酬率的逐次测试法。若项目的净现金流量不属于上述特殊情况，则无法应用简便算法，此时就必须采用逐次测试法计算内部报酬率。具体计算步骤如下：

第一步：自己首先设定一个折现率 r_1，并将其代入有关计算净现值的公式，求出净现值 NPV_1，然后进行下面的判断。

第二步：若 $NPV_1 = 0$，则内部报酬率 $IRR = r_1$，计算结束；若 $NPV_1 > 0$，则内部报酬率 $IRR > r_1$，应重新设定 $r_2 > r_1$，再将 r_2 代入有关计算净现值的公式，求出净现值 NPV_2并继续进行下一轮的判断；若 $NPV_1 < 0$，则内部报酬率 $IRR < r_1$，应重新设定 $r_2 < r_1$，再将 r_2 代入有关计算净现值的公式，求出净现值 NPV_2，并继续进行下一轮的判断。

第三步：经过逐次测试判断，如果仍未求得内部报酬率 IRR，则可利用最为接近零的两个正负净现值 NPV_m和 NPV_{m+1}及相应的折现率 r_m 和 r_{m+1}，利用内插法计算近似的内部报酬率。

$$IRR = r_m + \frac{NPV_m}{NPV_m - NPV_{m+1}} \times (r_{m+1} - r_m)$$

【例 7-27】仍以【例 7-20】中的数据为例（见表 7-6）计算两个方案的内部报酬率。

具体计算、分析如下：

由于两个方案的净现金流量不是呈年金形式，因而应使用试错法进行逐步测试，其测试过程如下：

方案 A 的内部报酬率：

当折现率为 12%时，NPV = 168 731 ＞ 0（见附表 3）。

当折现率提高到 20%时，NPV 计算如下：

$$NPV = (0.8333 \times 10 + 0.6944 \times 18 + 0.5787 \times 22 + 0.4823 \times 25 + 0.4019 \times 21) - 50$$
$$= 4.061 \text{（万元）}$$

当折现率提高到 24%时，NPV 计算如下：

$$NPV = (0.8065 \times 10 + 0.6504 \times 18 + 0.5245 \times 22 + 0.4230 \times 25 + 0.3411 \times 21) - 50$$
$$\approx -0.951 \text{（万元）}$$

此结果说明 IRR 在 20%～24%。根据上述公式用内插法计算 IRR 如下：

$$IRR_A = 20\% + \frac{4.061}{4.061 - (-0.951)} \times (24\% - 20\%) \approx 23.24\%$$

方案 B 的内部报酬率：

当折现率为 12%时，NPV = 237 074 ＞ 0（见附表 3）。

当折现率提高到 28%时，NPV 计算如下：

$$NPV=(0.7813\times14+0.6104\times20+0.4768\times26+0.3725\times24+0.2910\times20)-50$$
$$=0.303\text{（万元）}$$

当折现率提高到32%时，NPV计算如下：

$$NPV=(0.7576\times14+0.5739\times20+0.4348\times26+0.3294\times24+0.2495\times20)-50$$
$$=-3.7152\text{（万元）}$$

此结果说明IRR在28%~32%。根据上述公式用内插法计算IRR如下：

$$IRR_B=28\%+\frac{0.303}{0.303-(-3.7152)}\times(32\%-28\%)\approx28.30\%$$

因该公司对投资方案要求的报酬率为12%，而两个方案的内部报酬率均大于12%，因而两个方案都是可行的。但由于方案B的内部报酬率大于方案A的内部报酬率，根据内部报酬率法的决策标准，方案B优于方案A。

根据上述所采用三种方法进行的决策分析可见，对同一投资方案（方案A或方案B），其净现值NPV、现值指数PI和内部报酬率IRR之间存在以下数量关系（K为要求的报酬率）：

当NPV>0时，PI>1，IRR>K；

当NPV=0时，PI=1，IRR=K；

当NPV<0时，PI<1，IRR<K。

根据上述关系，可以得出如下结论：就同一投资方案而言，无论是运用净现值法还是内部报酬率法，都可以得出相同的接受或拒绝方案的结论。

3. 内含报酬率法的优缺点

内部收益率法的优点：一是考虑了资金的时间价值；二是能从动态的角度直接反映投资项目的实际收益水平；三是计算过程不受行业基准收益率高低的影响，比较客观。

内部收益率法的缺点：一是计算复杂，特别是每年NCF不相等的投资项目，一般要经过多次测算才能求得；二是在某些互斥投资方案中，运用净现值法和内部收益率法评估的结果有可能正好相反；三是在某些特殊情况下，一个投资方案可能同时有多个内部报酬率，从而无法确定真实的内部报酬率。

（四）等年值法

等年值法是以等年值的大小为取舍依据，于若干备选方案中选择最优投资方案的决策分析方法。所谓等年值，是按照某一投资方案的预计效用期和预定投资报酬率，将投资方案未来的现金流出量和现金流入量统一换算成每年相等金额的代数和，实际上是净现值的年金形式。其计算公式如下：

$$\text{等年值}=\frac{\text{投资方案的净现值}}{\text{相应的年金现值系数}}$$
$$=\frac{NPV}{PVIFA_{i,n}}$$

当多个投资方案具有不同的原始投资额，而且具有不同的投资有效期时，可以以每年收回的净现值作为比较的基础，采用等年值指标评价其投资效果的优劣。等年值大于零，方案可行；等年值小于零，方案不可行；等年值最大的方案为最优方案。

【例 7-28】某企业计划增加一套生产设备，现有甲、乙两个购建方案，有关资料如表 7-7 所示。

表 7-7　甲、乙两个构建方案的项目成本、项目期及经营现金流量表

项目	甲产品	乙产品
投资总额/元	150 000	350 000
建设期/年	2	2
经营期/年	10	12
残值/元	10 000	30 000
每年经营成本/元	17 000	24 000
每年现金流入量/元	50 000	90 000

现要求确定，该企业应选择哪种生产设备购建方案。

具体计算、分析如下：

由于甲、乙两个方案的投资有效期限不同，应采用等年值指标进行评价。

（1）计算甲、乙两个方案的净现值。

$$NPV_{甲}=(50\ 000-17\ 000)\times(PVIFA_{10\%,12}-PVIFA_{10\%,2})+10\ 000\times PVIF_{10\%,12}-150\ 000$$

$$=33\ 000\times(6.813\ 7-1.735\ 5)+10\ 000\times 0.318\ 6-150\ 000$$

$$=20\ 766.6\ (元)$$

$$NPV_{乙}=(90\ 000-24\ 000)\times(PVIFA_{10\%,14}-PVIFA_{10\%,2})+30\ 000\times PVIF_{10\%,14}-350\ 000$$

$$=66\ 000\times(7.366\ 7-1.735\ 5)+30\ 000\times 0.263\ 3-350\ 000$$

$$=29\ 558.2\ (元)$$

（2）计算甲、乙两个方案的等年值。

$$甲方案等年值=\frac{20\ 766.6}{PVIFA_{10\%,12}}$$

$$=20\ 766.6/6.813\ 7$$

$$\approx 3\ 047.77\ (元)$$

$$乙方案等年值=\frac{29\ 558.2}{PVIFA_{10\%,14}}$$

$$=29\ 558.2/7.366\ 7$$

$$\approx 4\ 012.41\ (元)$$

计算结果表明，甲、乙方案的等年值均为正数，两个方案均可行。由于乙方案的等年值大于甲方案，故应选择乙购建方案。

等年值以统一的时间（年）为基础，使具有不同有效期限的投资方案具有可比性，特别适用于有效期限不同的投资方案的比较决策。

（五）折现指标的比较

1. 净现值与现值指数的比较

净现值是投资项目现金流入现值补偿其现金流出现值以后的差额，它实质上是投资项目在整个投资有效期内剩余收益的现值。现值指数是现金流入现值与其现金流出现值之间的比值。在一般情况下，两种指标的评价结论一致。但在评价原始投资额不同的互斥型方案时，两种指标可能得出相互矛盾的结论。如果企业的资金较充裕，而且资金没有更好的用途时，人们一般乐于接受净现值较大的方案。因为现值指数反映投资回收的速度，而不反映投资回收的多少。而净现值反映投资回收的数额，净现值越大，说明投资方案提供剩余收益的现值越大，符合企业的最大利益原则。

【例 7-29】某企业拟进行某项投资，预定的投资报酬率为 12%，拟订了甲、乙两个方案，有关资料如表 7-8 所示。

表 7-8　甲、乙两个方案各年现金流量表　　单位：元

时间	甲方案现金流量	乙方案现金流量
0 年	-140 000	-110 000
1 年	75 000	60 000
2 年	75 000	60 000
3 年	75 000	60 000

（1）计算甲、乙两个方案的净现值。

$$NPV_{甲}=75\ 000\times PVIFA_{12\%,3}-140\ 000$$
$$=75\ 000\times 2.401\ 8-140\ 000$$
$$=40\ 135（元）$$
$$NPV_{乙}=60\ 000\times PVIFA_{12\%,3}-110\ 000$$
$$=60\ 000\times 2.401\ 8-110\ 000$$
$$=144\ 108-110\ 000$$
$$=34\ 108（元）$$

（2）计算甲、乙两方案的现值指数。

$$PI_{甲}=180\ 135/140\ 000$$
$$\approx 1.287$$
$$PI_{乙}=144\ 108/110\ 000$$
$$\approx 1.310$$

以上计算结果表明，甲方案的净现值大于乙方案，说明在补偿了 12%的预定投资报酬率后，甲方案剩余收益的现值大于乙方案；而甲方案的现值指数小于乙方案，说明单位投资的效率是甲方案小于乙方案。在这种情况下，企业应根据其具体情况进行选择。

2. 净现值与内部收益率的比较

一般情况下，采用净现值指标和内部收益率指标的评价结论应相同。但在评价原始投资额不同、现金流入时间不同的互斥型投资方案时，两个指标的评价结论可能会产生矛盾。

【例 7-30】有两个相互排斥的投资方案，预期的投资报酬率为 10%，其余有关资料如表 7-9 所示。

表 7-9 甲、乙两个方案各年现金流量表 单位：元

时间	甲方案现金流量	乙方案现金流量
0 年	-150 000	-150 000
1 年	90 000	0
2 年	70 000	60 000
3 年	50 000	180 000

$$NPV_{甲}=90\ 000\times PVIF_{10\%,1}+70\ 000\times PVIF_{10\%,2}+50\ 000\times PVIF_{10\%,3}-150\ 000$$
$$=90\ 000\times 0.909\ 1+70\ 000\times 0.826\ 4+50\ 000\times 0.751\ 3-150\ 000$$
$$=27\ 232\text{（元）}$$
$$NPV_{乙}=60\ 000\times PVIF_{10\%,2}+180\ 000\times PVIF_{10\%,3}-150\ 000$$
$$=60\ 000\times 0.826\ 4+180\ 000\times 0.751\ 3-150\ 000=34\ 818\text{（元）}$$

通过计算可得，甲方案净现值为 27 232 元，内部收益率为 21%；乙方案净现值为 34 818 元，内部收益率为 19%。

如果采用内部收益率指标评价，甲方案优于乙方案；如果采用净现值指标评价，乙方案优于甲方案。此时，两种指标的评价结论出现了矛盾。两种指标评价结论产生差异的原因是，两种指标假定用中期产生的现金流入量再投资时，会产生不同的报酬率。净现值指标假定中期产生的现金流入量重新投资时，会产生相当于预定折现率的报酬率，在【例 7-30】中即是 10%。而内部收益率却假定现金流入量重新投资时产生的报酬率与该方案的内部收益率相同，在【例 7-30】中，甲方案前期的现金流入量再投资时，会产生与 21%相等的报酬率，而乙方案前期的现金流入量再投资时，会产生相当于 19%的报酬率。

在这种情况下，哪种指标的评价结论更趋合理呢？一般认为，采用净现值指标的评价结论较为合理，主要是因为净现值比内部收益率的计算简便，同时也考虑了不同投资方案在投资规模上的差别，还便于根据风险大小调整投资方案的预定投资报酬率。内部收益率假设产生的现金流入量按内部收益率贴现，净现值则假设按预定的投资报酬率即资金成本贴现。资金成本是资金的市场价格，代表现实的贴现率，按内部收益率贴现则往往脱离实际。

第四节 长期投资决策方法的应用

投资决策分析的对象、影响的因素复杂多样，这就决定了投资决策分析的复杂性。在实际工作中，任何一项长期投资决策分析，只有在综合考虑各种因素的基础之上，才能运用投资决策分析的专门技术方法来进行决策。本节仅就设备购置、设备更新、设备改造、投资时机、投资期等几个较为复杂的投资决策问题进行分析，以说明其基本方法的运用。

一、固定资产投资决策

（一）是否购置设备的决策

【例 7-31】某企业计划通过购置某种新设备以扩充生产能力。经调查测算，该种设备买价为 100 000 元，预计可使用 5 年，到期残值收入为 10 000 元。新设备投产后，每年可增产甲产品 4 500 件，每件产品可节约直接材料费和直接人工费 8 元。该企业预定投资报酬率为 10%，所得税税率为 25%，按直线法计提折旧。现要求确定该企业应否购置此种新设备。

具体计算、分析如下：

首先，计算购入该新设备的原始投资。

原始投资 = 100 000（元）

其次，计算该设备未来经营期内年现金净流量。

年折旧额 =（100 000−10 000）/5 = 18 000（元）

年增加税后现金净流量 =（4 500 ×8−18 000）×(1−25%）+18 000

= 31 500（元）

最后，计算购入该项新设备的净现值。

$NPV = 31\,500 \times PVIFA_{10\%,5} + 10\,000 \times PVIF_{10\%,5} - 100\,000$

$= 31\,500 \times 3.790\,8 + 10\,000 \times 0.620\,9 - 100\,000$

$= 25\,619.2$（元）

计算结果表明，新设备购置后能给企业带来较好的经济效益，该企业应当购置该项新设备。

（二）继续使用旧设备与购置新设备的决策

随着科学技术的不断进步，固定资产更新周期大大缩短。尽管旧设备还能继续使用，但其往往消耗大、效率低、维修费用多。当生产效率更高，原材料、燃料、动力消耗更低，能生产出质量更好的产品的新设备出现时，企业就会面临是否要用这种新设备替换旧设备的问题，在这类问题中，无论现有固定资产还是可能取代它的新固定资产，都要着重考察其未来的有关数据，过去发生的“沉没成本”与更新改造决策无关，可以不予考虑。现有固定资产的价值应以其“现时价值”而不是按“原始成本”进行计量。

【例 7-32】某企业希望有一台技术性能更好的设备，现用设备及预计购置的新设备有关资料见表 7-10。

表 7-10 新旧设备资料表 金额单位：元

项目	旧设备	新设备
原值	40 000	60 000
预计使用年限/年	10	5
已使用年限/年	5	0
残值	0	10 000
变现价值	10 000	60 000
使用设备每年可获收入	50 000	80 000
年付现成本	30 000	40 000

假定企业所得税税率为25%，新旧设备均系用直线法计提折旧，企业要求的报酬率为10%，要求：作出是继续使用旧设备还是购置新设备的决策。

1. 用净现值法作出决策

表7-10中资料显示，继续使用旧设备与更新设备两方案寿命期相同，故可采用“差量分析法”，即首先计算差量方案的现金流量，再根据差量方案的有关指标进行判断。

继续使用旧设备方案：

初始投资=旧设备的现时价值=10 000（元）

初始现金流量=10 000+（20 000-10 000）×25%=12 500（元）

每年计提折旧=40 000/10=4 000（元）

净利润=（50 000-30 000-4 000）×（1-25%）=12 000（元）

营业现金净流量=12 000+4 000=16 000（元）

继续使用旧设备方案：

初始投资=60 000（元）

每年计提折旧=（60 000-10 000）/5=10 000（元）

净利润=（80 000-40 000-10 000）×（1-25%）=22 500（元）

营业现金净流量=22 500+10 000=32 500（元）

残值回收=10 000（元）

更新设备方案比继续使用旧设备方案增减的现金流量计算如表7-11，所有增减额均用“Δ”表示。

表7-11　差量现金流量表　　单位：元

项目	年期					
	0	1	2	3	4	5
Δ初始投资	-47 500					
Δ营业现金流量		16 500	16 500	16 500	16 500	16 500
Δ残值回收						10 000
Δ现金净流量	-47 500	16 500	16 500	16 500	16 500	26 500

两方案差量现金流的净现值=16 500×$PVIFA_{10\%,4}$+26 500×$PVIF_{10\%,5}$-47 500

=16 500×3. 169 9+26 500×0. 620 9-47 500

=21 257. 2（元）

可见，设备更新后，能比继续使用旧设备多获得21 257. 2元的净现值，故应进行更新。

2. 用内部收益率法作出决策

$$PVIFA_{IRR,n}=\frac{I_0}{NCF}=（47\ 500-10\ 000×PVIF_{10\%,5}）/16\ 500=2.502\ 5$$

根据上述年金现值系数，5期与2. 502 5年金现值系数相邻近的折现率在28%与29%之间，采用内插法计算：

贴现率	年金现值系数
28%	2.532 0
IRR	2.502 5
29%	2.483 0

IRR＝28%+0.602 0%＝28.602%

可见，设备更新后，内部收益率达到28.602%，远远高于企业要求的报酬率，故应对设备进行更新。

（三）设备是大修理还是更新的决策

设备磨损到一定程度需要进行大修理。大修理的特点是支付费用多、间隔时间长，但大修理只是局部更新，不可能把设备的精度、性能、效率和寿命完全恢复如新。购置新设备的投资一般高于旧设备的大修理费用，但新设备比旧设备寿命长，在精度、性能、效率和消耗等方面也往往优于旧设备。因此，企业决策者常常面临大修还是更新的决策。在大修与更新之间需要比较的只是两者不同的收入和成本，即相关收入和相关成本。

【例7-33】某公司有一台旧设备，花12 000元大修一次尚可使用4年，期满无残值。如花20 000元买一台与旧设备性能相同的新设备，可用8年，中间不必大修，期满也无残值。使用新设备和大修后的设备的产量、消耗和产品售价均相同，企业要求的报酬率为12%。要求：作出设备是大修理还是更新的决策。

具体分析、计算如下：

本例中两者的销售收入相同，则只需比较两者的相关成本。新旧设备寿命不同，可采用"年值比较法"，计算大修与更新方案的相关年均现金流出量，即固定资产的"年均成本"，来进行判断，固定资产年均成本越低越好。

设备大修年均成本（A1）×$PVIFA_{12\%,4}$＝12 000

即：A1×3.037 3＝12 000，则A1＝3 950.88（元）

更新设备年均成本（A2）×$PVIFA_{12\%,8}$＝20 000

A2×4.967 6＝20 000（元），则A2＝4 026.09（元）

可见，大修方案比更新方案每年可节约成本75.21元（即4 026.09元－3 950.88元），所以该公司应对设备进行大修理而不用更新。

对于固定资产更新决策来说，如果两个方案使用年限不同，最佳的选择是用年均成本法。若一定要用净现值法或内含报酬率法的话，唯一可替代的方法就是：将旧设备尚可使用年限（本例中为4年）作为"比较期"，并于最后一年（第4年）将新设备的折余价值（或变现价值）在年末作为残值回收，使两个方案的计算期保持一致，具有可比性。但要预计几年后设备的变现价值是比较困难的，其实际意义并不大。

（四）设备租赁还是借款自购的决策

企业为了扩大生产能力，就要相应增加生产设备，如果企业暂时没有足够的自有资金，那么，该企业就面临是租用所需设备，还是借款购入所需设备的选择。这就要对两方案的现金流量、生产成本等财务指标进行比较分析。下面举例说明。

【例 7-34】某厂急需一设备，价值 70 000 元，所生产产品在 7 年内有销路，7 年后有衰退可能。设备折旧可在 7 年内用直线法平均计入每年产品成本（为简化计算，假设无残值）。如借款自购，年利率为 10%，分 7 年还清本利。如向租赁公司租入该设备，每年需支付租金 13 000 元，折旧由对方提取。已知所得税税率为 25%。

对此，进行方案选择时，可依照以下步骤进行分析：

第一步，计算借款自购设备每年应偿还的本息额，设为 x。

则有 $x \cdot PVIFA_{10\%,7} = 70\ 000$，$x = 70\ 000/\ 4.868 = 14\ 380$（元）

第二步，编制各年还本付息计算表，见表 7-12。

表 7-12　各年还本付息表　　单位：元

年份	所欠本金	还本付息额	支付利息	归还本金
	①=①-④	②	③=①×10%	④
1	70 000.00	14 380	7 000.00	7 380.00
2	62 620.00	14 380	6 262.00	8 118.00
3	54 502.00	14 380	5 450.20	8 929.80
4	45 572.20	14 380	4 557.22	9 822.78
5	35 749.42	14 380	3 574.94	10 805.06
6	24 944.36	14 380	2 494.44	11 885.56
7	13 058.80	14 380	1 305.88	13 074.12
合计	0	100 660	30 644.68	70 015.32*

* 与本金 70 000 元的差额 15.32 元是计算尾差造成的。

第三步，计算借款自购方案各年现金流出量。编制现金流出量计算表，见表 7-13。

表 7-13　借款自购方案现金流出量计算表　　单位：元

年份	还本付息额	折旧	折旧抵税	支付利息	利息抵税	净现金流出量
	①	②	③=②×25%	④	⑤=④×25%	⑥=①-②-③-⑤
1	14 380	10 000	2 500	7 000.00	1 750.00	130
2	14 380	10 000	2 500	6 262.00	1 565.50	314.50
3	14 380	10 000	2 500	5 450.20	1 362.55	517.45
4	14 380	10 000	2 500	4 557.22	1 139.31	740.69
5	14 380	10 000	2 500	3 574.94	893.74	986.26
6	14 380	10 000	2 500	2 494.44	623.61	1 256.39
7	14 380	10 000	2 500	1 305.88	326.46	1 553.54
合计	100 660	70 000	17 500	30 644.68	7 661.17	5 498.83

第四步，计算租赁方案下的现金流出量。编制现金流出量计算表，见表 7-14。

表 7-14　租赁方案现金流出量　　单位：元

年份	租金	因租金计入成本而减少的所得税	因不发生折旧费而增加的税后利润	净现金流出量
每年	13 000	3 250	7 500	2 250
合计	91 000	22 750	52 500	15 750

第五步，比较两方案的净现金流出量现值，即将两方案的各年净现金流出量乘以复利现值系数折成现值，求出各年净现金流出量现值之和，小者为最优方案。本例中，由于借款自购方案各年净现金流出量均小于租赁方案，故不必折现，便可断定借款自购方案优于租赁方案。

二、投资开发时机决策

有些自然资源储藏量不多，随着不断的开采，变得越来越稀少，其价格也将随着储藏量的减少而上升，显然，早开发收益少，晚开发收益多；但另一方面，钱是越早赚到手越好，于是投资者有必要研究开发时机问题。在进行投资时机决策时，决策的基本原理也是寻求净现值最大的方案，但由于不同方案的开发时间不同，不能把净现值简单对比，而应先将各个方案的净现值换算到同一时点再进行对比。

【例 7-35】某公司有一稀有矿藏，随着储藏量的不断减少，这种矿产品价格飞快上升。经预测 5 年后价格将一次性上升 50%。因此公司要研究现在开发还是 5 年后再开发的问题。不论何时开发，初始固定资产投资都为 400 000 元，建设期为 1 年，建设期末垫支营运资金 50 000 元，从第 2 年开始投产，投产后 4 年，就把该矿藏全部开采完。假设公司所得税税率为 25%，公司要求的报酬率为 10%。有关矿藏收入与成本资料如下：

年产销量（吨）	1 000
现在投资开采售价（元/吨）	400
5 年后开采售价（元/吨）	600
每吨变动成本（元）	100
付现年固定成本	50 000

具体分析、计算如下：

首先，计算两种方案的年营业现金净流量，见表 7-15、表 7-16。

1. 如果现在开发：

每年应提折旧＝40/4＝10（万元）

年销售收入＝400×1 000＝ 40（万元）

年付现成本＝1 000×100+50 000＝15（万元）

年营业现金净流量＝（40-15-10）×（1-25%）+10＝21. 25（万元）

表 7-15　现在开发的现金流量表　　单位：万元

项目	年期					
	0	1	2	3	4	5
固定资产投资	-40					
营运资金垫支		-5				
营业 NCF			21.25	21.25	21.25	21.25
收回营运资金						5
净现流	-40	-5	21.25	21.25	21.25	26.25

2. 如果 5 年后再开发：

年销售收入 = 60 万元

年付现成本 = 15 万元

年营业现金净流量 = （60-15-10）×（1-25%）+10 = 36.25（万元）

表 7-16　5 年后开发的现金流量表　　单位：万元

项目	年期					
	5	6	7	8	9	10
固定资产投资	-40					
营运资金垫支		-5				
营业 NCF			36.25	36.25	36.25	36.25
收回营运资金						5
净现流	-40	-5	36.25	36.25	36.25	41.25

其次，分别计算两方案在同一时点（$t=0$ 时）的净现值。

现在开发的 $NPV = 21.25 \times PVIFA_{10\%,3} \times PVIF_{10\%,1} + 26.25 \times PVIF_{10\%,5} - 40 - 5 \times PVIF_{10\%,1} = 21.25 \times 2.4869 \times 0.9091 + 26.25 \times 0.6209 - 40 - 5 \times 0.9091 \approx 19.7960$（万元）

5 年后开发的 $NPV = 36.25 \times PVIFA_{10\%,3} \times PVIF_{10\%,6} + 41.25 \times PVIF_{10\%,10} - 40 \times PVIF_{10\%,5} - 5 \times PVIF_{10\%,6} = 36.25 \times 2.4869 \times 0.5645 + 41.25 \times 0.3855 - 40 \times 0.6209 - 5 \times 0.5645 \approx 39.1331$（万元）

最后，对比两方案的净现值可知，晚开发比早开发对企业更为有利。

三、投资期决策

从投资开始到投资结束为止的时期称为投资期。很多项目的投资期有一定的弹性。如果采取集中施工力量、交叉作业、加班加点等措施，可以缩短投资期，使项目提前竣工，早投产，早得利；但是采取上述各项措施却往往需要以增加投资为代价。究竟是否应该缩短投资期，需要经过分析，以便判明缩短投资期的所得是否大于所失。

【例 7-36】某公司进行一项投资，正常投资期为 3 年，每年投资 100 万元，项目建成后有效期为 10 年，每年现金流入量为 100 万元。如果把投资建设期缩短为 2 年，每年需投资 200 万元。竣工投产后项目寿命和每年的现金流入量不变，项目终结时有残值 10 万元，项目投入使用后需垫支流动资金 20 万元，公司要求的报酬率为 12%。要求：请作出应否缩短投资期的决策。

具体分析、计算如下：

首先，计算两种方案的现金净流量，见表 7-17、表 7-18。

表 7-17　正常投资期下的现金流量表　　单位：万元

项目	年期					
	0	1	2	3	4~12	13
固定资产投资	-100	-100	-100			
营运资金垫支				-20		
营业 NCF					100	100
收回营运资金						20
残值回收						10
净现流	-100	-100	-100	-20	100	130

表 7-18　压缩投资期下的现金流量表　　单位：万元

项目	年期				
	0	1	2	3~11	12
固定资产投资	-200	-200			
营运资金垫支			-20		
营业 NCF				100	100
收回营运资金					20
残值回收					10
净现流	-200	-200	-20	100	130

其次，分别计算两个方案的净现值：

正常投资期的 NPV $=100\times PVIFA_{12\%,9}\times PVIF_{12\%,3}+130\times PVIF_{12\%,13}-100-100\times PVIFA_{12\%,2}-20\times PVIF_{12\%,3}=100\times5.3282\times0.7118+130\times0.2292-100-100\times1.6901-20\times0.7118\approx125.8113$（万元）

压缩投资期的 NPV $=100\times PVIFA_{12\%,9}\times PVIF_{12\%,2}+130\times PVIF_{12\%,12}-200-200\times PVIF_{12\%,1}-20\times PVIF_{12\%,2}=100\times5.3282\times0.7972+130\times0.2567-200-200\times0.8929-20\times0.7972\approx63.6111$（万元）

最后，比较两方案的净现值可知，缩短投资期后净现值将减少，说明缩短投资期得不偿失，故应维持正常投资期。

第五节　长期投资敏感性分析

一、长期投资敏感性分析的含义及重要性

（一）长期投资敏感性分析的含义

一般说来，敏感性是指同某项目相关联的某一因素发生变动，对该项目的预期效果所具有的影响程度。假如某一因素变动不大或在较小的范围内发生变动，而由

此造成的影响却很大，表明该相关因素的敏感性很强；相反，假如某一因素变动较大或在较大的范围内发生变动，而由此所带来的影响却很小，则表明该因素的敏感性很弱。在实际工作中，各有关因素敏感性的强弱必须借助特殊的计量、测定才可得到正确的揭示。一旦将它们的敏感性程度测定之后，人们就应对具有较强敏感性的有关因素予以特别的重视，要在深入进行调查、计量、分析的基础上，积极、主动地采取预防措施，尽量降低乃至完全消除某些因素发生不利变动而造成的不良影响。

所谓长期投资敏感性分析，就是指经过决策分析而选定了某一最优投资方案后，为了保证决策的正确性和可靠性，防止同该投资方案相联系的有关因素发生变动而可能造成的不良影响与后果而进行的计量、测算。在通常情况下，这种特定计量、测算的主要内容是：有关因素发生变动后对各项基本决策指标的影响程度，有关方案原有或现有决策结论依然保持不变所要求的各有关因素可容许的变动范围。

（二）长期投资敏感性分析的重要性

在长期投资决策中进行敏感性分析，主要是测定涉及某一投资方案的若干因素中的一个或几个因素发生某种变动后，对该项决策所形成的影响及其影响程度，深入观察由有关因素的变化而导致的投资方案可行性及预期经济效益的相应变化。长期投资的敏感性分析可以使企业管理者预见到有关因素在多大幅度内变动，而尚不致影响原定投资方案的可行性；而一旦有关因素的变动使得原定投资方案无利可图时，企业管理者能够主动采取对应的措施，就各该方案的某些特定方面进行必要的调整和修正。这就是说，借助于敏感性分析，企业管理当局可以重新认识和评价原定投资方案的有效性，避免因决策失误而给企业带来不应有的损失。

二、长期投资敏感性分析的一般方法

由于现金流量、效用期间和资金成本等是影响投资效益好坏的关键因素，而评价投资方案经济可行性最常用的指标是净现值和内部收益率。因此，长期投资敏感性分析主要应集中考察并揭示投资方案的现金净流量和效用期限发生的变动对该方案净现值的影响程度；或者有关投资方案内部收益率发生变动，对该方案现金净流量和效用期限发生相应变动的特定要求。现举例说明如下：

【例 7-37】某企业现拟订了一投资方案，共需投资 400 000 元建立一条新产品生产线。经过分析预测，该生产线寿命期为 8 年，每年可收回的现金净流量为 100 000 元。该企业要求的投资报酬率为 12%。由于该种新产品市场情况不明朗，该企业希望测算有关因素变动对投资方案的影响程度。

（一）以净现值为基础进行敏感分析

1. 以投资报酬率达到 12%作为衡量方案可行性的尺度

$NPV=100\ 000\times PVIFA_{12\%,8}-400\ 000=100\ 000\times 4.967\ 6-400\ 000=96\ 760$（元）

NPV>0，表明此方案如以投资利润率 12%作为衡量标准是可行的。但其可行性是有条件的，也就是要看影响净现值的两个因素：每年的现金净流量 100 000 元是否可靠，8 年寿命期是否准确。如果这两个因素发生了变化，就会直接影响方案的可行性和最优性。为了解这两个因素在多大范围里变化才能使投资利润率可能达到 12%，就必须进行敏感分析。

2. 敏感分析

（1）净现值对现金净流量变动的敏感程度。

假设寿命期（8 年）不变，每年的现金净流量的下限将使该方案的 NPV=0。即

每年现金净流量的下限=400 000/ $PVIFA_{12\%,8}$=80 521.78（元）

上述计算结果表明，该投资方案在使用年限不变的情况下，每年现金净流量由 100 000 元下降到 80 521.78 元，下降 19.48%（$\frac{100\ 000-80\ 521.78}{100\ 000}$）还是可行的，还能达到 12%的投资报酬率。如果现金净流量低于 80 521.78 元，则 NPV 会出现负数，该方案就变得不可行了。

（2）净现值对投资寿命期变动的敏感程度。

假定项目寿命期内的现金净流量不变，仍然为 100 000 元，项目寿命期的下限临界值应使该方案的 NPV=0，即

$PVIFA_{12\%,n}$=400 000/100 000=4

查年金现值系数表，在 12%栏内与 4 相邻值分别为 5 年和 6 年，采用内插法计算如下：

年数	年金现值系数
5	3.604 8
n	4
6	4.111 4

求得 n=5.78（年）

由此可见，该投资方案假定每年的现金净流量不变，则其使用年限应达到 5.78 年方案才是可行的。如果低于 5.78 年，净现值就会出现负数，原方案变为不可行。

（二）以内部收益率为基础进行敏感分析

假定该企业各项投资方案的取舍是以其内部收益率的高低作为标准。

1. 计算该方案的内部收益率

100 000×$PVIFA_{IRR,8}$−400 000=0

$PVIFA_{IRR,8}$=4

查年金现值系数表，在第 8 年一行与 4 相邻近的折现率在 18%和 19%之间，采用内插法计算如下：

贴现率	年金现值系数
18%	4.077 6
IRR	4
19%	3.954 4

求得该方案的 IRR=18.65%

计算结果表明，维持方案可行的折现率应小于 18.65%，如果受有关因素的影响使得要求的报酬率超过 18.65%，将使该方案变得不可行。

2. 进行敏感分析

（1）内部收益率变动对年现金净流量的影响。

假如使用年限不变，内部收益率变动对年现金净流量的影响，可计算如下：

$$\frac{400\ 000}{PVIFA_{18.65\%,8}}-\frac{400\ 000}{PVIFA_{12\%,8}}=100\ 000-80\ 521.78=19\ 478.22\text{（元）}$$

以上计算结果表明，在其他条件保持不变的情况下，内部收益率降低 6.65%（即 18.65%-12%）会使每年的现金净流量减少 19 478.22 元。这就是说，当其年均现金净流量下降时，降低额必须控制在 19 478.22 元之内。这样，该方案的内部收益率即使有所下降，但仍然高于预定投资报酬率，其可行性地位依然得以保持。假如年均现金净流量的降低额超过 19 478.22 元，则该方案的内部收益率将低于预定投资报酬率，其可行性地位就会丧失。

（2）内部收益率变动对项目寿命期的影响。

假定年现金净流量不变，内部收益率变动对项目寿命期的影响可按下式进行计算：

$PVIFA_{18.65\%,8}=PVIFA_{12\%,n}$

即 $4=PVIFA_{12\%,n}$

查年金现值系数表，在 12%栏内与 4 相邻值分别为 5 年和 6 年，采用内插法计算求得：$n=5.78$（年）

以上计算结果表明，该投资方案在每年的现金净流量不变的情况下，若内部收益率降低 6.65%（即 18.65%-12%）会使项目寿命期减少 2.22 年（即 8 年-5.78 年）。而一旦该生产线预计使用年限达不到 5.78 年，即缩短额大于 2.22 年，则该方案的内部收益率将不足 12%，连预定最低的投资报酬率水平都无法实现，该投资方案即由可行变为不可行。

【本章小结】

本章首先介绍了长期投资决策的含义、特点、一般程序及意义；阐述了影响长期投资决策的两个重要因素：现金流量和货币时间价值；一一介绍了长期投资决策的主要评价指标：静态评价指标（PP、ARR）和动态评价指标（NPV、PI、IRR），并分析了物价变动对于这些主要评价指标的影响；通过有关固定资产更新或改造、更新或大修、最佳更新期等实务决策具体说明了上述长期投资决策主要评价指标的应用；最后对长期投资决策进行了敏感性分析。

【关键术语】

长期投资决策　现金流量　货币时间价值　单利　复利　年金　年金现值
年金终值　静态评价指标　投资回收期　投资收益率　动态评价指标
净现值　获利指数　内涵报酬率　物价变动　投资敏感性分析

【思考题】

1. 什么是货币时间价值？长期投资决策为什么要考虑货币时间价值？
2. 什么是复利？复利和单利有何区别？

3. 什么是年金？年金按其收到或付出时间的不同通常分为哪几种具体形式？
4. 什么是终值和现值？试述一元复利终值和一元复利现值之间的相互关系。
5. 什么是投资风险价值？如何估量投资方案的风险程度？
6. 什么是现金流量？投资决策为什么用现金流量而不是会计利润进行决策？
7. 什么是资金成本？试说明资金成本在长期投资决策中的作用。
8. 什么是效用期间？如何确定投资项目的效用期间？
9. 什么是净现值？试述净现值指标的决策规则。
10. 什么是现值指数？现值指数同净现值的区别与联系是什么？
11. 什么是内部收益率？如何计算投资项目的内部收益率？
12. 长期投资决策分析中，折现的现金流量法为什么优于非折现的现金流量法？
13. 什么是长期投资的敏感性分析？怎样进行长期投资的敏感性分析？

【练习题】

1. 某企业拟投资兴办化工厂，预定投资报酬率为10%。经测算，化工厂在未来3年内的净收益及其概率分布情况如表7-19所示。

表7-19　净收益及概率分布预测

第一年		第二年		第三年	
净收益/元	概率	净收益/元	概率	净收益/元	概率
7 000	0. 20	9 000	0. 25	8 000	0. 30
6 000	0. 60	7 000	0. 50	6 000	0. 40
5 000	0. 20	6 000	0. 25	4 000	0. 30

要求：根据上述资料，对该投资项目的风险程度进行估量。

2. 某企业拟购入一套生产设备，购置成本为150 000元，效用期间为10年，期满残值收入为10 000元。使用该生产设备，每年可节约直接材料费和直接人工费50 000元，所得税税率为25%，该企业按直线法计提折旧，预定投资报酬率为10%，标准投资回收期为5年。

要求：分别采用投资回收期、净现值和现值指数指标评价该套生产设备应否购置。

3. 某企业计划投资开发甲产品，原始投资额为150万元，经营期为5年，期满无残值。甲产品投产后，预计年营业收入80万元，年总成本为50万元。该企业按直线法计提折旧，所得税税率为25%，预定投资报酬率为15%。

要求：计算该投资方案的投资回收期、净现值、现值指数、内部收益率，并评价该投资方案是否可行。

4. 某企业计划扩建一条生产线，3年建成，每年年初投资300万元。该生产线投产后，预计每年销售收入为500万元，每年经营成本为260万元。该生产线使用寿命为10年，期满残值收入为60万元。该企业按直线法计提折旧，所得税税率为25%，预定投资报酬率为10%。

要求：采用净现值指标评价该方案是否可行。

5. 某企业计划购入一台先进设备，现有 A、B 两种型号的设备可供选择，该企业采用直线法计提折旧，预定投资报酬率为 10%，所得税税率为 25%。其余有关资料如表 7-20 所示。

表 7-20　A、B 两种设备有关资料

项目	A 设备	B 设备
购置成本/元	200 000	150 000
预计使用年限/年	6	6
预计残值/元	20 000	15 000
预计税前利润/元	45 000	34 000

要求：通过计算，确定该企业应选购哪种型号的设备。

6. 某企业 2 年前购入机床一台，原价 80 000 元，效用期 10 年，期满残值收入 3 000 元。目前，市场上有一种同类新型机床出售，购置成本 150 000 元，效用期 8 年，期满残值收入 8 000 元。以新换旧以后，企业每年销售收入可从 200 000 元增加到 250 000 元，每年变动成本也从 160 000 元增加到 170 000 元，旧机床的现时价值为 60 000 元。该企业采用直线法折旧，预定投资报酬率为 10%，所得税税率为 25%。

要求：采用差量净现值指标确定该企业应否变卖旧设备而购入新设备。

7. 某企业一设备主要部件严重损耗，如进行大修，预计大修理费用为 80 000 元，大修后可继续使用 5 年，期满残值收入 5 000 元，每年正常维护保养费为 1 200 元；如果购买新设备，新设备购价为 140 000 元，预计可使用 10 年，期满残值收入 10 000 元，每年正常维护保养费为 900 元，旧设备变现收入 20 000 元，预定投资报酬率为 10%。

要求：通过计算，确定该设备应大修还是应更新。

8. 某企业现有一台机床，原价 40 000 元，已提折旧 7 200 元，预计使用 10 年，已使用 2 年，期满残值收入 4 000 元，目前出售可获收入 25 000 元。市场上正在销售一种同类新型机床，价值 100 000 元，预计使用 10 年，8 年后残值收入 8 000 元。使用新机床每年可节约经营成本 3 000 元，预定投资报酬率为 10%，所得税税率为 25%。

要求：通过计算，确定该企业应否购买新机床替换旧机床。

9. 某企业生产中急需一台设备，拟通过借款购置或者租赁方式解决。如借款购置，借款额为 120 000 元，借款利率为 12%，要求每年末还本付息 21 239 元，10 年还清。若以租赁方式取得，租期 10 年，于每年年末支付租金 20 500 元。该企业预定投资报酬率为 14%，所得税税率为 25%。

要求：通过计算，确定该设备是应借款购置还是应以租赁方式取得。

10. 某公司拟用新设备取代已使用 3 年的旧设备。旧设备原价 14 950 元，目前估计尚可使用 5 年，每年操作成本 2 150 元，预计最终残值 1 750 元，目前变现价值 8 500 元；购置新设备需投资 13 750 元，预计可使用 6 年，每年操作成本 850 元，预计最终残值 2 500 元。该公司预期报酬率为 12%，所得税税率为 25%。税法规定该类设备应采用直线法折旧，折旧年限 6 年，残值为原价的 10%。

要求：确定该公司应否进行设备更新。

【延伸阅读】

请读者扫描二维码，阅读材料。

第八章
全面预算

【本章学习目标】

通过本章学习，要求学生了解全面预算的含义及作用、全面预算体系、全面预算的编制期、编制程序、编制原则；掌握全面预算中经营预算、专门预算、财务预算的编制；掌握预算编制的专门方法，即弹性预算、零基预算及滚动预算。

第一节 全面预算概述

一、全面预算的含义

一个企业通过长期决策和短期决策，确定了最优方案，为企业各有关方面的活动确定了具体目标。但是，为了达到并完成既定的目标，还必须研究实现目标的途径和方法，以保证目标在实际中贯彻执行，这就需要编制预算。所谓预算，就是用货币来计量，将决策的目标具体地、系统地反映出来。所以，预算是经营决策的具体化，经营决策的经济效益还要进一步体现、落实到有关的长、短期预算中。

长期预算主要指一年以上的资本支出预算。长期预算是一种规划性的预算，其编制的好坏如何，将影响一个企业的长期战略目标是否能够如期实现，影响企业今后若干年的经济效益，乃至影响国民经济的长期发展。

短期预算是按年编制的生产经营全面预算，是企业在一定时期内（一般不超过一年）经营、财务等方面的总体预算。短期预算是一种执行预算，数据要求尽可能具体化，便于控制和执行。本章所要介绍的是全面预算，又称总预算。

二、全面预算的作用

全面预算是企业内部管理控制的一种主要方法。这一方法自从 20 世纪 20 年代在美国的通用电气、杜邦、通用汽车公司产生之后，很快就成了大型工商企业的标准作业程序。从最初的计划、协调，发展到现在的兼具控制、激励、评价等功能为一体的一种综合贯彻企业经营战略的管理机制，全面预算是为数不多的几个能把组织的所有关键问题融合于一个体系之中的管理控制方法之一。

（一）明确企业各部门工作的目标

企业总目标需要各级各部门的共同努力才能实现，各级各部门在实现企业总目标过程中所要做的工作需要通过全面预算的编制才能实现。所以，预算是具体化的经营目标。企业编制全面预算就是要使每个职能部门的管理人员知道在计划期间应该做些什么，以及怎样去做，从而保证各部门和整个企业工作的顺利进行。例如，销售部门要按照财务部门确定的目标利润确定目标销售量，然后根据市场调查，并千方百计地保证目标销售量的实现。生产部门根据销售部门确定的目标销售量，考虑产品的期初、期末存量，计算出计划期的预计产量，防止仓库积压，也防止市场脱销、减少利润。同样，采购部门根据计划期的预计产量考虑材料的期初、期末存量，购进足够的材料，保证完成产品生产的需要。人事部门根据计划期的生产任务配备足够的工人和技术力量。财务部门根据各业务部门在计划期间的经济活动，安排、调度资金，保证按期支付料款和工资、偿还债务、支付股息和红利等。可见，为了使企业的经济活动协调起来，朝着一个总的战略目标（目标利润）前进，全面预算必不可少。

各级各部门因其职责不同，从本部门的角度提出的设想与需求往往会与其他部门的工作互相冲突。全面预算运用货币量度来表达，具有高度的综合能力，经过综合平衡可以使各部门的目标与企业的整体目标一致。

（二）控制企业经济活动的依据

编制预算是企业经营管理活动的起点，也是控制日常经营活动的基本依据。预算能促使企业的各级管理人员提前制订计划，根据所反映出的预算结果，预测其中的风险点所在，并预先采取某些防范措施，从而达到规避与化解风险的目的。在预算执行过程中，各有关部门和单位应通过计量、对比，及时提供实际偏离预算的差异并分析其原因，以便采取有效措施，保证预算目标的实现。

事实上，制定和执行预算的过程，就是企业不断用量化的工具使自身的经营环境、自己拥有的经济资源和企业开展的经济活动保持动态平衡的过程。

（三）评价企业工作业绩的标准

全面预算是业绩评价的基础，科学的预算目标值可以成为公司与部门业绩评价指标的比较标杆。全面预算为业绩评价提供参照值的同时，管理者也可以根据预算的实际执行结果去不断修正、优化业绩评价体系，确保评价结果更加符合实际，真正发挥评价与激励的作用。作为判断实际结果的标准，全面预算可以克服以过去业绩作为标准所带来的局限性。

（四）有助于企业将战略计划落实到操作层面

全面预算是一种与企业发展战略相配合的战略保障体系。但企业的发展战略往往是抽象的、宏观的，需要以可操作的方式加以落实。预算作为一种在公司战略与经营业绩之间联系的工具，可以将既定战略通过预算的形式加以程序化、数量化，以确保最终实现公司的战略目标。企业将制定、执行预算同公司的战略结合起来，有助于调整公司策略，提高公司战略管理的水平。战略计划是由企业高级管理层确定的，而预算是由基层部门广泛参与制定的。因此，相对于战略计划来说，预算所包含的信息更为广泛，作用的空间更为广阔，是将企业战略计划落到实处的必经之路。

三、全面预算的原则

编制全面预算应遵循以下原则：

（1）以明确的经营目标为前提。例如，如果确定了目标利润，就能相应地确定目标成本，编制有关销售收入和费用成本预算。

（2）保证预算的全面性、完整性。凡是影响目标实现的业务、事项，均应以货币或其他计量形式加以反映，尽量避免由于预算缺乏周详考虑而影响目标的实现。预算指标间要相互衔接，钩稽关系要明确。

（3）积极可靠、留有余地。积极可靠是指要充分估计目标实现的可能性，不要把预算指标定得过低或过高，保证预算能在实际执行过程中充分发挥其指导和控制作用。为了应付实际工作的千变万化，预算又必须留有余地，具有一定的灵活性，以免在意外事项发生时，造成被动，影响平衡，以至于影响原定目标的实现。

四、全面预算的内容及其逻辑关系

1. 全面预算的内容体系

全面预算实质上反映了企业计划期间的全部经营活动及其成果，其内容包括经营预算、财务预算和资本预算三大部分。

（1）经营预算。经营预算是反映企业计划期间日常经营活动方面的预算，主要包括销售预算、生产预算、直接材料预算、直接人工预算、制造费用预算、单位产品成本预算、销售和管理费用预算等。这些预算以价值量指标和实物量指标反映企业计划期间的收入、成本费用的构成情况。

（2）财务预算。财务预算是反映企业计划期间的现金收支、财务状况和经营成果方面的预算，主要包括现金预算、预计利润表和预计资产负债表。这类预算总括反映经营预算和资本预算的最终结果。

（3）资本预算。资本预算是企业为计划期间的投资项目而编制的预算。这类预算主要反映投资的规模、效益及其资金取得方式等。

上述各项预算内容前后衔接，在经营目标的统一驾驭下，构成了一个有机的预算体系。各项预算之间的关系，如图 8-1 所示。

2. 全面预算编制的起点

预算编制起点即第一项开始编制的预算，它在预算内容体系中居于基准的地位，其合理性和准确性关系着整个预算内容体系的有效性。

如上所述，预算是实现企业战略目标的具体路径，所以编制预算以分析企业战略目标为基础，首先将企业战略具体化为企业的长期与短期计划。而在企业目标实现过程中，始终存在着约束企业发展和目标利润最大化实现的若干因素，而其中必有一个最主要、最严峻的约束因素。预算目标的确定及其实现均受制于该约束因素，预算的编制也就应该由与此因素直接相关的业务预算开始。在市场经济环境下，销售数量是绝大多数企业的约束因素，因此，销售预算便是通常意义上的全面预算编制起点，它的准确性决定着整个预算的有效性，为此必须结合企业目标的要求和科学的销售预测，认真地进行销售规划。

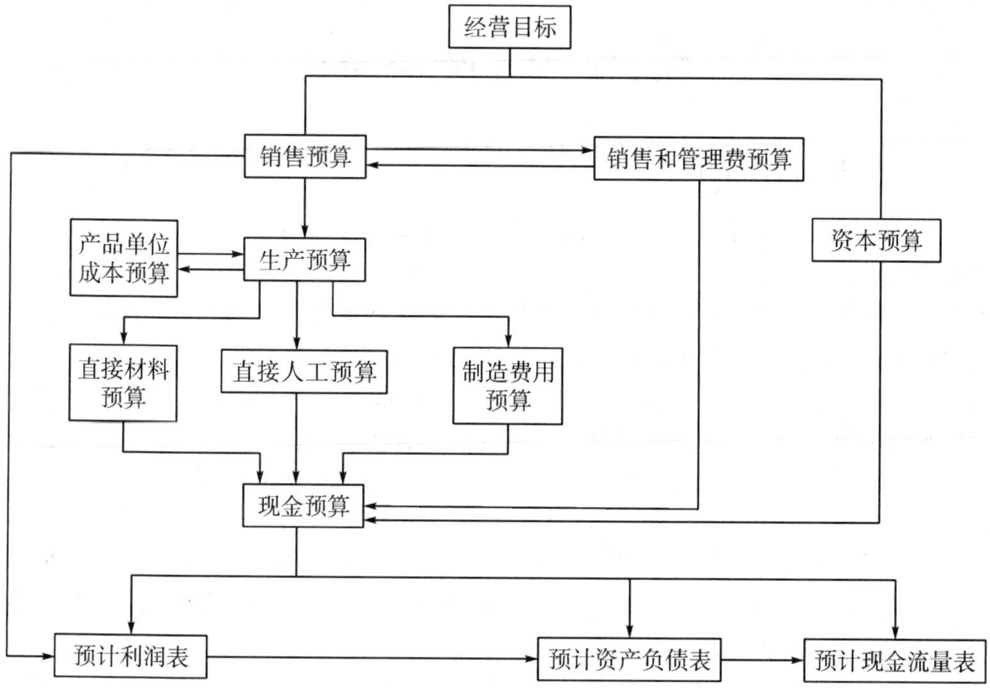

图 8-1 全面预算的构成及逻辑关系图

3. 各预算之间的连接

全面预算的内容体系具有系统性特征，业务预算与财务预算两者是一个整体，缺一不可，它们相互支撑、相互依赖，是一个完整而紧密的系统。某些事件比如某一个客户增加订货量会直接影响销售预算，同时就会出现多米诺骨牌现象，其他预算也必然受到影响。因此，在确定预算编制起始点的基础上，还应进一步弄清楚各预算之间的逻辑关系。对于典型的制造业而言，图 8-1 很好地显示了各预算之间的关系。

五、全面预算的编制程序

全面预算的编制通常由总经理负责会同企业有关方面的负责人，通过预算委员会组织施行，其编制步骤如下：

（1）成立由企业的总经理和分管各职能部门的负责人组成的预算委员会，负责领导和协调各职能部门和预算编制工作；

（2）由预算委员会提出预算期的企业生产经营总体目标及各部门的具体任务；

（3）由企业内部各职能部门的负责人根据企业经营的总体目标及本部门应完成的具体任务，草拟分项预算；

（4）当各职能部门将其草拟的分项预算上报之后，由预算委员会从各部门的业务需要及可能条件出发，对各分项预算进行分析、汇总、审查和协调，并在此基础上汇总、编制企业预算期内的全面预算；

（5）由企业的最高管理部门对上述预算进行审查；

（6）预算委员会将已获最高管理部门批准的全面预算作为正式预算，下达给各职能部门实施执行。

第二节　全面预算的编制

一、销售预算的编制

销售预算是规定预算期内各季度销售目标和实施计划的一种预算。它是全面预算的出发点，也是全面预算的关键，因为现代企业都是以销定产的，举凡产品的生产数量、材料、人工、设备和资金需要量等，都由预期的商品销售量所决定。在编制过程中，应根据有关年度内各季度市场预测的销售量和售价，确定计划期销售收入（有时要同时预计销售税金），并根据各季现销收入与回收赊销货款的可能情况来反映现金收入，以便为编制现金收支预算提供信息。

【例8-1】天阳企业是为电动车生产电池的专业制造厂家，从早期生产的铅酸蓄电池开始，该企业因其良好的产品质量，已同国内数家电动车厂家之间建立了良好的合作关系。在国家优先发展绿色能源，建立低碳环保型社会的政策下，从20×0年起，该企业开始专门生产一种新型、高效的锂离子高能电池，以铁锂作为电池材料，抢占新型环保电池的市场。在计划年度（20×1年），该企业仍然只生产这一种锂离子高能电池，结合20×0年的市场情况和生产情况，企业各部门分别编制了20×1年各项基本业务预算和财务预算。

天阳企业每季的销售收入中有50%能于当季收到现金，其余50%在下季才能收到现金。基期（20×0年）末的应收账款余额为40 000元，这些销货款将于20×1年的第一季度收回现金。该企业计划年度的分季销售预算如表8-1和表8-2所示。

表8-1　销售预算

20×1年度

项目	一季度	二季度	三季度	四季度	全年
预计销售量/个	1 000	1 200	1 600	1 200	5 000
售价/(元·个$^{-1}$)	100	100	100	100	100
预计销售收入/元	100 000	120 000	160 000	120 000	500 000

表8-2　预计销售现金收入计算表

20×1年度　　　　单位：元

项目	金额	各季度现金收入			
		一季度	二季度	三季度	四季度
上年末应收销货款	40 000	40 000			
第一季度销售收入	100 000	50 000	50 000		
第二季度销售收入	120 000		60 000	60 000	
第三季度销售收入	160 000			80 000	80 000
第四季度销售收入	120 000				60 000

表8-2(续)

项目	金额	各季度现金收入			
		一季度	二季度	三季度	四季度
本年末应收销货款	60 000				
全年现金收入合计货款	480 000	90 000	110 000	140 000	140 000

二、生产预算的编制

生产预算主要用来具体安排企业在预算期内的生产活动，确定预算期内有关产品的生产数量及其分布状况。有了销售预算以后，我们就可根据它的预计销售量按产品名称、数量分别编制生产预算。但应该注意的是：计划期间除必须备有足够的产品以供销售外，还应考虑到计划期期初的产成品和计划期期末的预计产成品库存水平，目的就是要尽可能地避免由于存货过多而造成的资金积压和浪费，或由于存货不足、无货销售而导致收入下降的情况发生。因此，生产预算中的预计产品生产数量可按以下公式计算：

预计生产量=（预计销售量+预计期末产成品存货量）-预计期初产成品存货量

【例 8-2】天阳企业预算年度内每季季末产成品存货占其下季销售量的 10%，预算年度末产成品存货量为 150 个，预算年初产成品存货量为 100 个。据此编制该企业预算年度的生产预算如表 8-3 所示。

表 8-3　生产预算

20×1 年度　　单位：个

项目	一季度	二季度	三季度	四季度	全年
预计销售量	1 000	1 200	1 600	1 200	5 000
加：预计期末产成品存货	120	160	120	150	150
减：预计期初产成品存货	100	120	160	120	100
预计生产量	1 020	1 240	1 560	1 230	5 050

需要说明，年度生产预算编好以后，还应根据企业的具体情况安排生产进度日程表。一般地，生产进度可以在计划期内均衡地进行，也可以集中地进行。

三、直接材料预算的编制

预计生产量确定以后，以生产预算为基础，考虑期初、期末材料存货的合理水平及其变动，可编制直接材料预算。直接材料预计采购量可按下式计算：

预计直接材料采购量=(预计生产需用量 +预计期末材料库存量)-预计期初材料库存量

根据计算所得的预计直接材料采购量，不仅可以安排预算期内的采购计划，同时也可得到直接材料的预算额，其计算公式为：

直接材料预算额=预计直接材料采购量×直接材料单价

在实际生产中，直接材料采购预算下面往往还附有计划期间的预计现金支出计算表，列示直接材料采购的现金支出预计，以便为现金预算的编制提供资料，直接材料采购现金支出包括前期应付购料款的偿还和本期购料款的支出。

【例 8-3】 天阳企业生产单位产品的直接材料耗用量为 4 千克，单价为 2 元/千克，预算期内每季季末存料量占其下季生产需用量的 20%，预算期末存料量为 2 000 千克，预算期初存料量为 1 000 千克，每季材料采购在当季付款的占 50%，其余部分在下季付款。该企业预算期初的应付款余额为 5 000 元，根据上述资料编制该企业预算年度的直接材料预算，如表 8-4 和表 8-5 所示。

表 8-4 直接材料预算表

20×1 年度

项目	一季度	二季度	三季度	四季度	全年
预计生产量/个	1 020	1 240	1 560	1 230	5 050
产品单耗/(千克·个$^{-1}$)	4	4	4	4	4
生产用量/千克	4 080	4 960	6 240	4 920	20 200
加：期末存料量/千克	992	1 248	984	2 000	2 000
减：期初存料量/千克	1 000	992	1 248	984	1 000
预计材料采购量/千克	4 072	5 216	5 976	5 936	21 200
材料单价/(元·千克$^{-1}$)	2	2	2	2	2
预计材料预算额/元	8 144	10 432	11 952	11 872	42 400

表 8-5 预算材料采购现金支出预算表

20×1 年度　　　　单位：元

项目	金额	各季度现金收入			
		一	二	三	四
上年末应付账款	5 000	5 000			
第一季度采购额	8 144	4 072	4 072		
第二季度采购额	10 432		5 216	5 216	
第三季度采购额	11 952			5 976	5 976
第四季度采购额	11 872				5 936
本年末应付账款	5 936				
材料采购现金支出合计	41 464	9 072	9 288	11 192	11 912

四、直接人工预算的编制

直接人工预算也是以生产预算为基础进行编制，其计算公式如下：

直接人工预算额=预计生产量×单位产品直接人工工时×小时工资率

在通常情况下，企业产品生产耗用的直接人工工种往往不止一种，由于工种不同，小时工资率也不一样，这时直接人工预算则须按工种类别分别计算，然后汇总求直接人工成本总额。

【例 8-4】天阳企业计划期间所需直接人工只有一个工种，现根据生产预算的预计产量、有关直接人工的工时定额和工资率的资料编制直接人工预算表，如表 8-6 所示。

表 8-6　直接人工预算表

20×1 年度

项目	一季度	二季度	三季度	四季度	全年
预计生产量/个	1 020	1 240	1 560	1 230	5 050
产品工时/(小时·个$^{-1}$)	10	10	10	10	10
直接人工小时总数/小时	10 200	12 400	15 600	12 300	50 500
小时工资率/(元·小时$^{-1}$)	4	4	4	4	4
预计直接人工成本总额/元	40 800	49 600	62 400	49 200	202 000

五、制造费用预算的编制

制造费用预算是除直接材料和直接人工以外的其他产品成本的计划。制造费用按其成本性态可划分为变动费用和固定费用两类。在制造成本法下，变动费用和固定费用两部分都包括在产品成本中；在变动成本法下，只有变动性制造费用计入产品成本，固定性制造费用直接列入损益表作为当期产品销售收入的一个抵减项目。因此，在编制制造费用预算时，通常将两类费用分别进行编制。

变动制造费用与生产量之间存在着线性关系，其计算公式为

变动制造费用预算额=预计生产量×单位产品预定分配率

固定制造费用与生产量之间不存在线性关系，其预算通常都是根据上年的实际水平，经过适当的调整而取得。此外，在制造费用预算中，通常还包括现金支出计算表，为以后编制现金预算提供必要资料。但必须注意，固定资产折旧作为一项固定制造费用，由于其不涉及现金的支出，因此在编制制造费用预算计算现金支出时，需要将其从固定制造费用中扣除。

【例 8-5】该企业预算年度的变动性制造费用预算 101 000 元（其中间接人工 23 000 元，间接材料 27 000 元，维修费 18 000 元，水电费 26 000 元，机物料消耗 7 000 元）；固定性制造费用预算 80 000 元（其中维修费 15 000 元，折旧费 24 000 元，管理费 30 000 元，保险费 6 000 元，财产税 5 000 元）。并且该企业的变动性制造费用分配率按直接人工工时计算，以现金支付的各项制造费用均于当期付款。求出变动性制造费用分配率为

变动制造费用分配率=变动制造费用合计÷预算期直接人工小时总数

=101 000÷50 500=2（元/小时）

固定制造费用作为间接费用，按季进行平均分配，计算如下：

每季固定费用支出=80 000÷4=20 000（元）

每季折旧费＝24 000÷4＝6 000（元）

根据所求出的变动制造费用分配率可编制预计制造费用现金支出预算，如表8-7所示。

表8-7 预计制造费用现金支出预算表

20×1年度

项目	一季度	二季度	三季度	四季度	全年
直接人工小时总数/小时	10 200	12 400	15 600	12 300	50 500
变动制造费用分配率/(元·小时$^{-1}$)	2	2	2	2	2
变动费用现金支出/元	20 400	24 800	31 200	24 600	101 000
加：固定费用支出/元	20 000	20 000	20 000	20 000	80 000
减：折旧费/元	6 000	6 000	6 000	6 000	24 000
现金支出合计/元	34 400	38 800	45 200	38 600	157 000

六、产品单位成本和期末产成品存货预算的编制

编好以上五种业务预算后，即可编制产品单位成本和期末产成品存货预算，为正确计算预计损益表中的产品销售成本和预计资产负债表中的期末产成品存货提供资料。

【例8-6】根据上述有关资料，编制该企业预算年度的产品单位成本预算表和期末产成品存货预算表，如表8-8、表8-9所示。

表8-8 产品单位成本预算表

20×1年度

成本项目	单耗	单价	单位成本
直接材料费用	4千克/个	2元/千克	8元/个
直接人工费用	10小时	4元/小时	40元/个
制造费用	10小时	2元/小时	20元/个
本年投入单位产品的变动生产成本			68元/个

表8-9 期末产成品存货预算表

20×1年度

项目	预算
期末存货数量	150个
产品单位成本	68元/个
期末存货金额	10 200元

注：若用制造成本法，则产品单位成本还要加上单位固定制造费用，该费用＝80 000÷5 050≈15.84（元），则产品单位成本＝68+15.84＝83.84（元）。

七、销售及管理费用预算的编制

销售及管理费用预算包括预算期内将发生的制造费用以外的各项费用，变动费用与固定费用需分开列示。这项预算通常也包括计划期间预计销售与管理费用的现金支出计算，以便编制现金预算。

【例 8-7】根据上述有关资料，编制销售及管理费用预算，如表 8-10 所示，并编制计划期间预计销售及管理费用的现金支出计算表，如表 8-11 所示。

表 8-10　销售及管理费用预算表

20×1 年度　　　　单位：元

变动费用		固定费用	
项目	金额	项目	金额
销售人员工资及佣金	4 000	管理人员工资	8 000
运输费	12 000	广告费	10 000
办公费	4 000	保险费	4 000
		财产税	2 000
合计	20 000	合计	24 000

假设该企业在预算期的变动性销售与管理费用按销售量计算分配率，则

变动销售与管理费用分配率 = 20 000÷5 000 = 4（元/个）

平均每季固定费用支出 = 24 000÷4 = 6 000（元）

表 8-11　预计销售及管理费用现金支出计算表

20×1 年度　　　　金额单位：元

项目	一季度	二季度	三季度	四季度	全年
预计销售量/个	1 000	1 200	1 600	1 200	5 000
变动销售与管理费用分配率	4	4	4	4	4
变动销售与管理费用支出	4 000	4 800	6 400	4 800	20 000
加：固定销售与管理费用	6 000	6 000	6 000	6 000	24 000
现金支出合计	10 000	10 800	12 400	10 800	44 000

八、资本预算的编制

在预算期内，如果发生重大的、长期性投资活动，如厂房设备的购置、改建、扩建、技术更新改造、资源的开发、利用及企业并购等，企业还必须逐项分别编制专门预算（资本预算），最终汇总形成资本总预算。基本内容包括：决策项目预计投资额与投资时间、预计投资收益及收益时间等。此处为简化问题而不对此部分内容进行示例。

九、现金预算的编制

现金预算是概括地反映企业在整个预算期内现金收支余缺及其筹集与运用情况

的预算，是企业现金管理的重要工具。编制现金预算的主要目的是测算企业在预算期间现金收入与现金支出的吻合程度，以及不吻合的时间与数额，以便采取措施，合理地安排和调度资金，避免资金的积压或短缺，提高资金的使用效率。编制的依据是表 8-2、表 8-5、表 8-6、表 8-7、表 8-11。

现金预算一般包括四个组成部分。

（1）现金收入。这部分包括期初的现金余额和预算期应收的现金收入。一般说来，现金收入的主要来源是销售收入和应收账款的收回，可从表 8-2 中获得该项资料。

（2）现金支出。这部分包括预算期全部现金支出，除上述预算中已列出的材料、工资、费用、资本方面的现金支出外（表 8-5、表 8-6、表 8-7、表 8-11），还包括上交所得税、支付股息、固定资产投资支出、归还债务的本金等其他方面的现金支出。

（3）现金剩余或不足。这部分将现金收入总额与现金支出总额进行轧抵，如收入大于支出，即出现剩余，可用来归还以前借款，或用来进行短期投资；如收入小于支出，即出现缺额，则应筹措补足。

（4）资金的筹集和运用。这部分是以现金余缺额为出发点，列示企业在计划期内因资金不足而预计向银行等单位借款以及还本付息等情况，如果有除银行借款以外的其他方式筹资或对外投资等情况，也在此部分反映。

在完成初步的现金预算以后，我们就可以知道企业在计划期间需要多少经营资金，财务主管人员就可据以预先安排和筹措资金来满足各个时期的需要。为了有计划地安排和筹措资金，现金预算的编制期间愈短愈好，可以按旬、周、日编制，但是最常见的还是年度分季或季度分月进行编制。

【例 8-8】根据上述资料，该企业规定预算期内的现金余额最低限额为 10 000 元，最高为 15 000 元，另外，该企业计划每季交纳所得税 2 500 元、支付股利 2 000 元。专门决策计划第一季度购置生产设备 10 000 元，第四季度购置生产设备 5 000 元，预算期初现金余额为 10 000 元。现金预算如表 8-12 所示。

表 8-12　现金预算

20×1 年度　　　　单位：元

项目	资料来源	一季度	二季度	三季度	四季度	全年
（一）现金收入						
期初现金金额	上期末	10 000	11 228	10 240	14 548	10 000
加：本期现金收入	表 8-2	90 000	110 000	140 000	140 000	480 000
现金收入合计①		100 000	121 228	150 240	154 548	490 000
（二）现金支出						
直接材料费用	表 8-5	9 072	9 288	11 192	11 912	41 464
直接人工费用	表 8-6	40 800	49 600	62 400	49 200	202 000
制造费用	表 8-7	34 400	38 800	45 200	38 600	157 000
销售及管理费用	表 8-11	10 000	10 800	12 400	10 800	44 000
预计所得税		2 500	2 500	2 500	2 500	10 000
预计设备购置	资本预算	10 000			5 000	15 000
预计支付股利		2 000	2 000	2 000	2 000	8 000

表8-12(续)

项目	资料来源	一季度	二季度	三季度	四季度	全年
现金支出合计②		108 772	112 988	135 692	120 012	477 464
（三）现金结余或不足③	③=①-②	-8 772	+8 240	+14 548	+34 536	12 536
（四）资金的筹集与运用						
向银行借款 偿还借款 支付利息（年利率 8%）		20 000	2 000		 22 000 1 720	22 000 22 000 1 720
期末现金余额		11 228	10 240	14 548	10 816	10 816

注：1. 向银行借款数除需抵补现金支出轧抵的不足数外，还要保证期末最低余额 10 000 元。

2. 如果结余现金超过 15 000 元的最高限额，就需归还借款并支付利息。假设该企业借款、筹资在期初，还款、支付各种利息在期末。则第四季度末归还 22 000 元，需支付的利息 = 20 000×8%+2 000×3÷4×8% = 1 720（元）。

十、预计损益表的编制

根据以上所编制有关预算，即可汇总编制企业预算期的预计损益表。预计损益表是用来综合反映企业在计划期间生产经营的财务情况，并作为预计企业经营活动最终成果的重要依据的，是最重要的预算表之一，一般按变动成本法编制。编制依据是表 8-1、表 8-7、表 8-8、表 8-11、表 8-12 以及资本预算资料。

【例 8-9】企业根据以上预算表的有关资料，编制预算年度分季的预计损益表，如表 8-13 所示。

表 8-13　预计损益表

20×1 年度　　　　金额单位：元

项目	资料来源	一季度	二季度	三季度	四季度	全年
销售数量/个	表 8-1	1 000	1 200	1 600	1 200	5 000
预计销售收入	表 8-1	100 000	120 000	160 000	120 000	500 000
减：变动成本 其中：制造成本 销售及管理费用	 表 8-8 表 8-11	 68 000 4 000	 81 600 4 800	 108 800 6 400	 81 600 4 800	 340 000 20 000
边际贡献总额		28 000	33 600	44 800	33 600	140 000
减：固定成本 其中：制造费用 销售及管理费用	 表 8-7 表 8-11	 20 000 6 000	 20 000 6 000	 20 000 6 000	 20 000 6 000	 80 000 24 000
营业利润		2 000	7 600	18 800	7 600	36 000
减：利息支出 税前利润 减：预计所得税 税后利润	表 8-12 表 8-12 	 2 000 2 500 -500	 7 600 2 500 5 100	 18 800 2 500 16 300	1 720 5 880 2 500 3 380	1 720 34 280 10 000 24 280

十一、预计资产负债表的编制

预计资产负债表是预计企业在计划期末时的财务状况，可以反映各有关资产、负债及所有者权益项目的预算执行结果。它是在预算期初资产负债表的基础上，根据前述预算的有关资料加以分析、计算而编制的。

【例 8-10】该企业预算期初的资产负债表如表 8-14 所示，现根据前述预算中的有关资料编制该企业预算期末资产负债表，如表 8-15 所示。

表 8-14　期初资产负债表

20×0 年 12 月 31 日　　　　单位：元

资产	金额	负债及所有者权益	金额
流动资产：		**流动负债：**	
货币资金	10 000	应付账款	5 000
应收账款	40 000	小计	5 000
库存材料	2 000		
库存产成品	6 800		
小计	58 800	**所有者权益：**	
固定资产：		普通股	1 440 000
固定资产原值	1 500 000	留存收益	13 800
减：累计折旧	100 000	小计	1 453 800
固定资产净值	1 400 000		
合计	1 458 800	合计	1 458 800

表 8-15　期末资产负债表

20×1 年 12 月 31 日　　　　单位：元

资产	资料来源	年初数	年末数	负债及所有者权益	资料来源	年初数	年末数
流动资产：				**流动负债：**			
货币资金①	表 8-12	10 000	10 816	应付账款⑦	表 8-5	5 000	5 936
应收账款②	表 8-2	40 000	60 000	银行借款	表 8-12	0	0
库存材料③	表 8-4	2 000	4 000	小计		5 000	5 936
库存产成品④	表 8-8	6 800	10 200				
小计		58 800	85 016				
固定资产：				**所有者权益：**			
固定资产原值⑤	表 8-12	1 500 000	1 515 000	普通股	表 8-14	1 440 000	1 440 000
减：累计折旧⑥	表 8-7	100 000	124 000	留存收益⑧	表8-12、表 8-13	13 800	30 080
固定资产净值		1 400 000	1 391 000	小计		1 453 800	1 470 080
合计		1 458 800	1 476 016	合计		1 458 800	1 476 016

（1）见表 8-12，预算期初现金余额 10 000 元，预算期末现金余额 10 816 元。

（2）见表 8-2，预算期初应收账款 40 000 元，预算期末应收账款余额 60 000 元。

（3）见表 8-4，预算期初材料余额 = 1 000×2 = 2 000（元），预算期末材料余额 = 2 000×2 = 4 000（元）。

（4）见表8-8，预算期初产成品余额＝100×68＝6 800（元），预算期末余额＝150×68＝10 200（元）。

（5）见表8-12，预算期初余额1 500 000元，预算期末余额＝15 000+1 500 000＝1 515 000（元）。

（6）见表8-7，预算期初余额100 000元，预算期末余额＝24 000+100 000＝124 000（元）。

（7）见表8-5，预算期初余额5 000元，预算期末余额5 936元。

（8）见表8-12、表8-13，留存收益期末余额＝预算期初余额+预算期内所获净利润-预算期内支付的股利＝138 00+24 280-8 000＝30 080（元）。

第三节 预算编制的具体方法

上节所讲述的编制问题只是一般意义上的编制，在实务操作层面上需要根据不同情况来选择不同的编制方法。本节将详细介绍预算的各类编制方法。

一、固定预算与弹性预算

按照编制预算方法的业务量基础不同，预算编制方法可分为固定预算和弹性预算两种。

（一）固定预算

固定预算又称静态预算，即根据预算期内预计可实现的某一水平的业务量而编制的预算。其基本特点是：固定预算不考虑预算期内业务量水平可能发生的不同变动，完全以某一设定的业务量水平为基础确定与之相应的预算标准。

固定预算方法的缺点如下：

（1）过于机械呆板。因为编制预算的业务量基础是事先假定的某个业务量，不论预算期内业务量水平可能发生哪些变动，都只按事先确定的某一个业务量水平作为编制预算的基础。

（2）可比性差。当实际的业务量与编制预算所根据的业务量发生较大差异时，有关预算指标的实际数与预算数就会因业务量基础不同而失去可比性。在实际工作中，市场形势变化或季节性原因，往往会使各月份的实际业务量水平起伏波动，致使实际的月份费用开支与原预算的平均每月开支不能相互比较。例如，上例中天阳企业第一季度预计生产量为1 020个电池，而实际生产量为1 200个。实际生产1 200个所发生的费用与预计生产1 020个所发生的费用的差异，既包括费用水平变动的影响，亦包括产量变动的影响，这使实际生产1 200个的预计费用开支与预计生产1 020个的费用开支缺乏可比性。原来的预算也就不能起到协调和控制的作用。因此，按照固定预算方法编制的预算不利于正确地控制、考核和评价企业预算的执行情况。

固定预算一般适用于业务量水平较为稳定的企业或非营利组织编制预算。

（二）弹性预算

1. 弹性预算的含义

弹性预算又称变动预算，是指在成本习性分析的基础上，以业务量、成本和利润之间的依存关系为依据，按照预算期可预见的各种业务量水平，编制能够适应多种情况预算的方法。

编制弹性预算所依据的业务量可以是产量、销售量、直接人工小时、机器工时、材料消耗量和直接人工工资等。

业务量范围是指弹性预算所适用的业务量区间。业务量范围的选择应根据企业的具体情况而定。一般来说，可定在正常生产能力的70%~110%，或以历史上最高业务量或最低业务量为其上下限。

2. 弹性预算的编制

编制弹性预算时，首先必须将有关预算中的全部成本费用分为固定部分和变动部分。对于固定成本（费用）而言，由于它不随着业务量的增减变化而变化，因此在编制弹性预算时，不论业务量为多少，都无须变动原固定预算数；对于变动成本（费用）而言，由于它随着业务量的变化而成正比例地增减变化，因此在编制弹性预算时，应按不同的业务量对原定预算数进行适当的调整。

弹性预算主要包括成本弹性预算和利润弹性预算。

（1）成本弹性预算。在生产成本构成中，与特定的产品生产直接相联系的直接材料费用和直接人工费用是变动成本，随业务量的变动成正比例变动，通常按产品分别指定其每单位的消耗标准，即用标准成本分别乘以预算期内的生产量，即可得到基于不同生产水平的预算数，以此作为控制的依据。现以制造费用预算为例介绍成本弹性预算的编制。

【例8-11】续前例，编制天阳企业制造费用弹性预算表，业务量间隔10%，如表8-16所示。

表8-16 制造费用弹性预算表

20×1年度　　　　金额单位：元

成本明细项目	每工时费用分摊率	不同业务时对应的预算数			
		（4 545个） 45 450工时	（5 050个） 50 500工时	（5 555个） 55 550工时	（6 060个） 60 600工时
变动费用：					
间接人工	0.46	20 907	23 230	25 553	27 876
间接材料	0.53	24 089	26 765	29 442	32 118
维修费	0.36	16 362	18 180	19 998	21 816
水电费	0.51	23 180	25 755	28 331	30 906
机物料消耗	0.14	6 363	7 070	7 777	8 484
小计	—	90 901	101 000	111 101	121 200

表8-16(续)

成本明细项目	每工时费用分摊率	不同业务时对应的预算数			
		(4 545 个) 45 450 工时	(5 050 个) 50 500 工时	(5 555 个) 55 550 工时	(6 060 个) 60 600 工时
固定费用:					
维修费	—	15 000	15 000	15 000	15 000
折旧费	—	24 000	24 000	24 000	24 000
管理费	—	30 000	30 000	30 000	30 000
保险费	—	6 000	6 000	6 000	6 000
财产税	—	5 000	5 000	5 000	5 000
小计	—	80 000	8 0 000	80 000	80 000
制造费用合计	—	170 901	181 000	191 101	201 200

需要指出，弹性预算表中固定费用部分在整个相关范围内均保持不变，故这部分仍属固定预算性质，所谓弹性预算仅指变动费用部分而言。

总之，编制弹性预算可以根据实际业务量水平，选用相应业务量水平的费用预算数与实际支付数进行对比，这样就便于管理人员在事前据以严格控制费用开支，也利于在事后细致分析各项费用节约或超支的原因。

（2）利润弹性预算。利润弹性预算是以计划期内预计的不同销售量作为出发点，按照成本性态，从不同销售量水平的销售收入中扣减相应的成本，计算出可能实现的利润或发生的亏损。因此，利润弹性预算是以成本弹性预算为基础编制的，其主要内容包括销售量、价格、单位变动成本、边际贡献和固定成本。

【例 8-12】续前例，该企业计划期内根据相关资料编制利润弹性预算，如表 8-17 所示。

表 8-17　弹性利润预算表

20×1 年度　　　　　　　　　　金额单位：元

项目	单位预算金额	不同销售水平下的弹性预算		
销售量/个		4 500	5 000	5 500
销售收入		450 000	500 000	550 000
减：变动成本	100			
制造成本		306 000	340 000	374 000
销售及管理费用	68	18 000	20 000	22 000
边际贡献	4	126 000	140 000	154 000
减：固定成本	28			
制造费用		80 000	80 000	80 000
销售及管理费用		24 000	24 000	24 000
营业利润		22 000	36 000	50 000

3. 弹性预算的优缺点

综上所述，与固定预算相比，弹性预算克服了固定预算的缺点，具有如下两个显著的优点：

（1）预算范围较宽。由于弹性预算不再是只适应一个业务量水平的个别预算，而是能够随业务量水平的变动作机动调整的一组预算。因此，弹性预算能够反映预算期内与一定相关范围内的可预见的多种业务量水平相对应的不同预算额，从而扩大了预算的适用范围，便于预算指标的调整。

（2）可比性较强。在预算期实际业务量与计划业务量不一致的情况下，可以将实际指标与实际业务量相应的预算额进行对比，从而能够使预算执行情况的执行与考核建立在更加客观可比的基础上，便于更好地发挥预算的控制作用。

由于未来业务量的变动会影响成本费用、利润等各个方面，因此，弹性预算从理论上讲适用于编制全面预算中所有与业务量有关的各种预算，但从实用角度看，主要用于编制成本费用弹性预算和利润弹性预算等。在实务中，由于收入、利润可按概率的方法进行风险分析预算，直接材料费用、直接人工费用可按标准成本制度进行标准预算，而制造费用、营业费用、管理费用等间接费用应用弹性预算的频率较高。

弹性预算的最大缺点是工作量较大，必须了解预算中每一费用项目的成本性态模式，即知道每单位作业的变动成本和每个项目的固定成本。

二、增量预算与零基预算

按照编制预算方法的出发点不同，预算编制方法可分为增量预算和零基预算两种。

（一）增量预算

增量预算是指以基期成本费用水平为基础，结合预算期业务量水平及有关降低成本的措施，通过调整有关原有费用项目而编制预算的方法。

增量预算法的基本假定是：

（1）企业现有（基期）的各项活动在预算期内将得以继续；

（2）现有（基期）的全部支出数额、水平均是合理的；

（3）有理由证明在现有（基期）成本费用支出基础上的增量数是合理、必要的。

增量预算以过去的经验为基础，实际上是承认过去所发生的一切都是合理的，主张不需在预算内容上作较大改进，而是沿袭以前的预算项目。这种方法可能存在以下缺点：

（1）受到原有费用项目与预算内容的限制。由于按增量预算方法编制预算，可能会不加分析地保留或接受原有的成本项目，可能使原来不合理的费用开支继续存在下去，形成不必要开支合理化，造成预算上的浪费，甚至可能导致保护落后。

（2）容易导致预算中的“平均主义”和“简单化”。采用此法，容易造成预算编制人凭主观臆断按成本项目平均削减预算或只增不减的现象，不利于调动各部门降低费用的积极性。

（3）可能对企业未来发展考虑不够充分。按照这种方法编制的费用预算，对于那些未来实际需要开支的项目，可能会因没有考虑未来情况的变化而造成预算不够确切的问题。

（二）零基预算

1. 零基预算的含义

零基预算是由美国得州仪器公司担任财务预算工作的彼得·派尔（Peter A.

Pyhrr）在 20 世纪 60 年代末提出的，在当时的美国风行一时，现已成为西方发达国家管理间接费用的一种新的有效方法。

零基预算，又称零底预算，是指在编制预算时，对于所有的预算支出均以零为基础，不考虑以往情况如何，从根本上研究、分析每项预算是否有支出的必要和支出数额的大小。这种预算方法不以历史数据为基础，而以零为出发点，零基预算法因此而得名。

2. 零基预算的编制

零基预算通常按以下三个步骤进行编制：

（1）提出预算目标。企业内部各部门的负责人和广大职工群众，首先应根据企业在预算期内的总体经营目标和本部门应完成的具体工作任务，在充分酝酿讨论的基础上，提出必须安排的预算项目，并说明其性质、目的，以零为基础，详细提出各预算项目所需要的开支或费用。

（2）开展成本效益分析。由企业领导、总会计师等参加的预算委员会应对各部门提出的预算方案进行成本效益分析。对每一预算项目的所得和所费进行计算、对比，以计算、对比的结果来衡量和评价各预算项目的经济效益，然后区别轻重缓急，排列出所有预算项目的先后次序。

（3）分配资金、落实预算。根据成本效益分析所确定预算项目的轻重缓急和先后顺序，将企业可动用的资金在各有关项目之间进行合理的分配。其原则是，既要优先保证重点预算项目的资金需要，又要使预算期内的各项生产经营活动得以均衡、协调发展。

【例 8-13】假设某企业现在正着手编制下年度的全面预算，其中销售和管理费用预算准备以零为基础进行编制。该企业下年度计划可用于销售和管理方面的资金总额为 30 000 元。销售和行政管理费零基预算编制方法如下：

首先，由销售及管理部门的负责人及全体职工，根据预算年度的企业总体战略目标和本部门的具体工作任务，经过反复讨论研究，一致认为本部门预算期间需发生以下一些费用项目，提出具体数额如表 8-18 所示。

表 8-18　有关费用开支明细表　　单位：元

项目	金额
广告宣传费	15 000
驻外地推销机构租金	8 000
销售、管理人员培训费	8 000
差旅费	3 000
办公费	4 000

其次，经企业预算委员会审核后，认为上述五项费用中，驻外地推销机构租金、差旅费和办公费属于必不可少的开支项目，预算期必须保证它们的资金需要，对其余的两项费用支出根据历史资料进行成本效益分析，得出的结果如表 8-19 所示。

表 8-19　有关费用成本收益分析一览表　　金额单位：元

项目	每期平均费用发生额	每期平均收益额	收益与成本的比率
广告宣传费	12 000	180 000	15
销售、管理人员培训费	6 000	60 000	10

最后，把上述五个费用项目按照它们的具体性质和轻重缓急，排出如下的层次：

第一层次：外地销售机构租金、差旅费、办公费。这些费用属于约束性固定成本，在预算期间必不可少，需全额保证资金到位，故列为第一层次。

第二层次：广告费。广告费属于酌量性固定成本，可根据预算期间企业可供应资金的多少酌情增减，同时由于它的成本收益率高于销售人员培训费，所以列为第二层次。

第三层次：销售、管理人员培训费。这两项亦属于酌量性固定成本，可根据预算期间企业可供应资金的多少酌情增减，由于它的成本收益率低于广告费的成本收益率，所以列为第三层次。

根据以上各项费用排列的层次和顺序，具体分配资金、落实预算如下：

驻外地推销机构租金 8 000 元，旅差费 3 000 元和办公费 4 000 元，共计 15 000 元应首先安排，全额予以满足。可动用的 30 000 元资金满足上述三项开支需求后，剩余的 15 000 元根据成本效益比率，具体分配如下：

广告宣传费＝15 000×15÷（15+10）＝9 000（元）

销售、管理人员培训费＝15 000×10÷（15+10）＝ 6 000（元）

3. 零基预算的优缺点

零基预算的优点主要体现在以下几个方面。

（1）不受原有费用项目限制。这种方法可以促使企业合理有效地进行资源分配，将有限的资金用在刀刃上。

（2）有利于调动各方面降低费用的积极性。这种方法有利于充分发挥各级管理人员的积极性、主动性和创造性，促进各预算部门精打细算，量力而行，合理使用资金，提高资金的利用效果。

（3）有助于考虑企业未来的发展。由于这种方法以零为出发点，对一切费用一视同仁，有利于企业面向未来发展考虑预算问题。

零基预算的缺点在于这种方法一切从零出发，在编制费用预算时需要完成大量的基础工作，如历史资料分析、市场状况分析、现有资金使用分析和投入产出分析等，这势必带来很大的工作量，也需要较长的编制时间。

三、定期预算与滚动预算

按照编制预算方法的预算期不同，预算编制方法可分为定期预算和滚动预算两种。

（一）定期预算

定期预算是指在编制预算时以不变的会计期间（如日历年度）作为预算期的一种编制预算的方法。

定期预算的优点是能够使预算期间与会计年度相配合，便于考核和评价预算的执行结果。然而，按照定期预算方法编制也存在以下缺点：

（1）缺乏远期指导性。由于定期预算往往是在年初甚至提前两三个月编制的，对于整个预算年度的生产经营活动很难作出准确的预算，尤其是对预算后期的预算只能进行笼统地估算，数据含糊，缺乏远期指导性，给预算的执行带来很多困难，不利于对生产经营活动的考核与评价。

（2）造成预算滞后性。由于定期预算不能随情况的变化及时调整，当预算中所规划的各种经营活动在预算期内发生重大变化时（如预算期临时中途转产），就会造成预算滞后过时，使之成为虚假预算

为了克服定期预算的缺点，在实践中可采用滚动预算的方法编制预算。

（二）滚动预算

滚动预算又称连续预算，它是指预算随着时间的推移而自行延伸并始终保持在某一特定的期限（通常为　年）之内的一种连续性预算。它的基本精神就是使预算期永远保持 12 个月，每过一个月，立即在期末增列一个月的预算，逐期往后滚动，因而在任何一个时期都使预算保持 12 个月的时间幅度，故又称永续预算。

1. 滚动预算编制的理论依据

滚动预算编制的理论依据是：第一，企业的生产经营活动是连续不断的，因此，企业的预算也应该全面地反映这一连续不断的过程，使预算方法与生产过程相适应；第二，企业的生产经营活动是复杂的，随着时间的变迁，它将产生各种难以预料的变化。此外，人们对未来客观事物的认识也是由粗到细、由简单到具体的过程，而滚动预算期中第一个季度或前几个月的数字详细完整，后几个季度或几个月份的数字可以粗略一些，从而能帮助我们克服预算的盲目性，避免预算与实际有较大的出入。

2. 滚动预算的编制

滚动预算的编制方法，主要采取了长计划、短安排的方式进行。在编制预算时，先按年度分季，并将其中第一季度按月划分，建立各月的明细预算数字，以便监督预算的执行。至于其他三季的预算数字可以粗一点，只列各季总数。到第一季度结束前，再将第二季度的预算按月细分，第三、第四季度以及增列的下一年度的第一季度，只需列出季度总数……如此类推。编制滚动预算的示意图如图 8-2 所示。

3. 滚动预算的优缺点

与传统的定期预算相比，按滚动预算方法编制的预算具有以下优点：

（1）透明度较高。编制预算不再是预算年度开始之前几个月的事情，而是实现了与日常管理的紧密衔接，可以使管理人员始终能够从动态的角度把握住企业近期的规划目标和远期的战略布局，使预算具有较高的透明度。

（2）及时性较强。滚动预算能根据前期预算的执行情况，结合各种因素的变动影响，及时调整和修订近期预算，从而使预算更加切合实际，能够充分发挥预算的指导和控制作用。

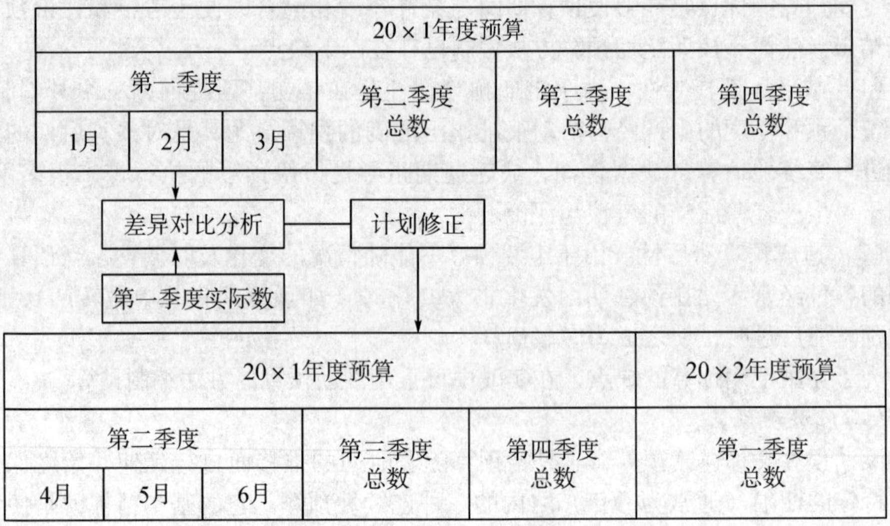

图 8-2　滚动预算示意图

（3）预算年度完整。由于滚动预算在时间上不再受日历年度的限制，能够连续不断地规划未来的经营活动，可以方便企业管理人员了解未来 12 个月内企业的总体规划与近期预算目标，能够确保企业管理工作的完整性与稳定性。

然而，采用滚动预算的方法，预算编制工作比较繁重，而且将耗费大量的人力、物力和财力，代价较大。所以，企业应根据实际情况来决定是否有必要选择这种预算方法，根据企业的实际需要来决定是按月份滚动还是按季度滚动。

【本章小结】

本章介绍了全面预算的含义及作用、全面预算体系、全面预算的编制期、编制程序、编制原则；详细阐述了全面预算中经营预算、专门预算、财务预算的编制；最后对预算编制的专门方法，即弹性预算、零基预算及滚动预算等进行了介绍。

【关键术语】

全面预算　全面预算体系　全面预算编制期　经营预算　专门预算　财务预算
弹性预算　零基预算　滚动预算

【思考题】

1. 什么是全面预算？编制全面预算的内容和原则是什么？
2. 全面预算包括哪些内容？它们之间的关系如何？
3. 为什么说销售预算是编制全面预算的基础和关键？怎样编制销售预算？
4. 简述现金预算编制的原理，并说明其编制目的。
5. 什么叫弹性预算？如何编制？它有哪些优点？其应用范围如何？

6. 什么是零基预算？如何编制？它有哪些特点和优点？
7. 什么叫滚动预算？编制滚动预算有什么好处？

【练习题】

1. 假定某公司计划期间第一季度产品各月份的销售量根据销售预测分别为：1 200 件、1 500 件、1 800 件，其销售单价为 50 元。若该公司销售货款的收回按以下办法处理：销售当月收现 50%，次月收现 30%，第三个月收现 20%。又假定计划期间的期初应收账款余额为 20 000 元，其中包括上年度 11 月份销售的应收账款 5 000 元，12 月份销售的应收账款 15 000 元。

要求：编制该公司计划期间第一季度的分月销售预算（包括第一季度的预计现金收入计算表）。

2. 某企业以生产预算所确定的产品生产量为基础编制直接材料费用、直接人工费用和制造费用预算。该企业本年度 1—6 月份的生产量预算如表 8-20 所示。

表 8-20　某企业生产量预算

月份	1	2	3	4	5	6
生产预算/件	2 900	2 700	3 600	4 100	4 400	4 100

该企业所生产的某种产品的有关消耗定额资料如表 8-21 所示。

表 8-21　某企业某产品消耗定额资料

项目	单位消耗量	单位价格
直接材料费用/(千克·件$^{-1}$)	5	4
直接人工费用/(小时·件$^{-1}$)	10	2
变动性制造费用/(小时·件$^{-1}$)	10	1
固定性制造费用/(元·月$^{-1}$)	120 000	

此外，该企业生产某产品所需材料均从外单位采购，购料款于当月支付 60%，下月支付 40%。每月末材料库存量为下一月份生产需用量的 20%。下年元月初材料库存量为 6 000 千克，预计 6 月底材料库存量为 9 000 千克。应付账款年初余额 70 000 元于下一年 1 月支付。该企业的生产工人工资均于当月支付。另外，固定性制造费用中包含每月固定资产折旧费 50 000 元。

要求：根据上述资料编制下列预算：

（1）直接材料预算；

（2）直接人工预算；

（3）制造费用预算；

（4）产品单位成本预算。

3. 某企业生产 A、B 两种产品，正常生产能力分别为 5 000 件和 4 000 件，单位售价分别为 75 元和 50 元，单位产品变动成本分别为 55 元和 45 元。该企业固定性制造费用为 50 000 元，固定性销售及管理费用为 40 000 元。

要求：

(1) 按正常生产能力下的产品销售量编制该企业的预计利润表；

(2) 按正常生产能力利用程度为80%、90%、100%和110%所能实现的销售量编制该企业的利润弹性预算。

4. 某企业2010年有关预算资料如下：

(1) 该企业3—7月的销售收入分别为40 000元、50 000元、60 000元、70 000元、80 000元。每月销售收入中，当月收到现金的占30%，下月收到现金的占70%。

(2) 各月直接材料采购成本按下一个月销售收入的60%计算。所购材料款于当月支付现金50%，下月支付现金50%。

(3) 该企业4—6月的制造费用分别为4 000元、4 500元、4 200元，每月制造费用中包括折旧费1 000元。

(4) 该企业4月份购置固定资产，需要现金15 000元。

(5) 该企业在现金不足时，向银行借款（为1 000元的倍数）；现金有多余时，归还银行借款（为1 000元的倍数）；借款在期初，还款在期末，借款年利率为12%。

(6) 该企业期末现金余额最低为6 000元。其他资料如表8-22所示。

表8-22 现金预算 单位：元

项目	月份		
	4月	5月	6月
(1) 期初现金余额	7 000		
(2) 经营现金收入			
(3) 直接材料采购支出			
(4) 直接工资支出	2 000	3 500	2 800
(5) 制造费用支出			
(6) 其他付现费用	800	900	750
(7) 预交所得税	—	—	8 000
(8) 购置固定资产			
(9) 现金余缺			
(10) 向银行借款			
(11) 归还银行借款			
(12) 支付借款利息			
(13) 期末现金余额			

要求：根据以上资料，完成该企业4—6月现金预算的编制工作。

5. 云阳公司经营甲、乙两种产品，有关资料如下：

(1) 2011年第一季度甲、乙两种产品的成本资料如表8-23、表8-24所示。

表 8-23　机工车间成本资料

项目	单耗	单价	甲产品单位成本	乙产品单位成本
直接材料费用				
A 材料：				
甲产品用	10 千克/件	0.2 元/千克	2.00 元	
乙产品用	9 千克/件	0.2 元/千克		1.80 元
B 材料：				
甲产品用	12 千克/件	0.10 元/千克	1.20 元	
乙产品用	9 千克/件	0.10 元/千克		0.90 元
材料成本小计			3.20 元	2.70 元
直接人工费用	0.10 小时/件	6 元/小时	0.60 元	0.60 元
制造费用	0.10 小时/件	6 元/小时	0.60 元	0.60 元
单位成本			4.40 元	3.90 元
产量			31 000 件	55 000 件
机工车间总成本			136 400 元	214 500 元

表 8-24　装配车间成本资料

项目	单耗	单价	甲产品单位成本	乙产品单位成本
直接材料费用				
C 材料：				
甲产品用	12 千克/件	0.05 元/千克	0.60 元	
乙产品用	9 千克/件	0.05 元/千克		0.45 元
D 材料：				
甲产品用	1 千克/件	1 元/千克	1.00 元	
乙产品用	1 千克/件	1 元/千克		1.00 元
材料成本小计			1.60 元	1.45 元
直接人工费用	0.20 小时/件	5 元/小时	1.00 元	1.00 元
制造费用	0.20 小时/件	6 元/小时	1.20 元	1.20 元
单位成本			3.80 元	3.65 元
产量			31 000 件	55 000 件
装配车间总成本			117 800 元	200 750 元

企业甲产品总成本 254 200 元，单位成本 8.20 元；乙产品总成本 415 250 元，单位成本 7.55 元。

（2）第一季度预计销售数量和单位售价见表 8-25。

表 8-25　第一季度销售情况

地区	产品	单价/元	销售量/件			
			1 月	2 月	3 月	合计
华北	甲	15	6 000	6 000	5 000	17 000
	乙	12	10 000	10 000	11 000	31 000
华南	甲	15	4 000	5 000	5 000	14 000
	乙	12	8 000	8 000	8 000	24 000
合计	甲	15	10 000	11 000	10 000	31 000
	乙	12	18 000	18 000	19 000	55 000

(3) 各月份的预计月末存货等于与之相邻下个月份的销售量，4 月份的销售量见表 8-26。

表 8-26　4 月销售情况　　单位：件

地区	甲产品销售量	乙产品销售量
华北	6 000	10 000
华南	4 000	8 000
合计	10 000	18 000

各月份预计期初存货与上月末预计的月末存货相等，2010 年 12 月 31 日甲、乙产品预计月末存货分别为 10 000 件和 18 000 件。

(4) 各月份预计的期初材料存货等于该月份的生产需用量，期末材料存货等于下月份的生产用量。2011 年 3 月末预计的材料存货为：A 材料 262 000 千克，B 材料 282 000 千克，C 材料 282 000 千克，D 材料 28 000 千克。

(5) 各车间制造费用预算与全企业固定性制造费用如下：

各车间制造费用预算如表 8-27 所示。

表 8-27　各车间制造费用预算表

项目	机工车间		装配车间		机修车间	
	固定部分/元	变动部分/(元·人工小时$^{-1}$)	固定部分/元	变动部分/(元·人工小时$^{-1}$)	固定部分/元	变动部分/(元·人工小时$^{-1}$)
管理人员工资	3 000		4 800		1 100	
折旧	1 200		1 000			
工厂用料		1.00		2.00		
电力费	2 000	0.10	1 000	0.20		
间接人工费用					400	1.00
其他费用	400	0.90	600	0.80	2.50	
合计	6 600	2	7 400	3	1 500	3.50

该企业共同性固定制造费用如表 8-28 所示。

表 8-28　该企业共同性固定制造费用表　　单位：元

项目	1 月	2 月	3 月
工资	6 000	6 000	6 000
折旧	4 000	4 000	4 000
其他	2 000	2 000	2 000
合计	12 000	12 000	12 000

机修车间各月份直接维修小时为：

1 月　　　　　　　　300 小时

2 月　　　　　　　　300 小时

3 月　　　　　　　　400 小时

（6）设 2010 年 12 月销售额为 35 000 元，在各月份销售额为月份的销售收入中，有 50%可于当月收到现金，另有 50%将于下月收到现金。

（7）各月份的销售及行政管理费如表 8-29 所示。

表 8-29　各月份的销售及行政管理费　　　　单位：元

月份	1 月	2 月	3 月
销售与行政管理费用	54 600	56 100	55 800

每月销售及行政管理费用中，有折旧费 3 000 元。

（8）2011 年 3 月将购买若干生产设备，预计需用现金 30 000 元。

（9）2011 年 3 月初向银行借款 84 000 元，借款年利率为 10%。1 月初现金余额 50 050 元，该企业最低现金余额（限额）50 000 元。

（10）2011 年 3 月 31 日各账户的余额：房屋 1 450 000 元，累计折旧 600 000 元；设备 1 000 000 元，累计折旧 425 000 元；应付票据 100 000 元，股本 1 000 000 元，资本公积 400 000 元。2010 年 12 月 31 日留存收益 223 050 元。

要求：根据上述资料编制该企业 2011 年的全面经营预算，其中应包括：

（1）销售预算；

（2）生产预算；

（3）直接材料预算；

（4）直接人工预算；

（5）制造费用预算；

（6）现金预算；

（7）预计损益表；

（8）预计资产负债表。

【延伸阅读】

请读者扫描二维码，阅读材料。

第九章
成本控制

【本章学习目标】

学习本章后，学生应了解标准成本系统的概念与作用，掌握标准成本的制定与成本差异分析的程序与方法，领会标准成本系统实施中的主要行为问题，掌握各种成本差异的计算方法，了解成本差异产生的原因，并能在成本控制中有效使用。

第一节　标准成本控制系统

一、标准成本概述

（一）标准成本简介

1. 标准成本的含义

标准成本（standard cost）是指按照成本项目反映的，在已经达到的生产技术水平和有效经营管理条件下，应当发生的单位产品成本目标。标准成本是作为控制成本开支、考核评价实际成本、衡量工作效率的依据和尺度的一种目标成本。

标准成本与预算成本既有区别又有联系。标准成本是一种单位的概念，它与单位产品相联系；而预算成本则是一种总额的概念，它与一定的业务量相联系。企业一旦建立了标准成本，运用标准成本就要比运用预算成本省力与快捷，这是因为标准成本是以单位为基础计算的，已经自动弹性化。

值得说明的是，不用标准成本仍然可以编制预算；但是，如果没有以总成本表示的预算制度，就无法实施标准成本制度。一旦制定了标准成本，就可以很容易地编制企业任何预期业务量的预算。标准成本是计算成本和编制预算的一种自下而上的方法，因为标准成本总是从计算企业各个成本单位开始的。而预算本身既可以按照自下而上法编制，也可以按照自上而下法编制。

标准成本与预算成本都不是实际发生的成本，都是一种预定的成本目标。此外，两者实施控制的方式非常相似，都是比较实际业绩与预期业绩（预算业绩或标准业绩）并据以采取必要的措施。

因此，标准成本与预算成本只是从各自不同的角度来判断或说明某项成本计划的完成情况，在实际中经常互用。

2. 标准成本系统

标准成本控制系统最初产生于20世纪20年代的美国，随着其内容的不断发展和完善，被西方国家广为采用，成为管理会计的日常成本管理中应用最为普遍和最为有效的一种控制手段。据有关调查，1933 年美国有 74%的工商企业使用标准成本制度，1988 年美国有 86%的工业企业使用标准成本制度。在美国，可口可乐、福特等大型公司都依然坚持标准成本管理，把制定和实施标准成本系统作为企业的一件重要事情来对待。

标准成本系统作为传统管理会计的核心之一，20 世纪 70 年代末被引进到我国，目前虽已在一些企业得到了应用，但远未普及。根据南京大学会计学系课题组的调查，在标准成本法、计划成本法和目标成本法这三种成本管理方法中，标准成本法是采用最少的一种，被调查企业仅有 18.1%采用。

标准成本系统（standard cost system）即标准成本控制系统，也称标准成本制度或标准成本会计，是指围绕标准成本的相关指标而设计的，它不是一个单纯的成本计算方法，而是将成本的事前计划、日常控制和最终产品成本的确定有机地结合起来的一种日常成本管理的重要工具。

标准成本系统的业务流程如图 9-1 所示。

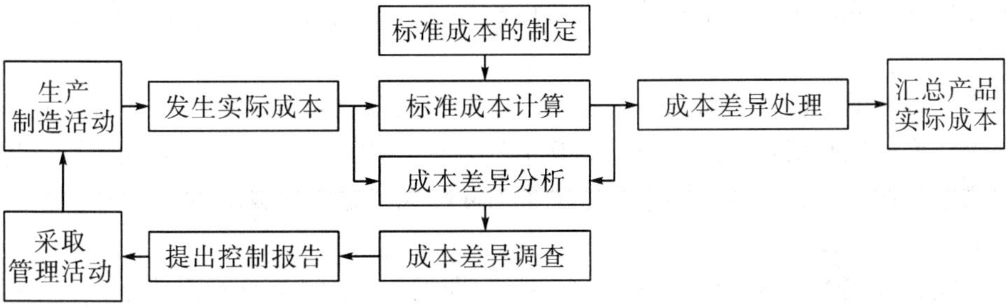

图 9-1　标准成本系统流程图

从图 9-1 可以看出，标准成本系统包括制定标准成本、差异分析和差异处理三个有机组成部分。成本差异是指产品实际成本与标准成本之间的差额，从成本控制的角度来看，差异是更有意义的信息。成本差异又可以进一步分为有利差异和不利差异。成本差异分析是将成本差异分解为不同的差异项目，并在此基础上调查发生的具体原因，并提出分析报告。成本差异处理是指在期末将标准成本和成本差异重新组合，最终确定产品的实际成本。

3. 标准成本的特点

（1）科学性。标准成本是依据对企业实际情况的调查研究，用科学方法制定的，具有科学性。

（2）正常性。标准成本是按正常条件制定的，没有考虑不能预测的异常变动因素，因此，标准成本一经确定，只要依据的条件不变，就具有相对的稳定性。

（3）目标性。标准成本是控制目标成本和衡量实际成本的尺度，具有目标性和尺度性。

（二）标准成本的种类

根据使用条件不同，可以将标准成本分为理想标准成本、基本标准成本和现实标准成本。

1. 理想标准成本

理想标准成本（ideal standard cost）是指企业在现有的生产技术、生产设备能力和经营管理水平下，用最理想的经营水平所确定的产品标准成本。例如，它在计算确定产品标准成本时，要求直接材料的消耗量以理论计算的投入、产出率作为消耗标准。

理想标准成本在理论上能讲得通，但实际上很难达到，以此作为标准可能会因为可望而不可即而挫伤员工的积极性。它只能给企业指出努力的方向或奋斗的目标，而不能作为成本控制和评价实际工作的标准，因而这种标准很少被采用。

2. 基本标准成本

基本标准成本（basic standard cost）是指以上年度或过去某一年度的实际成本为参照确定的标准成本。这种标准成本确定后，除非产品的生产或制造方法发生重大变化，已确定的直接材料费用、直接人工费用和制造费用的数量标准和价格标准一般长期不变。

基本标准成本相对固定，可以使各期的成本在同一基础上进行比较。通过考察各期发生的实际成本与基本标准成本的指数变动，进而可以了解各期实际成本发生的变化。

基本标准成本的最大缺点是不能反映企业工作效率和经营状况的不断变化，尤其是不能反映经常变化的产品设计及其生产方法，显得呆板过时，以致很难发挥成本控制的作用。因此，在实际工作中，基本标准成本也很少被采用。

3. 现实标准成本

现实标准成本（practical standard cost），即现实可能达到的标准成本，它是指以预计可能实现的生产水平，以及通过努力能够达到的生产效率为依据而制定的标准成本。

由于它对现实条件下暂时还难以消除的损耗、废品以及对设备、劳动力利用不充分的状况等都进行了适当的考虑，所以这种标准成本既不像理想标准成本那样高不可攀，又不像基本标准成本那样可以轻易达到。在这种现实标准成本的推动下，企业和各项工作将会得到加强和改善，不断地提高生产效率，克服损失浪费，并向理想的标准靠近。因此，现实标准成本是进行成本管理的有效方法，比基本标准成本和理想标准成本更受到实际工作者的重视和得到更多的应用。

（三）标准成本的作用及条件

1. 标准成本的作用

（1）简化成本核算程序。在标准成本系统下，在制品、产成品和产品销售成本等都按标准成本入账，成本差异另行记录，可以大大简化成本计算过程中日常的账务处理工作，加速成本计算。在需要编制以实际成本为基础的对外财务报表时，可以把存货成本和产品销售成本调整到实际成本的基础上。标准成本系统能与任何成本计算方法相联系，不论企业运用的是分步成本计算程序，还是分批成本计算程序或其他某种混合的产品成本计算程序，都可以实施标准成本系统。

（2）标准成本是成本控制的依据。标准成本为成本控制提供了一个客观的衡量实际成本水平的尺度。企业各级管理人员可以随时掌握实际成本支出情况、实际成本与标准成本之间的差异大小以及形成差异的原因，并采取有效措施，消除不利差异，实现成本目标。

（3）标准成本可以为决策提供依据。由于标准成本代表了产品成本应达到的合理水平，是管理者期望达到的目标成本。因此，在企业的经营决策分析中，常常利用标准成本信息，用于不同预测备选方案之间的比较与分析，从中选出最优方案。在投资决策分析中，成本支出作为现金流出，是投资决策应重点考虑的要素之一。在定价决策中，标准成本也能发挥其作用，为定价决策提供可靠依据。

（4）标准成本可以为改进管理工作质量服务。通过制定标准成本，可以有效地提高企业的计划管理水平，明确划分不同部门的成本责任；通过对实际成本与标准成本的差异计算和分析，可以有效地执行“例外管理”原则，突出日常管理工作的重点，使管理工作更有针对性，进而改进管理工作，提高管理质量。

（5）标准成本可以激励职工。标准成本是整个企业在成本方面的奋斗目标，为了实现这一目标，必须依靠企业全体员工的共同努力，不仅如此，将成本目标的实现同其他有关财务指标的完成情况联系在一起，与企业全体员工的个人物质利益联系起来，能够激发全体员工的工作热情，提高工作效率。

2. 实施标准成本系统的条件

要使标准成本系统能够真正发挥其作用，必须注意其实施条件。

（1）工艺和作业流程的标准化。标准成本系统是为了配合泰罗制[①]的实施而引进到会计中来的，要求产品生产过程中使用的材料、零部件、半成品和耗用的材料、使用的设备以及工艺操作方法都必须能够标准化，能够确定它们同成本要素之间的数量关系，进而制定合理的用量标准和价格标准。因此，标准成本系统的有效作用有赖于传统的稳定生产环境。然而，由于顾客需求的多样化和个性化，弹性制造系统逐渐成为主流，这就需要对传统的标准成本系统加以改造。应用标准成本方法可以按作业或成本动因制定成本标准，分析作业成本差异，为作业成本的节约、作业的改进提供成本信息。

（2）健全的成本管理系统。如果企业只有标准成本计算而没有相应的成本管理系统，那么标准成本计算将有名无实。因此企业除了应建立标准成本计算制度，还必须确立成本管理的责任体系，成立或授权专门的机构制定标准成本、进行差异分析、进行标准成本的修订等，对成本实行全面的控制。

（3）全体员工成本意识的提高。标准成本系统本身并不能降低成本，能否降低成本主要取决于全体员工对标准成本系统的态度和参与程度。因此必须提高全体员工的成本意识，取得他们对标准成本系统的支持。

二、标准成本控制的基本程序

生产过程中的成本控制，就是在产品的制造过程中，对成本形成的各种因素，

---

① 泰罗制是美国工程师弗雷德里克·泰罗（1856—1915）创造的一套测定时间和研究动作的工作方法，19 世纪末 20 世纪初始在美国以及西欧国家流行，其基本内容和原则是：科学分析人在劳动中的机械动作，研究出最经济而且生产效率最高的所谓“标准操作方法”，严格地挑选和训练工人，按照劳动特点提出对工人的要求，定出生产规程及劳动定额；实行差别工资制，不同标准使用不同工资率，达到标准者奖，未达到标准者罚，实行职能式管理，建立职能工长制，按科学管理原理指挥生产，实行“倒补原则”，将权力尽可能分散到下层管理人员，管理人员和工人分工合作。

按照事先拟定的标准严格加以监督，发现偏差就及时采取措施加以纠正，从而使生产过程中的各项资源的消耗和费用开支在标准规定的范围之内。成本控制的基本程序如下：

1. 制订成本标准

成本标准是标准成本控制的准绳，成本标准首先包括成本计划中规定的各项指标。但成本计划中的一些指标都比较综合，还不能满足具体控制的要求，这就必须规定一系列具体的标准。确定这些标准的方法大致有三种。

（1）计划指标分解法，即将大指标分解为小指标。分解时，可以按部门、单位分解，也可以按不同产品和各种产品的工艺阶段或零部件进行分解，若更细致一点，还可以按工序进行分解。

（2）预算法，即用制订预算的办法来制订控制标准。有的企业基本上是根据季度的生产销售计划来制订较短期的（如月份）的费用开支预算，并把它作为成本控制的标准。采用这种方法特别要注意从实际出发来制订预算。

（3）定额法，即建立起定额和费用开支限额，并将这些定额和限额作为控制标准来进行控制。在企业里，凡是能建立定额的地方，都应把定额建立起来，如材料消耗定额、工时定额等。实行定额控制的办法有利于成本控制的具体化和经常化。在采用上述方法确定成本控制标准时，一定要进行充分的调查研究和科学计算。同时还要正确处理成本指标与其他技术经济指标的关系（如与质量、生产效率等的关系），从完成企业的总体目标出发，经过综合平衡，防止片面性。必要时，还应搞多种方案的择优选用。

2. 监督成本的形成

就是根据控制标准，对成本形成的各个项目，经常地进行检查、评比和监督。不仅要检查指标本身的执行情况，而且要检查和监督影响指标的各项条件，如设备、工艺、工具、工人技术水平、工作环境等。所以，成本日常控制要与生产作业控制等结合起来进行。成本日常控制的主要方面有：

（1）材料费用的日常控制。车间施工员和技术检查员要监督按图纸、工艺、工装要求进行操作，实行首件检查，防止成批报废。车间设备员要按工艺规程规定的要求监督设备维修和使用情况，不合要求不能开工生产。供应部门材料员要按规定的品种、规格、材质实行限额发料，监督领料、补料、退料等制度的执行。生产调度人员要控制生产批量，合理下料，合理投料，监督期量标准的执行。车间材料费的日常控制，一般由车间材料核算员负责，他们要经常收集材料，分析对比，追踪原因，并会同有关部门和人员提出改进措施。

（2）工资费用的日常控制。主要是车间劳资员对生产现场的工时定额、出勤率、工时利用率、劳动组织的调整、奖金、津贴等的监督和控制。此外，生产调度人员要监督车间内部作业计划的合理安排，要合理投产、合理派工。车间劳资员（或定额员）对上述有关指标负责控制和核算，分析偏差，寻找原因。

（3）间接费用的日常控制。车间经费、企业管理费的项目很多，发生的情况各异。有定额的按定额控制，没有定额的按各项费用预算进行控制，如采用费用开支手册、企业内费用券（又叫本票、企业内流通券）等形式来实行控制。各个部门、车间、班组分别由有关人员负责控制和监督，并提出改进意见。

上述各生产费用的日常控制，不仅要有专人负责和监督，而且要使费用发生的执行者实行自我控制。还应当在责任制中加以规定。这样才能调动全体职工的积极性，使成本的日常控制有群众基础。

3. 及时纠正偏差

针对成本差异发生的原因，查明责任者，分别情况，分别轻重缓急，提出改进措施，加以贯彻执行。对于重大差异项目的纠正，一般采用下列程序：

（1）提出课题。从各种成本超支的原因中提出降低成本的课题。这些课题首先应当是那些成本降低潜力大、各方关心、可能实行的项目。提出课题的要求，包括课题的目的、内容、理由、根据和预期达到的经济效益。

（2）讨论和决策。课题选定以后，应发动有关部门和人员进行广泛的研究和讨论。对重大课题可能要提出多种解决方案，然后进行各种方案的对比分析，从中选出最优方案。

（3）确定方案实施的方法步骤及负责执行的部门和人员。

（4）贯彻执行确定的方案。在执行过程中也要及时加以监督检查。方案实现以后，还要检查方案实现后的经济效益，衡量是否达到了预期的目标。

三、标准成本制定

（一）标准成本制定的基本思路

建立标准成本制度的第一步是制定标准成本。这需要将标准产品的成本按成本要素进行分解，进而为各项成本要素建立标准。以制造业为例，成本要素可以分解为直接材料标准成本、直接人工标准成本和制造费用标准成本三大项目。对于企业发生的期间费用不采用标准成本形式进行控制，而通过编制费用预算的方式实施控制。

在制定标准成本时，每一成本项目都要分别确定其用量标准和价格标准。将“价格”标准乘以“数量”标准即为各个成本项目的标准成本，其基本公式为

单位产品标准成本=直接材料标准成本+直接人工标准成本+制造费用标准成本

=直接材料价格标准×直接材料数量标准+直接人工价格标准×直接人工数量标准+制造费用价格标准×制造费用数量标准

数量标准对于不同的成本项目，含义也不同。直接材料数量标准为单位产品的标准材料消耗量，直接人工数量标准为标准直接人工工时定额，制造费用数量标准为直接人工工时定额或机器工时定额。

价格标准对不同的成本项目来讲也不相同。直接材料的价格标准是企业原材料的标准价格，直接人工的价格标准是标准小时工资费用分配率，制造费用的价格标准是标准小时制造费用分配率。

在企业中，标准的相对松紧程度是直线经理和他的直接上级面对面讨论和讨价还价的结果。管理会计师的职责是提出一切适当的技术帮助和建议，但最后决策不是他们的事，直线经理才是设想为接受标准并将其当成自己的目标的人。

（二）直接材料标准成本的制定

在制定直接材料标准成本时，首先应确定构成产品的直接材料项目，然后分别

制定各种直接材料的数量标准和价格标准以确定每项材料的标准成本，最后汇总计算出某一产品的直接材料标准成本。

直接材料的标准消耗量是用统计方法、工业工程方法或其他技术分析方法确定的。它是在现有技术条件下生产单位产品的“应该”消耗量，其中包括必不可少的损耗与不能利用的废料等。

直接材料的价格标准是取得材料的完全成本，包括购买价格、运费、保险费、包装费、检验费和运输途中的合理损耗等成本。

【例 9-1】希望制药厂甲产品直接材料标准成本的资料见表 9-1。

表 9-1　希望制药厂甲产品直接材料标准成本

标准	A 材料	B 材料
价格标准		
发票价格/(元·千克$^{-1}$)	36	135
预计采购费用/(元·千克$^{-1}$)	2.4	3.6
材料价格标准/(元·千克$^{-1}$)	38.4	138.6
用量标准		
图纸用量/(千克·件$^{-1}$)	3.2	2
正常损耗/(千克·件$^{-1}$)	0.2	0.2
材料标准用量/(千克·件$^{-1}$)	3.4	2.2
成本标准		
A 材料(38.4×3.4)/(元·件$^{-1}$)	130.56	
B 材料(138.6×2.2)/(元·件$^{-1}$)		304.92
单位产品直接材料标准成本/(元·件$^{-1}$)	435.48	

(三) 直接人工标准成本的制定

直接人工标准工时是指在现有技术条件下生产单位产品所需要的工时，确定直接人工标准工时需要以“时间与动作”研究为基础，由生产技术部门根据历史资料或通过技术测定确定，包括操作时必不可少的时间间隔、工间休息和调整设备的时间，以及不可避免的废品耗用的工时等。确定直接人工标准工时一般先按加工工序分别进行，然后汇总。

直接人工价格标准是指标准工资率，即单位小时工资费用标准分配率。

【例 9-2】希望制药厂甲产品直接人工标准成本的资料见表 9-2。

表 9-2　希望制药厂甲产品直接人工标准成本

标准	第一道工序	第二道工序
小时工资率		
基本生产工人人数/人	10	25
每人每月工时(21×8)/小时	168	168
出勤率	99%	99%
每人每月平均可用工时/小时	166.32	166.32

表9-2(续)

标准	第一道工序	第二道工序
每月总工时/小时	1 663.20	4 158.00
每月工资总额/元	24 948	83 160
每小时工资/(元·小时$^{-1}$)	15	20
单位产品工时		
理想作业时间/(小时·件$^{-1}$)	1.60	0.90
设备调整准备时间/(小时·件$^{-1}$)	0.30	0.20
其他必要时间/(小时·件$^{-1}$)	0.10	0.10
单位产品工时/(小时·件$^{-1}$)	2.00	1.20
直接人工标准成本/(元·件$^{-1}$)	30.00	24.00
合计	54.00	

（四）制造费用标准成本的制定

制造费用标准成本必须先按部门分别编制，然后再将同一产品涉及的各部门单位制造费用标准加以汇总，得出整个产品制造费用标准成本。

各部门的制造费用标准分为变动性制造费用标准和固定性制造费用标准两个部分。

1. 变动性制造费用标准成本的制定

变动性制造费用的数量标准通常采用单位产品直接人工工时标准或机器小时工时标准。变动性制造费用的价格标准是每一工时的变动性制造费用标准分配率，它根据变动性制造费用预算和直接人工总工时计算求得。其计算公式如下：

变动性制造费用的标准成本=小时变动性制造费用标准分配率×单位产品直接人工（或机器）标准工时

小时变动性制造费用标准分配率=变动性制造费用预算总额÷直接人工（或机器）标准工时

【例9-3】希望制药厂主要生产甲产品，经过第一车间和第二车间两个车间，其变动性制造费用标准成本的制定过程如表9-3所示。

表9-3 希望制药厂甲产品变动性制造费用标准成本

部门	第一车间	第二车间
变动性制造费用预算		
间接材料费用/元	8 500	3 360
间接人工费用/元	5 500	5 480
维护费/元	1 200	2 820
水电费/元	600	2 880
其他/元	832	2 092
合计	16 632	16 632
生产量标准（人工工时）/小时	1 663.2	4 158

表9-3(续)

部门	第一车间	第二车间
变动性制造费用标准分配率/(元·小时$^{-1}$)	10	4
直接人工用量标准（人工工时）/小时	2	1.2
变动性制造费用标准成本/元	20	4.8
单位产品标准变动性制造费用/(元·件$^{-1}$)	24.8	

如果企业采用变动成本法计算产品成本，因产品成本不包含固定性制造费用，所以不需要制定固定性制造费用标准成本。在这种情况下，固定性制造费用通常是通过编制弹性预算加以控制的。

2. 固定性制造费用标准成本的制定

如果企业采用完全成本法，需要确定固定性制造费用的标准成本。固定性制造费用的数量标准与变动性制造费用的数量标准相同。固定性制造费用的价格标准是每一工时的标准分配率，它是根据固定性制造费用预算和直接人工标准总工时来计算求得的。

【例9-4】希望制药厂主要生产甲产品，经过第一车间和第二车间两个车间，其固定性制造费用标准成本的制定过程如表9-4所示。

表9-4 希望制药厂甲产品固定性制造费用标准成本

部门	第一车间	第二车间
固定性制造费用预算		
维护费/元	500	1 100
折旧费/元	1 300	3 100
办公费/元	700	1 200
车间管理人员薪酬/元	2 489.6	2 916
合计	4 989.6	8 316
生产量标准（人工工时）/小时	1 663.2	4 158
固定性制造费用标准分配率/（元·小时$^{-1}$）	3	2
直接人工用量标准（人工工时）/小时	2.0	1.2
固定性制造费用标准成本/(元·件$^{-1}$)	6	2.4
单位产品标准固定性制造费用/(元·件$^{-1}$)	8.4	

（五）产品标准成本

将上述确定的直接材料标准成本、直接人工标准成本和制造费用标准成本按产品加以汇总，就可以确定产品的变动标准成本或完全标准成本，它是有关部门领料、派工和支付其他费用的依据。表9-5和表9-6分别是甲产品的变动标准成本卡和完全标准成本卡。

表 9-5 甲产品变动标准成本卡

成本项目	用量标准 /(千克・件$^{-1}$)	价格标准 /(元・千克$^{-1}$)	标准成本 /(元・件$^{-1}$)
直接材料费用:			
A 材料	3.40	38.40	130.56
B 材料	2.20	138.60	304.92
小计	—	—	435.48
直接人工费用:			
第一车间	2.00	15.00	30.00
第二车间	1.20	20.00	24.00
小计	—	—	54.00
制造费用:			
变动性制造费用(一车间)	2.00	10.00	20.00
变动性制造费用(二车间)	1.20	4.00	4.80
小计	—	—	24.80
单位产品变动标准成本合计	—	—	514.28

表 9-6 甲产品完全标准成本卡

成本项目	用量标准 /(千克・件$^{-1}$)	价格标准 /(元・千克$^{-1}$)	标准成本 /(元・件$^{-1}$)
直接材料费用:			
A 材料	3.40	38.40	130.56
B 材料	2.20	138.60	304.92
小计	—	—	435.48
直接人工费用:			
第一车间	2.00	15.00	30.00
第二车间	1.20	20.00	24.00
小计	—	—	54.00
制造费用:			
变动性制造费用(一车间)	2.00	10.00	20.00
变动性制造费用(二车间)	1.20	4.00	4.80
小计	—	—	24.80
固定性制造费用(一车间)	2.00	3.00	6.00
固定性制造费用(二车间)	1.20	2.00	2.40
小计	—	—	8.40
单位产品完全标准成本合计	—	—	522.68

(六)标准成本的检查与修订

制定标准成本是一件相当艰苦的工作，需要检查过去的成本情况，需要对未来的产量水平和成本习性进行预测，还需要获得其他相关信息。

一旦制定了标准成本，可能还需要不断地检查，以保证它适应企业特定经营环境的需要。如今大部分企业都是在动态的环境中经营的，只有“变化”才是永恒不变的现实，因此，定期对标准成本进行检查很有必要。

通过定期差异分析，不仅能够发现成本标准本身存在的缺陷，而且能够找到实际业绩脱离标准业绩的原因。

四、成本差异

（一）成本差异的含义及类型

标准成本是企业应该实现的成本目标，但由于种种原因，产品的实际成本与标准成本可能不一致，它们之间的差额即为标准成本差异。

标准成本差异（standard cost variance）是指在生产经营过程中发生的实际成本偏离预定的标准成本而形成的差额，反映实际成本脱离预定目标的程度。

标准成本差异可以进行不同的分类，常见的分类如下：

1. 数量差异与价格差异

数量差异反映由于直接材料费用、直接人工费用和变动性制造费用等成本要素实际用量消耗与标准用量消耗不一致而产生的成本差异。价格差异反映由于直接材料费用、直接人工费用和变动性制造费用等成本要素实际价格水平与标准价格不一致而产生的成本差异。这一分类可以用图 9-2 来表示。

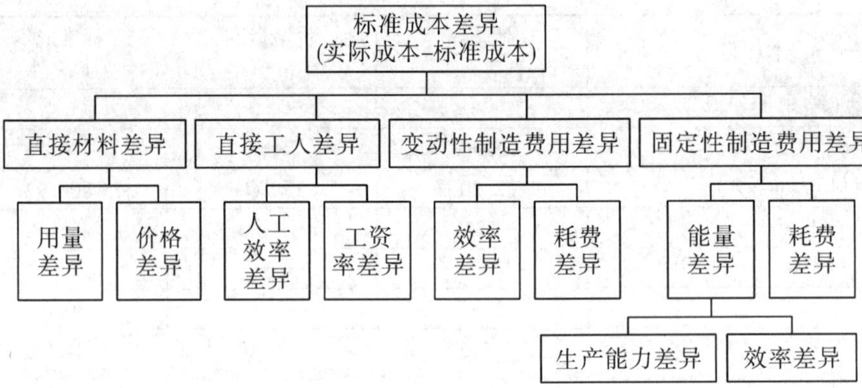

图 9-2　标准成本差异分析图

2. 有利差异与不利差异

成本差异按数量特征可分为有利差异与不利差异。有利差异（favorable cost）是指因实际成本低于标准成本而形成的节约差。不利差异（unfavorable cost）则指因实际成本高于标准成本而形成的超支差。

但这里有利与不利是相对的，并不是有利差异越大越好。有时为了盲目追求成本的有利差异，有的企业不惜以牺牲质量为代价。

3. 可控差异与不可控差异

可控差异是指与主观努力程度相联系而形成的差异，又叫主观差异，它是控制的重点所在。不可控差异是指与主观努力程度关系不大，主要受客观原因影响而形成的差异，又称为客观差异。

（二）成本差异分析

成本差异的分析包括三个步骤：

（1）计算差异的数额并分析其种类；

（2）在此基础上进行差异调查，找到差异的具体原因；

（3）判明责任，采取措施，改进成本控制。

1. 变动成本差异的分析

变动成本包括直接材料费用、直接人工费用和变动性制造费用，它们的成本差异分析方法相同。变动成本差异有两种类型：①价格脱离标准造成的价格差异；②用量脱离标准造成的数量差异。标准成本差异可以用以下公式来表示：

成本差异＝实际成本－标准成本

＝实际数量×实际价格－标准数量×标准价格

＝实际数量×实际价格－实际数量×标准价格＋实际数量×标准价格－标准数量×标准价格

＝实际数量×(实际价格－标准价格)＋（实际数量 － 标准数量）×标准价格

＝价格差异 ＋ 数量差异

（1）直接材料成本差异分析。

直接材料价格差异＝实际数量×（实际价格－标准价格）

直接材料数量差异＝（实际数量－标准数量）×标准价格

【例 9-5】某公司生产的 A 产品有关材料消耗的标准成本和实际成本资料见表 9-7。

要求：运用因素分析法分析单位产品材料成本差异。

解：单位产品材料成本差异额＝432－400＝32（元）

表 9-7 某公司 A 产品材料消耗的标准成本与实际成本

项目	单位	标准成本	实际成本
单位产品材料消耗量	千克	40	36
材料单价	元/千克	10	12
单位产品材料成本	元	400	432

单位产品材料标准成本＝ 40×10＝400（元）

第一次替代：以实际消耗量代入＝36×10＝360（元）

第二次替代：以实际单价代入＝36×12＝432（元）

材料单位消耗量下降对成本差异影响数＝360－400＝－40（元）

材料单价上升对成本差异影响数＝432－360＝72（元）

汇总两因素的总影响＝－40+72＝32（元）

从上述计算可以看出，该公司材料数量差异是成本节约 40 元（有利差异），材料价格差异是成本超支 72 元（不利差异），两者共同影响是成本超支 32 元，需要进一步分析造成价格差异的具体原因。

一般而言，直接材料的价格差异是在采购过程中发生的，不应由耗用材料的生产部门负责，而应由采购部门对其负责。造成材料价格差异的原因很多，如供应厂家的价格变动、采购时舍近求远使运费和途中损耗增加、不必要的快速运输方式、承接紧急订货造成额外采购、材料的质量等，只有具体问题具体分析才能找到其根源和明确其责任归属。

直接材料数量差异是在材料耗用过程中形成的，但它的原因很多，例如操作技术改进而节约材料、新工人上岗造成多用材料、机器或工具不适用造成用料增加、产品质量提升、生产工艺优化等。材料的数量差异不一定由生产部门负责，如购入材料质量低劣而使使用的材料超过标准就应由采购部门负责。因此对直接材料数量差异应具体调查研究才能找到根源和明确其责任归属。

（2）直接人工成本差异分析。

直接人工价格差异（工资率差异）= 实际工时 ×（实际工资率-标准工资率）

直接人工数量差异（人工效率差异）=（实际工时-标准工时）×标准工资率

【例 9-6】某企业采用计时工资制度，B 产品直接成本中直接人工费用的有关资料见表 9-8。

表 9-8　某公司 B 产品直接人工标准成本与实际成本

项目	单位	标准成本	实际成本
单位产品所耗工时	小时	42	40
小时工资率	元/小时	6	6.5
单位产品直接人工费用	元	252	260

要求：用因素分析法分析单位产品直接人工成本差异。

解：单位产品直接人工成本差异额 = 260-252 = 8（元）

单位产品直接人工标准成本 = 42×6 = 252（元）

第一次替代：以实际所耗工时代入 = 40×6 = 240（元）

第二次替代：以实际小时工资率代入 = 40×6.5 = 260（元）

直接人工效率提高对成本差异影响数 = 240-252 = -12（元）

直接人工小时工资率上升对成本差异影响数 = 260-240 = 20（元）

汇总两因素的总影响 = -12+20 = 8（元）

从上述计算可以看出，该公司直接人工数量差异是成本节约 12 元（有利差异），直接人工价格差异是成本超支 20 元（不利差异），两者共同影响是成本超支 8 元，需要进一步分析造成价格差异的具体原因。

工资率差异的原因有：①直接生产工人升级或降级使用；②工资率的调整；③加班及出勤率的变化。工资率差异的原因复杂而且难以控制，一般地说应归属于劳动人事部门管理，差异的具体原因会涉及生产部门或其他部门。

直接人工效率差异形成的原因包括：①工作环境改变；②劳动情绪波动；③机器工具选用不当；④设备故障较多；⑤作业计划安排不当；⑥产量太少而无法发挥批量节约的优势。直接人工效率差异主要应由生产部门负责，但也不是绝对的，例如所采购的材料质量低劣也会影响工作效率。

2. 变动性制造费用差异分析

变动性制造费用耗费差异（价格差异）= 实际工时×（变动性制造费用实际分配率-变动性制造费用标准分配率）

变动性制造费用效率差异（数量差异）=（实际工时-标准工时）×变动性制造费用标准分配率

变动性制造费用的耗费差异反映耗费水平，即每小时业务量支出的变动性制造费用脱离了标准。该项差异是生产部门经理的责任，他们有责任将变动性制造费用控制在弹性预算限度之内。变动性制造费用效率差异是由于实际工时脱离了标准，因此其形成原因与人工效率差异相同。

【例 9-7】某公司 C 产品的变动性制造费用单位标准成本为：标准机时为 20 小时/件，标准分配率为 6 元/小时，本月生产 C 产品 400 件，实际使用机时 9 000 小时，实际发生变动性制造费用 58 500 元。

要求：用因素分析法分析变动性制造费用成本差异。

解：标准机时＝400×20＝8 000（机时）

变动性制造费用实际分配率＝58 500÷9 000＝6.5（元/机时）

变动性制造费用耗费差异＝（6.5－6）×9 000＝4 500（元）（不利差异）

变动性制造费用效率差异＝（9 000－8 000）×6＝6 000（元）（不利差异）

变动性制造费用成本差异＝4 500+6 000＝10 500（元）（不利差异）

3. 固定性制造费用的差异分析

固定性制造费用与变动性制造费用不同，不因业务量的增减而变动，因此其差异分析也有别于变动性制造费用。固定性制造费用的差异分析通常有二因素分析法和三因素分析法两种方法。

（1）二因素分析法。

二因素分析法是指将固定性制造费用分为耗费差异（或称预算差异、价格差异）和能量差异（或称数量差异）两个因素进行分析的方法。在考核固定性制造费用时因不考虑业务量的变动，所以以原来的预算数为标准，固定性制造费用的实际发生数超过固定性制造费用预算总额则视为固定性制造费用耗费差异，即

固定性制造费用耗费差异（价格差异）＝固定性制造费用实际金额－固定性制造费用预算总额

根据固定性制造费用标准分配率的定义，固定性制造费用预算总额可以采用下式表示：

固定性制造费用预算总额＝固定性制造费用标准分配率 × 预算产量标准工时

固定性制造费用能量差异是指固定性制造费用预算总额与已分配的固定性制造费用两者之差，它反映未能充分使用现有生产能力而造成的损失。

固定性制造费用能量差异（数量差异）

＝固定性制造费用预算总额－已分配的固定性制造费用

＝固定性制造费用标准分配率×预算产量标准工时－固定性制造费用标准分配率×实际产量标准工时

＝(预算产量标准工时－实际产量标准工时)× 固定性制造费用标准分配率

【例 9-8】某企业 D 车间的固定性制造费用预算总额与实际总额见表 9-9。

表 9-9　某企业 D 车间固定性制造费用预算总额与实际总额

项目	预算总额	实际总额
产量/件	1 200	900

表9-9(续)

项目	预算总额	实际总额
标准工时/(小时·件$^{-1}$)	20	
预算产量标准工时/小时	24 000	
实际生产工时/小时		19 800
固定性制造费用/元	360 000	324 000

要求：运用二因素分析法分析固定制造费用差异。

解：固定性制造费用标准分配率＝固定性制造费用预算总额÷预算产量标准工时

＝360 000÷24 000＝15（元/工时）

固定性制造费用总差异＝固定性制造费用实际总额-已分配的固定性制造费用

＝324 000-900×20×15

＝324 000-270 000

＝54 000（元）（不利差异）

形成固定性制造费用耗费差异的因素很多：可能是客观原因所致的资源价格、数量发生变动，例如车间管理人员工资率变动、人员数量增减、设备的增减变动、租赁费上涨等等；另一类属主观因素所致，例如经理怕完不成预算额有意减少某些酌量性固定成本，或怕下期预算基数过低有意增加某些开支。因此，实际中应区别情况进行分析。

固定性制造费用能量差异是由实际产量与预算产量不相等所造成的，反映了生产能力的利用程度，该差异的责任应归于生产部门。但是，能量差异的形成可能是由生产部门无法控制的因素造成的，例如，采购部门一味追求降低采购成本而有意购进质量较低的材料，导致生产车间出现大量的次品和生产效率低下等现象。这种情形下，能量差异的责任不应由生产部门承担，而应由采购部门来承担。

（2）三因素分析法。

三因素分析法将固定性制造费用差异分为“开支差异”“能力差异”和“效率差异”三项。其中“开支差异”与前述二因素分析法中的“耗费差异”的内容完全相同。因此，三因素分析法实际上是将二因素分析法下的“能量差异”进一步细分为“能力差异”和“效率差异”两项。

三因素分析法的计算公式如下：

固定性制造费用开支差异＝固定性制造费用实际金额-固定性制造费用预算总额

固定性制造费用能力差异＝固定性制造费用预算总额-实际工时×固定性制造费用标准分配率

固定性制造费用效率差异＝实际工时×固定性制造费用标准分配率-实际产量标准工时×固定性制造费用标准分配率

【例9-9】根据【例9-8】的资料，计算三因素分析法下的各种差异。

解：固定性制造费用开支差异＝固定性制造费用实际金额-固定性制造费用预算总额

＝324 000-360 000＝-36 000（元）（有利差异）

固定性制造费用能力差异 = 固定性制造费用预算总额-实际工时×固定性制造费用标准分配率

= 360 000-19 800×15 = 63 000（元）（不利差异）

固定性制造费用效率差异 = 实际工时×固定性制造费用标注分配率-实际产量标准工时×固定性制造费用标注分配率

= 19 800×15-（900 × 20）× 15

= 27 000（元）（不利差异）

固定性制造费用能力差异反映车间因为没有充分利用机器设备的生产能力导致的损失。因此，如果出现了固定性制造费用能力差异，则说明企业应该尽力地充分利用车间现有生产设备。

固定性制造费用效率差异产生于实际工时与实际产量的标准工时之间的差异，反映了劳动生产率没有达到标准，其分析方法与人工效率差异分析类似。

五、成本差异处理

1. 成本差异的账务处理

在标准成本制度下，要按照成本差异的类别分别设置成本差异账户，将标准成本与实际成本的差异分类归集在有关成本差异账户上，以便用于成本控制和期末结转差异。需设置的成本差异账户主要有："直接材料价格差异"账户、"直接材料数量差异"账户、"直接人工价格差异"账户、"直接人工数量差异"账户、"变动性制造费用价格差异"账户、"变动性制造费用数量差异"账户、"固定性制造费用耗费差异"账户、"固定性制造费用效率差异"账户和"固定性制造费用生产能力利用差异"账户，也可以将"固定性制造费用效率差异"账户和"固定性制造费用生产能力利用差异"账户合并为"固定性制造费用能量差异"账户。

成本差异账户的本期发生额反映了这一会计期的标准成本的完成情况和成本控制的业绩。每一会计期期末各个成本差异账户均应结清，将其转到当期的"产品销售成本"账户中。

2. 差异分析报告

差异发生之后，应尽早向管理人员报告。差异分析报告应适时、定期（如按月、周或日）呈报给公司管理层，指出差异属于不利差异还是属于有利差异。差异分析报告应重点报告可控性差异。在实践中，管理者往往更能控制数量差异，而较少能控制价格差异。

差异分析报告还应试图指出重大可控不利差异，告知管理层为何会发生这样的差异，这是实施例外管理的前提。经理们可以集中时间、注意力和技能解决所发现的重大问题，努力采取正确的行动。然而，许多企业还是倾向于将所有差异分析的结果（不管有无差异、差异金额大小）一并呈报给经理人员，其理由是"做了什么事，就应当报告什么事"。然而，冗长的、有时可能是不必要的报告往往会浪费经理人员宝贵的时间，并可能最终使他们完全不理会报告，而错过某些深藏于报告之中的重要差异。

3. 例外管理

例外管理（management by exception，MBE）是指要求企业在经营管理上将注意力放到异常的、关键性的问题上的一种管理方法，它在成本指标的日常控制方面应用较多。

差异分析及差异分析报告是实施例外管理的工具。每个企业日常出现的成本差异往往是成千累万、头绪纷繁，而管理人员的时间及精力有限，如事无巨细，每项差异均予以注意，是不可能的。为了提高成本控制的工作效率，要求管理人员把注意力只集中在那些属于不正常的关键性差异上，并追根溯源，查明原因，以便迅速采取有效措施加以纠正。

当然，不是所有的差异均视为“例外”。通常确定“例外”的标准有以下四条：

（1）重要性。重要性主要是根据差异金额的大小决定的。企业在实施成本控制时，通常规定差异控制线。差异控制线可以用绝对额表示，也可用百分率表示。当差异超过控制线时，表示差异较大，应作为例外予以重视。

（2）一贯性。差异虽然没有超过控制线，但一贯在控制线的上限或下限附近徘徊，则应视为例外，需引起管理人员的注意。有的企业规定，如果差异连续几次接近控制线的上限或下限，就要引起注意，及时查明原因加以纠正。

（3）可控性。无法控制的项目，无论差异多大，均不应视作“例外”。如税率变动、水电费调价等引起的重大差异，企业无须采取任何追查行动。

（4）特殊性。凡对企业的长期获利能力有重要影响的项目，即使差异很小，也应视作“例外”，进行重点控制。

第二节　产品质量成本控制

一、质量及质量成本

（一）质量的概念

质量是指产品或劳务满足规定或潜在要求的功能特征和性能特征的总称，可以理解为实际生产的产品与顾客期望的偏离程度。这种偏离程度可以分为两类：一类是产品设计所达到的满足消费者需求的程度，即设计的外观、性能指标与顾客期望的偏离程度，称为功能性质量（quality of function）或设计质量（quality of design）；另一类是产品与其设计要求的一致程度，即实际产出物与预定设计要求的偏离程度，称为符合性质量（quality of conformance）。功能性质量和符合性质量之间的关系如图 9-3 所示。符合性质量水平越高，相应合格品增加，产生的损失费用越少，生产成本下降。但产品功能性质量并不因符合性质量提高而提高，产品价格也不会因此上升。在质量成本管理中，一般都指符合性质量水平的决策与控制，而功能性质量控制则纳入价值工程（功能成本分析）的范畴。

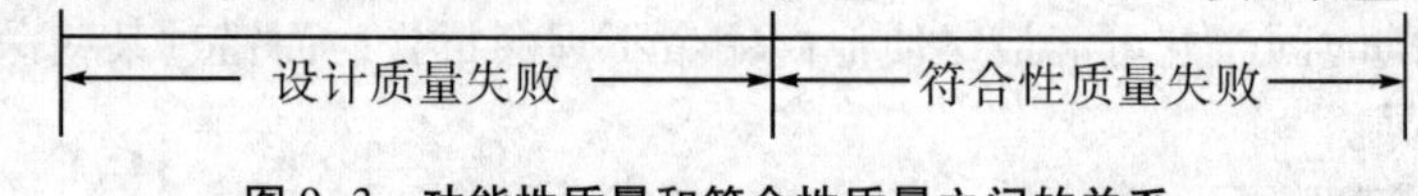

图 9-3　功能性质量和符合性质量之间的关系

（二）质量成本的概念

“矿中黄金”与“水面冰山”的提出是质量成本发展史上的里程碑。所谓“矿中黄金”，是将企业产生的废品与次品的巨大耗费比喻成一座“金矿”，可以对它进行有利的开采，大幅度增加利润。而“水面冰山”则认为生产现场中暴露的废品与次品损失，仅是“冰山一角”。如果采取措施，把管理的重点由水面向水下深入，解决因管理、技术原因造成长期影响质量的问题，由生产现场转向产品设计、工艺和顾客使用的质量控制，可以预防潜在威胁，获得巨大的经济效益。

自从20世纪60年代初美国质量管理专家费根堡姆的《全面质量管理》一书出版后，半个多世纪以来，质量成本在实际应用和理论研究的推动下，得到了不断的完善和发展，质量成本的内涵与外延也随之而不断拓展。质量成本（cost of quality）是指为保证产品符合一定的质量要求所发生的全部费用以及达不到这一要求时而产生的一切损失。据此可以将质量成本按经济用途分为以下四类：

（1）预防成本。为防止不合格产品的出现，达到和保持预期的质量水平，企业必须支付一定的费用。预防成本一般都发生在产品生产前，它包括质量工作费用、质量培训费、产品评审费、质量奖励费、质量改进费、质量管理专职人员薪酬等。

（2）检查成本。为评定产品是否具有所规定的质量，进行试验、检验和检查所支付的费用。它包括检验测试费、检验人员薪酬、检验测试办公费、检测设备及房屋折旧费等。

（3）内部损失成本。交货前因产品未能达到规定质量所造成的损失成本。它包括废品损失、停工损失、事故分析处理费、产品降级损失等。

（4）外部损失成本。交货后因产品未能达到规定质量所造成的损失。它包括诉讼费用、赔偿费用、退货费用、保修费用、产品降价损失等。

这四种成本中，预防成本与检查成本属于控制成本，而内部损失成本与外部损失成本属于结果成本。

二、质量成本与产品成本的关系

所谓质量，按照ISO9000:2000中的界定，是指反映或衡量一组固有特性的要求得到某种程度满足的指标。此概念没有涉及质量的载体，说明质量可以存在于不同的领域或任何事物中，其载体既可以是产品、计算机软件或服务等，也可以是过程、体系或者它们的组合等。质量就其本质来说是某种客观事物具有的特性，这些特性取决于人们的要求。这些要求有些可以量化为相关的技术参数，如产品的加工精度等；有些则是隐性的，如服务态度等。隐性的需求常常难以量化，但它确实存在。本书所述及的质量就是企业的产品质量。美国著名质量管理专家朱兰从顾客的角度出发，认为产品质量就是产品的适用性，即产品在使用时满足用户需要的程度。这种需要满足的程度一般反映在产品性能、经济特性、服务特性、环境特性和心理特性等方面。可见产品质量包括有形的物质产品质量和一些无形的产品质量，本章所阐述的质量成本控制仅涉及有形的物质产品质量控制。一般有形的物质产品质量特性包括产品的使用性能、安全、可靠性、可维修性、经济性等。其中使用性能指的是产品实现预定目的或者规定用途的能力；安全指的是产品保障人体健康和人身、财产安全的能力；可靠性指的是产品完成规定功能的程度和能力，如平均寿命、平均无故障工作时间等参数；可维修性指的是产品发生故障后的功能恢复能力，如平均修复时间等参数；经济性指的是产品投入与产出的效益能力。

三、质量标准的选择

因为产品质量包括符合质量和设计质量两类，所以产品质量标准也包括符合质量标准和设计质量标准两类

1. 产品符合质量的标准

产品符合质量也称为制造质量，是指在产品生产过程中，产品符合设计规格的程度。合格品与不合格品的划分就是在此基础上进行的。符合质量标准必须以符合设计质量为标准，凡符合设计质量的就是合格产品，凡不符合设计质量的就是不合格产品。

2. 产品设计质量的标准

产品设计质量标准，是指根据产品生产的技术要求，对产品的内在质量和外观质量所作的量化规定，由产品的主要技术参数构成。该标准是衡量产品质量高低的基本依据，也是企业生产产品的统一标准。从应用范围的角度看，目前我国企业所采用的产品质量标准，主要有国际标准、国家标准、行业标准和企业标准等类型。

国际标准，是指由某些有影响的国际组织所规定的质量标准，如国际标准化组织（ISO）、国际电工委员会（IEC）等制定的标准；国家标准，是指针对某些重要产品所制定的，在全国范围内统一使用的产品质量标准，由国务院标准化行政主管部门制定；行业标准，也称为部颁标准，是在全国某一行业内统一使用的产品质量标准，在我国由国务院有关行政主管部门制定；企业标准，是由企业自主制定的标准，它是针对企业生产的产品没有国家标准和行业标准而制定的，通常只能在企业内部适用。我国鼓励企业制定严于国家标准或者行业标准的企业标准。

四、质量成本的控制

所谓质量成本控制，是指企业在既定技术经济条件下，依据质量成本控制目标，对产品质量成本的形成和发生施以必要的、积极的影响，及时揭示差异并采取措施，从而达到最佳质量的活动。质量成本控制与其他控制一样，需要事先确定质量成本控制目标，并对产品质量形成的全过程实施有效的监督，包括产品的设计、生产和售后。对质量成本进行控制，充分反映了现代企业对产品质量和产品成本的重视，也反映了技术与经济相结合促进经济和社会发展这一历史发展的必然趋势。

（一）质量成本控制的特征及内容

质量成本控制是全面质量管理的重要工作环节之一，其特征与全面质量管理特征相适应。

1. 质量成本控制的特征

费根堡姆在1961年提出的“全面质量管理”概念中，将全面质量管理的特征概括为：全员性、全过程性和全面性。与之相适应，质量成本控制也具有这三个特征。

（1）全员性。质量成本控制不仅是质量部门的工作，还涉及企业的全员，包括所有的生产工人、所有的职能部门、各层次的领导。企业的全体员工都应承担质量成本控制的责任。

（2）全过程性。质量成本控制涉及产品寿命全过程，包括研究开发、设计、生产准备、采购、生产制造、包装、检验、储存、运输、售后服务、寿命期限各环节。这要求企业时刻贯彻质量控制理念，力争为客户提供质优、经济、耐用的好产品。

（3）全面性。质量成本控制所采用的控制方法具有全面性，它综合利用各种方法，包括技术方法、数理统计方法、会计方法、管理方法等，将质量与成本有机结合，将质量与需求有机结合。

2. 质量成本控制的内容

质量成本控制工作紧紧围绕质量成本展开，主要包括制定质量成本控制目标、编制质量成本预算、确定最佳质量成本水平、进行日常质量成本控制等内容。

（二）质量成本控制的实施

在质量成本控制的实际工作中，通常按照质量成本控制的内容依次展开。

质量成本控制目标常常需要结合企业的质量战略确定，一般会通过量化指标予以体现，如质量成本降低率或合格品率等。传统质量成本控制中强调合格品率的控制水平，而现今的质量成本控制则更为关注过程控制，强调质量成本总体水平的降低。目前在质量成本控制目标确定过程中，可以采用的最先进的管理方法就是6σ管理法。

1. 6σ 管理法的产生

6σ 管理法最早由摩托罗拉公司的比尔·史密斯于 1986 年提出，其目的是：在生产过程中降低产品及流程的缺陷次数，防止产品变异，提升品质。此法的真正流行得益于通用电气公司的实践，该公司提炼了全面质量管理中流程管理技巧的精华，建立起了高度有效的企业流程设计、改善和优化技术，从而使企业的成本大幅度降低。6σ 管理法在实践中不断完善，逐步发展成为以顾客为主体确定企业战略目标和产品开发设计的标尺、追求持续进步的一种先进管理理念和方法，是提高企业业绩与竞争力的有效管理模式。

2. 6σ 管理法的基本理念

6σ 管理法的基本理念是：质量是靠流程的优化，而不是通过严格的对最终产品的检验来实现的。企业应该把资源放在认识、改善和控制原因上而不是放在质量检查、售后服务等活动上。基于此，6σ 管理法有一整套严谨的程序和方法来帮助企业推广实施流程优化工作，识别并排除那些不能给顾客带来价值的成本浪费，从而达到消除无附加值的活动，缩短生产、经营循环周期，降低成本同时提高经济效益的目的。

3. 6σ 管理法的战略目标制定

6σ 管理法的战略目标制定最终会通过 σ 的水平体现。σ 就是统计学中所称的标准差，它表示不确定数据的分散程度，这里针对的是产品品质。产品品质不仅涉及产品质量，还涉及服务质量，此外也涉及过程的改进。σ 值越大，表示缺陷或错误就越少。以 6σ 作为质量控制的目标，意味着所有的过程和结果中，有约 99.99%是无缺陷的，也就是说，做 100 万件事情，其中只有 3~4 件是有缺陷的，这几乎趋近人类能够达到的最为完美的境界。6σ 理论认为，大多数企业的质量在 3σ~4σ 之间，也就是说每百万次操作失误在 6 210~ 66 800 次之间，这些缺陷要求经营者以 15%~30%的销售额投入进行事后的弥补或修正，而如果做到 6σ，事后弥补的资金将会降低到约为销售额的 5%。实际上，实践中的大部分企业直接将 6σ 定位于不合格品率，要求不合格品率趋于 6σ。例如，美国得克萨斯仪器国防系统公司将更多的质量成本投入监控过程，这使得该公司的产品不合格率从 1992 年的每百万个产品中的 8 000 个降低到 1996 年的每百万个产品中不足 600 个，当年该公司获得了美国颁发的质量奖。

（三）质量成本预算的编制

质量成本预算是企业按照质量成本的构成内容，分明细项目列示并编制的一种预算。由于质量成本主要由预防成本、鉴定成本、内部损失成本和外部损失成本四项内容构成，因此质量成本预算需要按照上述四项内容以及每项内容的具体明细项目分别编制。

在预算的具体编制过程中，应以企业确定的质量战略目标为前提，对每个相关责任部门（如车间等）的质量成本四项内容及其各明细项目进行编制。需要说明的是，与损失成本可按产品品种分别确定不同，预防与鉴定成本往往属于共同成本，只有选用一定的分配标志进行分摊，才能将其分配给具体的产品，这可能导致核算结果的不准确。因此，在实务中一般只按部门编制这种差别的预算。

（四）最佳质量成本水平的确定

为了从定量的角度反映质量成本的水平，人们提出了最佳质量成本的观念。迄今为止，对最佳质量成本的解释有以下两种不同观点：早期形成的观点和发展过程中形成的观点。前者称为传统质量成本观，后者称为现代质量成本观。

1. 传统质量成本观下的最佳质量成本

传统质量成本观是由美国学者提出的，也称为可接受的质量水平模式。

传统质量成本观的基本思想是：允许生产并销售一定数量的缺陷产品，最佳的质量水平应该是可接受的质量水平，如果超出该值，必然会增加成本，企业往往会得不偿失。其理由在于：预防和鉴定成本属于不可避免成本，随着产品质量的不断提高，这部分成本将会随其同方向变动而不断增大；损失成本属于可避免成本，随着产品质量的不断提高，这部分成本将随其反方向变动而不断降低。如果产品质量的高低用合格品率来表示，则存在着最佳质量成本。确定最佳质量成本有两种方法；边际分析法和合理比例法。

边际分析法应用微分极值原理来确定最佳合格品率。假设 Q 为合格品率，Y 为质量成本，则质量成本 Y 按照其随质量 Q 变动方向的不同，可划分为与 Q 同方向变动（包括预防成本和鉴定成本）和反方向变动（包括内部损失成本和外部损失成本）两类。根据传统质量成本观，最佳质量成本就是当企业预防成本、鉴定成本、内部损失成本和外部损失成本等所有质量成本之和最低时的合格品率。因此，各类不同性质的质量成本与合格品率之间的关系可用图 9-4 表示。

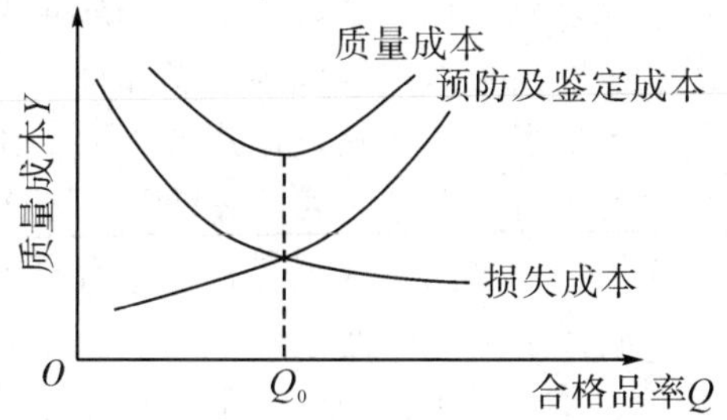

图 9-4　传统质量成本观下边际分析法最佳质量成本示意图

设 F 为单位产品成本的内部质量损失，Q 为合格品率，$(1-Q)$ 为废品率，则每件合格品负担的质量损失成本 Y_1 的计算公式是

$$Y_1 = F * (1-Q) \div Q$$

设每件合格品负担的预防和检验成本为 Y_2，它与合格品率和废品率之间的比值存在一定的比例关系。设这个比例系数为 K，即随产品合格品率变化需要追加的预防和检验成本的系数，该系数为一常数，则 Y_2 的计算公式是

$$Y_2 = K * Q \div (1-Q)$$

如果以 Y 表示单位合格产品负担的质量成本，则

$$Y = Y_1 + Y_2 = \{F * (1-Q) \div Q\} + \{K * Q \div (1-Q)\}$$

根据上式，以 Q 为自变量求 Y 的一阶导数，并令 $Y'=0$，可得出以下结论：

第一，当单位预防成本和检验成本等于单位废品损失成本时，质量成本最低，即存在最优质量 Q_0。

第二，最优质量 Q_0 的计算公式（证明过程略）为

$$Q_0 = \frac{1}{1 + \sqrt{\frac{K}{F}}}$$

从理论上讲，按照边际分析法可以算出最佳质量成本和最佳合格率。但从实务的角度看，要求企业产品合格品率一直保持在一个特定的水平上（如 94%）几乎是不可能的，但将合格品率保持在某一适宜的范围内（如 93%~95%之间），则是可以做到的。基于此，人们提出了合理比例法。合理比例法不需要追求一个最佳质量点，而是根据质量成本不同构成内容之间的关系，确定一个合理的比例，从而确定质量水平的适宜区域。此法将质量总成本曲线分为三个区域：改善区、适宜区和至善区，如图 9-5 所示。

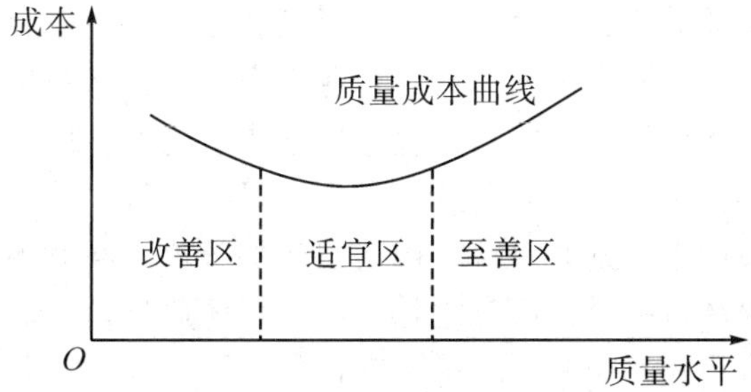

图 9-5　质量成本曲线图

图 9-5 表明，如果产品质量处于改善区，说明产品质量水平较低，损失成本较高，企业应尽快采取措施，追加预防和检验成本，以保证产品质量。如果产品质量处于至善区，说明产品质量水平很高，且超过用户的需要，出现不必要的质量成本损失，这也是不可取的。理想的质量水平区域是适宜区，在这一区域内，质量适当，经济效益高。在质量成本的各项目之间，客观存在一个合理的比例。当质量成本达到这一比例时，就可以认为质量水平处于适宜区。美国质量管理专家朱兰认为：质量成本中的预防成本占 10%、鉴定成本占 40%、故障成本占 50%；哈灵顿认为，预防成本占 10%；鉴定成本占 25%，同时内部损失成本占 57%，外部损失成本占 8%。实务中对质量成本各项目之间的比例不能作绝对的理解，应结合企业自身的具体情况来确定。

2. 现代质量成本观下的最佳质量成本

现代质量成本观是针对传统质量成本观的缺陷，最早由日本学者提出。

现代质量成本观的基本思想是：任何产品的缺陷都会给企业带来损失，应该消除损失成本。传统质量成本观要求以最少的质量资金投入为出发点，允许不合格品的存在，这种观点具有明显的缺陷。其缺陷主要表现在以下几点：一是强调质量保持在"可接受的质量成本水平"，不利于产品质量的不断改进；二是仅从厂家角度分析质量成本，忽视了消费者对质量的要求；三是强调事后的质量检验，忽视了对产品质量形成全过程的控制。基于此，现代质量成本观要求对传统质量成本观进行变革，提出两种模式：零缺陷模式和健全质量模式。

现代质量成本观下的零缺陷模式要求将不符合质量要求的产品降到零，以消除损失成本。松下创始人松下幸之助先生曾提出"1% = 100%"的著名等式，即从企业角度来看，生产 1%的次品不算多，但从消费者角度来看，买到任何一件次品都会感到沮丧，因为它就是 100%的次品。基于此，日本企业倡导"零瑕疵、高质量"，虽然企业为减少瑕疵，会增加事前的控制成本，但由此会提升企业的生产效率和竞争力，进而提高企业的经济效益。在此模式下，要求每一个人"第一次就要把事情做对"，通过加大产品的事前预防成本和鉴定成本，避免缺陷产品的出现。因此企业的最佳质量成本就是不合格品率为零时的质量成本。

现代质量成本观下的健全质量模式要求在零缺陷模式的基础上，降低部分合格品所导致的隐性质量损失成本，从而使产品质量趋于最高目标设计质量标准。目标设计质量也有区域划分，最高的目标设计质量是生产产品的最高质量标准，有时产品的符合质量虽然处于目标设计质量区域之内，但并没有达到最高的质量标准，由此就会出现合格品中的等级品之分。虽然二等品和三等品属于合格产品，但这些产品与最高目标设计质量之间有偏离，会给企业带来损失，这些损失是隐性的而不是显性的。显性成本是指可计量的成本，包括质量成本的四项内容；隐性成本则是指难以计量的成本，如由于等级品所导致的潜在质量损失等。可见，健全质量模式力求消除隐性质量损失成本，是对零缺陷模式不足的补充，在此模式下，最佳质量成本水平是产品达到最高目标设计质量之处。比较传统质量模式和现代质量模式，现代质量模式是对传统模式的变革，无论是现代的零缺陷模式还是健全质量模式，都不允许缺陷产品存在，健全质量模式是最为理想的成本控制模式。

（五）质量成本的日常控制

质量成本的日常控制涉及产品质量形成的方方面面，主要包括建立质量成本责任控制体系、进行过程控制、编制质量成本差异分析报告。

1. 建立质量成本责任控制体系

实际工作中，要将质量成本控制落到实处，必须建立质量成本责任控制体系。该体系应明确质量成本控制的各级组织（如厂部、分厂、班组等）以及各归口的职能管理部门（如财务、生产、技术、销售等），明确不同层次、不同管理部门的责任和权力。一般来说，预防成本由质量管理部门归口控制；鉴定成本由质量检验部门归口控制；内部损失成本由总工程师通过质量管理部门归口控制；外部损失成本由销售部门归口控制。在归口的同时，需要将责任分解至个人。另外在管理高层，应明确质量成本控制的总负责人，其主要职责是负责质量成本控制日标的完成及协调等工作。

2. 进行过程控制

一个企业质量成本控制的重心是降低内部损失成本的发生，但这绝不意味着质量成本控制仅仅是对生产过程的控制。质量成本的形成涉及产品生产前，也涉及产品销售后，因此必须对产品质量成本形成的全过程进行控制。

首先，应在产品设计阶段进行质量成本控制。设计阶段会发生设计质量管理成本和设计质量故障成本，前者是设计本身发生的费用，包括设计调研费、情报搜集费、鉴定评审费等，后者是由于设计出现问题而导致的返工等损失。企业通过对产品设计的论证、评审试制和试验等措施，尽量使设计方案科学合理，从而避免投产后因工艺等设计不合理而造成的损失。其次，在材料采购过程中，应关注供应商提供的材料品质，从材料的验收标准开始，制定一系列的工作规范，从而降低因购入材料不合要求而导致的损失，另外还应避免使用“质量过剩”的原材料，从而避免先天性消耗材料价高等现象。再次，生产过程中应加强对工人的技术指导，不断提高工人的生产技术水平，控制废品，将废品损失、返修损失和因质量而导致的停工损失降到最低或趋近于零。最后，产品销售后，应包修、包退、包换，对“三包”造成的损失应分析原因，及时反馈信息。

3. 编制质量成本差异分析报告

质量成本差异应分部门按预防成本、鉴定成本、内部损失成本、外部损失成本四项内容列示，并反映各类内容明细项目的实际数、预算数及实际脱离预算的差异。通过差异分析，寻找原因并采取措施。质量成本差异分析的前提是进行质量成本的日常核算。由于目前会计制度中没有专门核算质量成本的会计科目，因此日常核算中可以借助正常的会计核算原始凭证，将质量成本核算与其分开，同时进行质量成本和正常核算，采用“双轨制"。期末按照部门编制差异分析报告，并根据差异的高低选择重要明细项目进行分析。

【本章小结】

本章介绍了标准成本的概念和种类、标准成本控制的基本程序、标准成本的制定方法；对于标准成本与实际成本产生的差异的分类进行了分析，并讲述了其具体的计算，随后介绍了成本差异账户的设置及其相关的账务处理；最后阐述了质量成本的概念、种类，质量成本与产品成本的关系，质量成本控制的内容。

【关键术语】

标准成本　标准成本系统　差异分析　直接材料成本差异　直接人工成本差异
固定制造费用成本差异　价格差异　数量差异　例外管理　质量成本

【思考题】

1. 什么是标准成本制度？具体包括哪些内容？
2. 标准成本有哪些类型？在实际工作中，经常采用哪些？
3. 如何制定标准成本？
4. 实际工作中，对混合差异是怎样处理的？
5. 变动成本中的数量差异有哪些？价格差异有哪些？
6. 什么是质量成本？其构成内容有哪些？

【练习题】

一、单选题

1. 生产安排不当、计划错误、调度失误等造成的损失，应由（　　）负责。

A. 财务部门　　B. 劳动部门
C. 生产部门　　D. 采购部门

2. 直接人工工时耗用量差异是指单位（　　）耗用量脱离单位标准人工工时耗用量所产生的差异。

A. 实际人工工时　　B. 定额人工工时
C. 预算人工工时　　D. 正常人工工时

3. 直接人工的小时工资率标准，在采用计时工资制下就是（　　）。

A. 实际工资率　　B. 标准工资率
C. 定额工资率　　D. 正常的工资率

4. 计算数量差异要以（　　）为基础。

A. 标准价格　　B. 实际价格
C. 标准成本　　D. 实际成本

5. 材料价格差异通常应由（　　）负责。

A. 财务部门　　B. 生产部门

C. 人事部门　　D. 采购部门

6. 标准成本法是在泰勒的生产过程标准化思想影响下，于20世纪20年代产生于（　）。

A. 英国　　B. 法国

C. 美国　　D. 日本

7. 理想标准成本是在（　）可以达到的成本水平，它排除了一切失误、浪费、机器闲置等因素，根据理论上的耗用量、价格以及最高生产能力制定的标准成本。

A. 正常生产经营条件下　　B. 最佳工作状态下

C. 现有的生产经营条件下　　D. 平均先进的生产条件下

8. 实际工时与预算工时之间的差异造成的固定制造费用差异叫作固定制造费用（　）。

A. 开支差异　　B. 效率差异

C. 生产能力利用程度差异　　D. 数量差异

9. 对固定制造费用的分析和控制通常是通过编制（　）与实际发生数对比来进行的。

A. 固定制造费用预算　　B. 固定制造费用计划

C. 固定制造费用标准　　D. 固定制造费用定额

10. 为了计算固定制造费用标准分配率，必须设定一个（　）。

A. 标准工时　　B. 定额工时

C. 预算工时　　D. 实际工时

二、多选题

1. 正常标准成本是在正常生产经营条件下应该达到的成本水平，它是根据（　）制定的标准成本。

A. 现实的耗用水平

B. 正常的价格

C. 正常的生产经营能力利用程度

D. 现实的价格

E. 实际消耗

2. 在制定标准成本时，根据要求达到效率的不同，应采取的标准有（　）。

A. 理想标准成本　　B. 正常标准成本

C. 现实标准成本　　D. 定额成本

E. 历史成本

3. 构成直接材料成本差异的基本因素有（　）。

A. 效率差异　　B. 耗用差异

C. 用量差异　　D. 价格差异

E. 时间差异

4. 固定制造费用的三种成本差异是指（　）。

A. 效率差异　　B. 开支差异

C. 生产能力利用差异　　D. 价格差异

E. 数量差异

5. 影响材料采购价格的各种因素有（　　）。

A. 采购批量　　B. 运输工具

C. 交货方式　　D. 材料质量

E. 采购人员

6. 影响人工效率的因素是多方面的，包括（　　）。

A. 生产工人的技术水平　　B. 生产工艺过程

C. 原材料的质量　　D. 设备的状况

E. 资金状况

7. 正常标准成本是在正常生产条件下应该达到的成本水平。这种标准成本通常反映了过去一段时期的（　　）。

A. 实际成本水平的平均值　　B. 该行业价格的平均水平

C. 平均生产能力　　D. 最高生产能力

E. 平均技术水平

8. 成本差异按成本的构成可以分为（　　）。

A. 直接材料成本差异　　B. 直接人工成本差异

C. 价格差异　　D. 数量差异

E. 制造费用差异

9. 影响材料用量差异的因素有（　　）。

A. 材料的质量　　B. 采购批量

C. 生产工人技术熟练程度　　D. 生产设备状况

E. 供应商选择

10. 造成差异的原因中，应由生产部门负责的有（　　）。

A. 材料质量　　B. 生产安排不当

C. 生产工人技术素质低　　D. 调度失误

E. 材料价格

11. 造成差异的原因中，应由采购部门负责的有（　　）。

A. 材料质量　　B. 材料价格

C. 生产设备状况　　D. 供应商选择

E. 生产工艺

三、判断题

1. 标准成本是在正常生产经营下应该实现的，可以作为控制成本开支、评价实际成本、衡量工作效率的依据和尺度的一种目标成本。（　　）

2. 制造费用差异按其形成原因可分为价格差异和数量差异。（　　）

3. 材料成本脱离标准的差异、人工成本脱离标准的差异、制造费用脱离标准的差异，都可以分为“量差”和“价差”两部分。（　　）

4. 产品标准成本=产品计划产量×单位产品标准成本。（　　）

5. 计算数量差异要以标准价格为基础。（　　）

6. 固定制造费用预算应就每个部门及明细项目分别进行编制，实际固定制造费用也应该就每个部门及明细项目分别记录。（ ）

7. 正常标准成本与现实标准成本不同的是，它需要根据现实情况的变化不断进行修改，而现实标准成本则可以保持较长一段时间固定不变。（ ）

8. 标准成本法是一种成本核算与成本控制相结合的方法。（ ）

9. 在制定标准成本时，理想标准成本因为要求高而成为最合适的一种标准成本。（ ）

四、简答题

1. 成本差异的种类有哪些？

2. 试述标准成本的作用有哪些。

【案例分析】

MWI公司标准成本计算系统的实施

Mark Wight 公司（MWI）是一家位于美国中西部的专业冷冻食品加工企业。自1982年成立以来，该公司拥有一批忠实的顾客，这些顾客愿意支付溢价购买公司提供的经过特殊工艺加工的高质量冷冻食品。公司在经营地区销售额快速增长，而且有许多顾客要求其在全国范围内供应产品。为了满足这一需求，公司扩大了加工规模，导致生产成本和经营成本的增加。而且，在其传统销售地区以外，公司还遭遇了来自竞争对手的价格压力。由于MWI想要继续扩张，因此公司的首席执行官吉姆·康登聘请了一家顾问公司帮助自己确定最佳决策方案。顾问公司建议采用标准成本计算系统，这也有助于弹性预算制度的实行，以便更好地消化市场扩张时可以预计到的需求的变化。康登会见了公司管理层的成员，传达了顾问公司的建议，要求他们负责制定标准成本。在与各自员工讨论之后，管理层成员又重新开会讨论此问题。采购经理简·摩根建议，为了满足生产规模的扩大，需要从公司传统的采购渠道以外范围采购食品原料，这将会增加材料的运输成本，并且可能导致供货质量的下降。如果要保持或降低目前的成本，就要由生产部门来弥补这部分增加的成本。生产经理斯坦·沃尔特斯反驳说，要提高产量就要加快生产周期，再加上可能出现供货质量的下降，将导致产品质量的下降和更高的废品率。在这种情况下，可能难以保持或降低单位人工耗用量，而预测未来单位产品的人工比例也将变得很困难。技术工程师汤姆·洛佩兹说，如果设备没有按照规定每天进行定时的适当维护和彻底清洗，生产的冷冻食品的质量和独特口味很可能受到影响。

销售副总裁杰克·里德指出，如果不能保证产品质量，公司预期的销售额的增长幅度就无法实现。最后，公司管理层成员向康登汇报了各自遇到的难题，康登表示，如果不能就制定适当的标准成本取得一致意见，那么，他将请顾问公司来制定标准，每个人都要接受这一结果。

案例来源：徐伟丽，李雪. 成本会计学习指导书［M］. 2版. 上海：立信会计出版社，2020.

要求：

1. 列出采用标准成本计算系统的主要优点。

2. 列出标准成本计算系统可能导致的不利之处。

第十章
责任会计

【本章学习目标】

了解责任会计的基本内容及建立责任会计制度的原则；了解责任中心的类型及其划分；掌握责任中心业绩评价与考核；理解制定内部转移价格的原则与方法。

第一节　责任会计概述

一、分权管理与责任会计

（一）分权管理

分权管理是相对集权管理存在的一种管理模式，它是指将一部分经营管理决策权适度授予下层单位及其管理者，各个部门相对独立、各司其职，分别作出各自的决策，从而让熟悉公司业务与经营的各职能部门及其管理者都能够参与到公司的经营管理中来，从而激发其工作的积极性、主动性和创造性，提高员工对企业的忠诚度和贡献度。不仅如此，分权管理也有助于将高层管理者从烦琐的日常事务中解放出来，让其能够集中精力去处理关系公司长远发展和整体利益的重大事项，进而真正实现企业内部“人尽其才、才尽其用”，提升公司的管理决策效率。目前，分权管理已在大中型企业，尤其是跨国企业中广泛应用。美国通用公司（GE）等国际知名企业都是分权管理的成功实践者，我国美的集团设计并实施的分权管理体系也被业界誉为中国最厉害、最成功的分权。

然而，我们也应清醒地看到，尽管分权管理能够让企业下属机构、部门及其管理者有各自独立的决策权，提高企业的管理与决策效率，但部门管理者有其自身能力方面的局限。同时出于对自身利益的考虑，可能会在行使自己的决策权的同时出现有损公司整体利益的问题，如管理者为使本部门有更好的业绩表现，可能会放弃能够增加公司整体利润但不能提升本部门收益水平的投资机会或项目；为使本部门的业绩能够比其他部门更好，可能会仅从自身利益出发进行决策。这不仅不利于企业内部的协调与合作，更可能引发部门之间不必要的矛盾与冲突。因此，为最大限度地发挥分权管理的优势，协调和统一企业内部各部门，各分公司、子公司等的利益，使其与企业整体利益最大化目标一致，就需要采用一定的方法，在赋予管理者相应权力的同时，明确划分其责任，并加强对责任落实情况的考核和评价。责任会计就是顺应此要求发展和完善起来的一种行之有效的企业内部控制制度。

（二）责任会计

作为现代分权管理模式的产物和现代管理会计的重要内容，责任会计（responsibility accounting）是指为适应企业内部经济责任制的要求，在企业内部设立多个责任中心，并对其分工负责的经济业务进行规划与控制，对其责任落实情况即业绩表现进行考核与评价的一种内部会计控制制度。责任会计的本质是利用会计信息对各责任单位及其负责人的责任落实情况即业绩表现进行计量、控制与考核评价，从而实现核算业绩的会计与管理上的责任有机结合。

责任会计的建立和实施需要一定的基础和条件。它首先要依据权、责、利相统一的原则将企业划分为不同形式的责任中心，然后通过对各责任中心所负责的经济业绩编制责任预算，对其实施过程进行跟踪反馈，对其实施结果进行业绩考核，实现对各责任中心的监督与控制，最终达到使其利益协调一致的目的。

二、责任会计的基本内容

具体来说，责任会计主要包括以下四个方面的内容。

（一）合理设置责任中心，明确其责权范围

合理设置责任中心是实行责任会计的首要条件。也就是说，责任会计的实施首先要求将企业内部各部门、各单位划分成若干责任中心，并依据各责任中心经营活动和经济业务的特点，明确规定这些中心及其负责人的权力与职责范围，允许其在自己的权责范围内，独立自主地行使经营管理决策权，而且要对其责任的完成情况进行考核和评价。

（二）编制责任预算，确定考核标准

与企业的全面预算不同，责任预算是在全面预算所确定的企业生产经营的总体目标和任务的基础上，按照各责任中心的权责范围进行层层分解，进而落实到各个责任中心，以明确各责任中心的目标和任务，也使企业未来在考核各责任中心工作职责的完成情况时有据可依。

（三）建立跟踪系统，加强过程控制

责任预算一旦开始实施，每个责任中心就需要建立用于记录、计算和积累有关预算执行情况的信息跟踪系统，通过定期编制“业绩报告”或“责任报告”等，将责任预算的实际执行情况与预算标准相比较，以发现二者之间的差异并分析其产生的原因，进而通过上报上级部门、找出相应的调节经营活动的措施等，保证责任预算目标乃至企业发展总体目标的实现。

（四）考核评价业绩，建立奖罚制度

预算期末，需要根据预定的责任预算考核标准对各责任中心的实际工作成效进行考评，在发现二者之间存在差异的同时，分析原因，判明责任，并根据实际考核结果的好坏对各责任单位进行奖励或惩罚，以做到奖罚分明、奖惩有度，最大限度地调动各个责任中心的积极性，促进其协调一致地为实现企业发展的总体目标而努力。

三、建立责任会计制度的原则

责任会计作为企业内部控制会计，要遵循以下几个基本原则。

（一）责任主体原则

责任会计旨在通过落实经济责任实现对企业内各部门、各单位的协调与控制，所以其会计主体是经济责任的承担者，即企业内部划分的各个责任单位，或责任中心。这就是说，实行责任会计制度要求会计主体与责任主体相一致。设置责任中心，明确权责范围，集中体现了责任主体原则。

（二）总体最优化原则

总体最优化原则就是要求各责任中心目标的实现有助于企业总体目标的实现，使两者的目标保持一致。建立责任会计的目的是对企业各分权单位进行协调，使之始终与企业的整体目标保持一致，避免因为片面追求局部利益而影响整体利益，所以在责任会计的每个工作环节，都应服从企业整体利益，体现总体最优化原则。

（三）激励原则

分权管理与集中管理相比较，其优势之一就是能有效地调动各级管理部门的积极性。责任会计在对企业内部各分权单位进行协调、使之服从企业整体目标的同时，不能削弱分权管理的优势，相反，要使这种优势得到进一步强化。所以责任会计特别注重以人为中心的行为管理，强调激发人的内在积极性，提倡通过内在激励实现柔性管理，尽量避免简单依靠外在强制力而实施的刚性管理。为此，每个责任中心都应实现权、责、利三者相结合，要充分调动全体员工的积极性，自觉为实现企业整体目标而共同努力；同时，责任预算应合理可行，对责任预算执行情况的监控、考评，以及相应的奖惩措施应科学、合理，应能达到充分调动企业全体员工积极性的效果。总而言之，都应体现激励原则。

（四）可控性原则

可控性原则是指各责任中心只能对其可控制和管理的经济活动负责，即各责任中心只对其可以控制的经济活动负责，对于其权力范围之外的经济活动不承担经济责任。所以，对于每个责任中心权责范围的划分、责任预算的编制，以及在实施监控和业绩考评等各个环节上，都应体现可控性原则，做到责任分明、奖罚合理。

（五）反馈原则

管理会计的特点之一就在于它不是着眼于反映过去，而是着眼于控制现在和决策未来。作为现代管理会计的组成部分之一，责任会计也是如此。对责任预算执行情况进行监控和考核评价，以及实施相应的奖惩措施，其根本目的在于反馈，即要对现时的和未来的责任预算执行情况产生积极的影响，帮助、促使各责任中心改进工作，更好地执行责任预算，最终保证企业整体目标的实现。从这个意义上说，整个责任核算信息系统都是一种信息反馈系统，对责任预算执行情况的监控、考评及实施奖惩，都是在贯彻一种反馈机制，都体现了反馈原则。

第二节　责任中心及其业绩评价与考核

在企业内部，可根据责任和权限的不同划分若干个责任区域，这些责任区域就是责任中心。当然，责任中心的责任和权力必须有人承担和行使，这个人就是该责任中心的负责人。建立责任中心的关键就是分清责任和权限，企业应根据各自的具体情况，按照所能控制的范围和承担的不同责任以及管理的需要来建立责任中心。

按企业内部责任单位权责范围以及业务活动的特点不同，可以将企业生产经营上的责任中心划分为成本中心、利润中心和投资中心三类。

一、成本中心及其业绩评价与考核

（一）成本中心的含义

成本中心是应对成本或费用负责的责任中心。狭义的成本中心仅指直接从事生产产品或提供劳务等活动，应对构成产品成本或劳务成本的费用负责的责任中心；广义的成本中心还包括从事行政管理或研究开发等非生产性活动，应对各种非生产性费用负责的责任中心。

成本中心没有经营决策权，更没有投资决策权。狭义成本中心的业务范围仅限于整个经营过程中的一部分，即直接生产（或提供劳务，下同）过程，其权力仅限于在生产过程中决定料、工、费的投入，而无权决定经营过程中的其他问题，包括生产的品种、规模以及产品的销售等。所以其相应的责任范围也就只限于对成本费用进行控制，而不涉及收入或收益。至于从事行政管理或研究开发等非生产性活动的成本中心，情况类似。其在提供各种职能服务的过程中只发生费用，不形成收入，或虽有收入但无权决定收入（例如，其收入的有无及收入的多少均由上级部门决定），因而无法控制收入，其权责范围同样只限于对有关费用进行控制，而不涉及收入或收益。就财务指标而言，成本中心应对成本负责，也只能对成本负责，成本指标确切地反映了其所应承担的经济责任；通过考核其成本指标的完成情况，就能够对其工作业绩作出评价。

（二）成本中心的设置

成本中心是在企业内部普遍建立的一种责任中心。凡是在其业务活动中有成本发生或费用支出的单位或个人，都应成为相对独立的成本中心，或被归入某个成本中心。一个较高层次的成本中心可以包含若干个较低层次的成本中心。各成本中心的层次高低不一，规模大小不一，成本控制的权责范围及具体考核指标也不相同。

成本中心并非设置得越多越好、划分得越细越好。在企业内部组织结构的较低层次上，授权往往较模糊，相应的责任也比较模糊。例如，在一家工厂的各个车间之间，在同一车间的各个工段之间，权责划分通常比较容易，比较明晰；而在同一工段的各个班组之间，同一班组的工人之间，权责划分就困难得多，因而也就模糊得多。设置成本中心的一个基本原则就是：作为一个相对独立的责任主体，其责任范围必须能够明确划分，其承担的责任必须便于单独考核。

（三）成本中心的类型

按照成本中心控制对象的特点，可将成本中心分为技术性成本中心和酌量性成本中心两类。

1. 技术性成本中心

技术性成本是指中心发生的成本数额通过技术分析可以相对可靠地估算出来，如产品生产过程中发生的直接材料费用、直接人工费用、变动制造费用等。其特点是这种成本的发生可以为企业提供一定的技术成果，在技术上的投入量与产出量之间有密切的联系。技术性成本中心可以通过弹性预算予以控制。

2. 酌量性成本中心

酌量性成本是否发生及发生数量的多少，是管理人员的决策所决定的，主要包括各种管理费用和某些间接成本项目，如研究开发费用、广告宣传费用、职工培训费用等。这种费用的发生主要是为企业提供一定的专业服务，一般不能产生直接可以用货币计量的成果。在技术上，投入量与产出量之间没有直接关系。酌量性成本的控制应着重于预算总额的审批。

（四）成本中心的特点

成本中心相对其他层次的责任中心，有其自身的特点，主要表现在以下方面。

1. 成本中心只考评成本费用，不考评收益

成本中心一般不具有经营权和销售权，其经济活动的结果不会形成可以用货币计量的收入；有的成本中心可能有少量的收入，但从整体上讲，其产出与投入之间不存在密切的对应关系。因此，这些收入不作为主要的考核内容，也不必计算这些货币收入。成本中心只以货币形式计量投入，不以货币形式计量产出。

2. 成本中心只对可控成本承担责任

成本（含费用）按其是否具有可控性（其责任主体是否控制）可划分为可控成本与不可控成本两类。

具体来说，可控成本必须同时具备以下四个条件：可预计，即成本中心能够事先知道将发生哪些成本以及在何时发生；可计量，即成本中心能够对发生的成本进行计量：可施加影响，即成本中心能够通过自身的行为来调节成本；可落实责任，即成本中心能够将有关成本的控制责任分解落实，并进行考核评价。

不能同时具备上述四个条件的成本，通常为不可控成本。

属于某成本中心的各项可控成本之和构成该成本中心的责任成本。从考评的角度看，成本中心工作成绩的好坏，应以可控成本作为主要依据，不可控成本核算只有参考意义。在确定责任中心成本责任时，应尽可能使责任中心发生的成本成为可控成本。

成本的可控与不可控，是以一个特定的责任中心和一个特定的时期作为出发点的，这与责任中心所处管理层次的高低、管理权限及控制范围的大小和运营期间的长短有直接关系。因此，可控成本与不可控成本可以在一定的时空条件下发生相互转化。

首先，成本的可控与否，与责任中心的权力层次有关。某些成本对于较高层次的责任中心来说是可控的，而对于其下属的较低层次的责任中心而言可能是不可控的。对整个企业来说，几乎所有的成本都是可控的；而对于企业下属各层次、各部门乃至个人来说，则既有各自的可控成本，又有各自的不可控成本。

其次，成本的可控与否，与责任中心的营销范围有关。某项成本在某责任中心看来是不可控的，而对另一个责任中心则可能是可控的。这不仅取决于该责任中心的业务内容的范围，也取决于该责任中心所管辖的业务内容的范围。例如，产品试制费，从产品生产部门看是不可控的，而对新产品试制部门来说就是可控的。如果

新产品试制也归口由生产部门进行，则试制费又成为生产部门的可控成本。

最后，随着时间的推移和条件的变化，过去某些可控的成本项目，可能转化为不可控成本。

一般来说，成本中心的变动成本大多是可控成本，而固定成本大多是不可控成本；各成本中心发生的直接成本大多是可控成本，其他部门分配的间接成本大多是不可控成本。但在实际工作中，必须用发展的眼光看问题，要具体情况具体分析，不能一概而论。

3. 成本中心只对责任成本进行控制和考核

责任成本是各成本中心当期确定或发生的各项可控成本之和，又可分为预算责任成本和实际责任成本。前者是指根据有关预算所分解确定的各责任中心应承担的责任成本；后者是指各责任中心由于从事业务活动而实际发生的责任成本。

对成本费用进行控制，应以各成本中心的预算责任成本为依据，确保实际责任成本不会超过预算责任成本；对成本中心进行考核，应通过各成本中心的实际责任成本与预算责任成本进行比较，确定其成本控制的绩效，并采取相应的奖惩措施。

责任成本与产品成本是既有联系又有区别的两个概念。两者之间的区别有以下四点。

（1）归集和分配的对象不同。责任成本是以成本中心为费用归集和分配的对象。产品成本则是以产品为费用归集和分配的对象。

（2）分配的原则不同。责任成本的分配原则是“谁负责，谁承担”。其中的“谁”是指责任中心及其责任人。产品成本的分配原则是“谁受益，谁承担”，其中的“谁”是指产品成本的物质承担者，即产品本身。

（3）核算的基础条件不同。责任成本核算要求以成本的可控性为分类标志，以将成本分为可控成本和不可控成本两部分为前提条件。产品成本核算则要求以成本的经济用途作为分类标志，以将成本区分为生产成本和期间成本两大类为前提条件。

（4）核算的主要目的不同。责任成本核算的主要目的在于控制耗费、降低成本、考核和评价责任中心的工作业绩。产品成本核算的主要目的是为资产的计价、成本的补偿和计量经营成果提供信息。

两者之间也有以下两点联系：成本的本质是相同的，无论是责任成本还是产品成本，其都是由企业生产经营过程中一定量的资金耗费构成的；在一定时期内，企业发生的全部责任成本之和应当等于全部产品成本之和。

（五）成本中心的考核指标

成本中心的业绩考核对象是责任成本，即某一成本中心的各项可控成本之和。对成本中心的业绩考核，主要就是通过对成本中心的实际责任成本与预算责任成本进行比较，确定其成本发生和控制的绩效，并采取相应的奖惩措施予以激励实现的。

具体来说，在对成本中心的工作成果进行考核时，应从全部成本中区分出可控成本并加总得到责任成本，进而将实际发生额同预算额进行比较，揭示二者之间的差异及其金额、性质、形成原因，并根据此差异分析的结果，对各责任中心的工作成果进行奖惩，以促进预算责任目标的完成。

成本中心的业绩考核指标主要包括责任成本的差异额和责任成本差异率。其计

算公式为

$$责任成本差异额=实际责任成本-预算责任成本$$

$$责任成本差异率=责任成本差异额÷预算责任成本×100\%$$

由于成本的高低会因业务量的不同而不同，因此，在对成本中心进行业绩考核时，如果预算产量和实际产量不一致，应首先按照弹性预算的方法调整预算责任成本，然后再进行上述计算。

【例 10-1】成本中心考核指标的考核与评价

已知：某企业有 A、B、C 三个成本中心，分别生产三种产品。各种产品的相关资料见表 10-1。

表 10-1　成本中心的有关数据

成本中心	预计产量/件	标准单位材料成本/(元·件$^{-1}$)	实际产量/件	实际单位材料成本/(元·件$^{-1}$)
A	6 500	50	6 000	51
B	7 000	60	6 500	60
C	9 000	70	9 000	65

要求：计算各成本中心责任成本的变动额和变动率，并分析、评价其成本控制情况。

解：依题意，

A 成本中心的预算责任成本＝6 000×50＝300 000（元）

A 成本中心的实际责任成本＝6 000×51＝306 000（元）

因此，A 成本中心的责任成本差异额＝306 000－300 000＝6 000（元）

A 成本中心的责任成本差异率＝6 000÷300 000×100%＝2%

同理，可得到 B、C 成本中心的责任成本差异额和差异率，具体见表 10-2。

表 10-2　责任成本预算完成情况

成本中心 ①	标准单位材料成本/(元·件$^{-1}$) ②	实际产量/件 ③	实际单位材料成本/(元·件$^{-1}$) ④	预算责任成本/元 ⑤＝③×②	实际责任成本/元 ⑥＝③×④	差异额/元 ⑦＝⑥－⑤	差异率/% ⑧＝⑦÷⑤
A	50	6 000	51	300 000	306 000	6 000	2
B	60	6 500	60	390 000	390 000	0	0
C	70	9 000	65	630 000	585 000	-45 000	-7

从表 10-2 可看出，在这三个成本中心中，C 成本中心的业绩表现是最好的，实际责任成本比预算降低 7%；而 A 成本中心的成本控制业绩是三个中心中最差的，实际责任成本超出预算 2 个百分点。这主要是因为，C 成本中心的实际单位材料成本比标准单位材料成本降低了 5 元，A 成本中心的实际单位材料成本却超出预算 1 元，达到了 51 元。

二、利润中心及其业绩评价与考核

（一）利润中心的含义

利润中心是最终对利润负责的责任中心。利润由收入与成本两方面因素决定，所以利润中心既要对收入负责，又要对成本负责。显然，利润中心是比成本中心处于更高层次的责任中心，每个利润中心都包含若干下属的成本中心。利润中心所要负责控制的成本按下属各成本中心进行分解，即形成各成本中心所要负责控制的对象，而利润中心要对其权责范围内取得的全部收入和发生的全部成本以及将两者综合反映的利润指标负责。

利润中心有经营决策权，但没有投资决策权。利润中心的权责范围包括从材料采购到产品的生产与销售整个经营过程，所以，利润中心一方面有权自主决定经营过程中的各种问题，包括生产什么、生产多少、如何生产，以及如何销售、以什么价格销售，等等；另一方面不仅要对经营过程中发生的成本或费用负责，还因其有可控的经营收入而要对收入和利润负责。但是，利润中心无权决定企业的投资方向、投资规模及投资类型等投资问题，所以利润中心不能对于与利润相关的将投入资本联系起来加以综合考核的投资收益指标负责。就财务指标而言，利润中心应对利润负责，也只能对利润负责，利润指标确切地反映了其所应承担的经济责任，通过考核其指标的完成情况，就能够对其工作业绩作出评价。

（二）利润中心的类型

利润中心可以是自然形成的，也可以是人为划分的。按照利润中心收入来源性质的不同，可将利润中心分为自然利润中心和人为利润中心。

1. 自然利润中心

自然利润中心是直接可以向企业外部市场销售产品、提供劳务、获得实际收入并赚取利润的利润中心。这类利润中心虽然是企业内部单位，但可以直接面向外部市场，拥有独立的材料采购权、生产经营权、价格制定权和产品销售权等。

最典型的自然利润中心是企业的事业部，每个事业部均有独立的采购、生产、销售等功能，能够独立地发生成本、取得收入。

2. 人为利润中心

人为利润中心是仅向企业内部其他单位提供产品或劳务，然后按照“内部转移价格”取得“内部销售收入”并进行内部结算的利润中心。此类利润中心一般不直接向企业外部单位销售产品，不能取得通常意义上的实际销售收入，也不能核算实际利润，而只能通过内部结算计算内部利润。

工业企业的大多数成本中心都可以转化为人为利润中心。以家具厂内部的木工车间为例，虽然它只能将自己生产的产品——加工成型的木材交由涂装车间进一步加工后才能对外销售，没有直接的对外销售权，但它也有一定的独立生产经营权，能够决定本中心木材加工的数量、产品的质量、人员分工与调配等。因此，可将其向企业内部涂装车间提供的已定型的木材视同为销售，这一部门也可视为人为利润中心。

（三）利润中心的成本计算

利润中心要对利润负责，需要以计算和考核责任成本为前提。只有正确计算利润，才能为利润中心业绩考核与评价提供可靠的依据。对利润中心的成本计算，通常有两种方式可供选择。

1. 利润中心只计算可控成本，不分担不可控成本，即不分摊共同成本

这种方式主要适用于共同成本难以合理分摊或无须进行共同成本分摊。按这种方式计算出来的盈利，不是通常意义上的利润，而是相当于“边际贡献总额”。企业各利润中心的边际贡献总额之和，减去未分配的共同成本，经过调整后才是企业的利润总额。采用这种成本计算方式的“利润中心”，实质上已不是完整的和原来意义上的利润中心，面是边际贡献中心。人为利润中心适合采取这种计算方式。

2. 利润中心不仅计算可控成本，还计算不可控成本

这种方式适用于共同成本易于合理分摊或不存在共同成本分摊。这种利润中心在计算时，如果采用变动成本法，应先计算出边际贡献，再减去固定成本，才是税前利润；如果采用完全成本法，利润中心可以直接计算出税前利润。各利润中心的税前利润之和，就是企业的利润总额。自然利润中心适合采取这种计算方式。

（四）利润中心的考核指标

利润中心的考核指标为利润，通过比较一定期间实际实现的利润与责任预算所确定的利润，可以评价其责任中心的业绩。由于成本计算方式不同，各利润中心利润指标的表现形式也不同。

1. 当利润中心不计算共同成本或不可控成本时

其考核指标如下：

利润中心边际贡献总额＝该利润中心销售收入总额－
该利润中心可控成本总额（或变动成本总额）

需要说明的是，如果可控成本中包含可控固定成本，就不完全等于变动成本总额。一般而言，利润中心的可控成本大多只是变动成本。

2. 当利润中心计算共同成本或不可控成本，并采取变动成本法计算成本时

其主要考核指标如下：

利润中心边际贡献总额＝该利润中心销售收入总额－变动成本总额

利润中心负责人可控利润总额＝该利润中心可控利润总额－
该利润中心负责人不可控固定成本总额

公司利润总额＝各利润中心可控利润额之和－
公司不可分摊的各种管理费用、财务费用

为了考核利润中心负责人的经营业绩，应针对经理人员可控的成本费用进行考核和评价。这就需要将各利润中心的固定成本进一步区分为可控的固定成本和不可控的固定成本。这主要考虑某些成本费用可以划归、分摊到有关利润中心，却不能为利润中心负责人所控制，如广告费、保险费等。在考核利润中心负责人业绩时，应将其不可控的固定成本从中剔除。

【例 10-2】利润中心的业绩评价（基于边际贡献总额）

已知：某公司有两个利润中心 A、B，以边际贡献为考核指标。有关的成本费用指标见表 10-3。其中，变动成本为各利润中心的可控成本，租金、折旧费为共同成本（不可控成本）。

表 10-3　利润中心的业绩比较表　　单位：万元

利润中心	A	B	C
销售收入	500 000	400 000	900 000
变动成本	290 000	150 000	440 000
边际贡献	210 000	250 000	460 000
固定成本			
其中：租金			60 000
折旧费			90 000
营业利润			310 000

要求：评价各利润中心的经营业绩。

评价：从表中可看出，B 利润中心的成本费用控制工作好于 A，尽管利润中心 B 的销售收入低于 A，但由于成本费用控制得好，该中心的边际贡献明显高于 A 中心。因此，在用边际贡献总额指标对这两个利润中心的业绩进行考核时，B 的业绩显著好于 A。

【例 10-3】利润中心的业绩评价（基于营业利润）

已知：仍按【例 10-3】中的资料，该公司按照 1∶2 的比例，对租金、折旧费在 A、B 两个利润中心之间进行分摊，得到的有关评价指标见表 10-4。

表 10-4　利润中心的业绩比较表　　单位：万元

利润中心	A	B	C
销售收入	500 000	400 000	900 000
变动成本	290 000	150 000	440 000
边际贡献	210 000	250 000	460 000
固定成本			
其中：租金	20 000	40 000	60 000
折旧费	30 000	60 000	90 000
营业利润	160 000	150 000	310 000

要求：评价各利润中心的经营业绩。

评价：从表中可看出，在对利润中心 A、B 均不可控的固定成本进行分摊后，尽管二者的边际贡献总额未发生改变，但计算得到的营业利润的大小与边际贡献的大小方向相反，A 的营业利润大于 B 的营业利润。因此，在依据营业利润进行考核评价时，A 的业绩优于 B。

在考核评价利润中心业绩时，除比较分析各利润中心边际贡献总额或营业利润的实际完成额，还应将该评价指标的实际额与预算额进行比较，以确定各利润中心完成责任预算的真实情况，分析二者之间存在的差异及其具体原因。必要时，可应用因素分析法，分析确定销售数量、销售价格、销售品种结构以及销售费用等因素变动对考核指标的具体影响。

三、投资中心及其业绩评价与考核

（一）投资中心的含义

投资中心是对投资负责的责任中心，是既对成本、收入、利润负责，又对投入资金或占用资产的使用效果负责的责任中心。投资收益是将投入资本与该项投资所产生的利润联系起来加以综合考核的指标，因此，投资中心要对投资收益负责，就要对利润负责，从而也就要对形成利润的收入与成本负责。显然，投资中心是比利润中心处于更高层次的责任中心，每个投资中心都包含若干下属的利润中心。投资中心所要负责并控制的利润按下属各利润中心进行分解，形成各利润中心所要负责并控制的对象，而投资中心要对其权责范围内的全部投资及其产生的全部利润，以及将两者联系起来加以综合反映的投资收益指标负责。

投资中心不仅有经营决策权，而且有投资决策权，所以投资中心享有高度的自主权。实际上，所谓分权管理，是指一家大型公司被划分为若干个享有高度自主权的投资中心；而在成本中心、利润中心层次上的分权，在集中管理模式下也是存在的。投资中心在各类责任中心中处于最高层次，享有最大的权责范围，有权自主决定经营活动和投资活动中的各种问题，包括经营的品种、方式，投资的方向、规模、类型等，同时也要对经营成果和投资收益负责。在一般情况下，企业最高管理层对投资中心的活动不加干预。一般而言，大型集团所属的子公司、分公司、事业部等往往都是投资中心。在组织形式上，不同于成本中心一般不是独立法人、利润中心可以是也可以不是独立法人，投资中心一般是独立法人。

（二）投资中心的考核指标

投资中心的考核评价不仅关注产出情况，而且关注投入与产出之间的关系。因此，在对投资中心进行业绩考核时，不仅要关注其实现利润的高低，而且要结合其投入资金情况，考核其投资报酬率和投资效果的优劣。实践中，常通过计算、比较和分析投资利润率、剩余收益等财务指标，实现对投资中心经营业绩的考核与评价。

1. 投资利润率

投资利润率（return on investment，ROI），又称投资报酬率，是投资中心所获得的利润与投资额之间的比。其计算公式为

$$投资利润率=\frac{利润}{投资额}\times 100\%$$

投资额是投资中心可以控制并使用的总资产，因此，投资利润率又称总资产利润率。息税前利润是扣除利息、企业所得税前的利润，因为无论是税金还是利息，都与资金如何投放、资产如何使用无关，属于投资中心的不可控因素，应被排除在投资中心经营利润之外。同时，由于利润是期间性指标，为保持分子、分母计算口

径上的一致，在考察投资中心所投入的资金或占用的资产时，应按照平均投资额或平均占用额计算。

投资利润率指标可以反映投资中心每运用一元资产对创造利润的贡献大小，主要用于考核和评价由投资中心掌握、使用的全部资产的盈利能力。具体考核评价时，可将某投资中心的投资利润率的实际值与预算值进行比较，或者与其他利润中心的投资利润率指标进行比较，以发现存在的差异，并对产生此差异的原因进行深入分析。

为进一步说明影响投资利润率指标的各个因素，可进一步将投资利润率指标分解为

$$
\begin{aligned}
\text{投资利润率} &= \frac{\text{销售收入}}{\text{投资额}} \times \frac{\text{利润}}{\text{销售收入}} \\
&= \text{总资产周转率} \times \text{销售利润率} \\
&= \frac{\text{销售收入}}{\text{投资额}} \times \frac{\text{成本费用}}{\text{销售收入}} \times \frac{\text{利润}}{\text{成本费用}} \\
&= \text{总资产周转率} \times \text{销售成本率} \times \text{成本费用利润率}
\end{aligned}
$$

可以看出，提高投资利润率的有效途径有增加销售、降低成本费用、加快占用资产的周转等。

【例 10-4】投资利润率的计算

S 公司是 SM 集团的下属子公司，拥有独立的投资决策权。202×年该公司总资产的年初规模为 370 万元，年末规模为 430 万元。该年的利息费用为 10 万元，税后利润为 70 万元，所得税税率为 25%。SM 集团要求旗下公司的投资利润率为 20%。

要求：计算 202×年 S 公司的投资利润率。

解：202×年 S 公司的平均投资额 =（370+430）÷2 = 400（万元）

202×年 S 公司的息税前利润 = 70÷（1−25%）+10≈103. 33（万元）

202×年 S 公司的投资利润率 = 103. 33÷400×100%≈25. 83%>20%

由于 S 公司实际的投资收益率为 25. 83%，显著高于集团要求的 20%，因此，S 公司圆满完成了预算责任目标。

作为广泛应用的评价投资中心经营业绩的指标，投资利润率指标有助于反映投资中心在增加销售、控制成本费用、加快资金周转等方面的综合盈利能力；有助于分析、比较多个投资心的经营业绩，实现对多个投资中心经营业绩的优劣比较与分析评价；也有助于引导各投资中心选择有利的投资机会，调整资产存量，盘活闲置资产，减少不合理资产占用，实现资源的优化配置和有效使用。

但同时，投资利润率指标也存在一定的不足。尤其是投资利润率的财务指标属性，会使得个别投资中心为了获得高的投资利润率指标而减少投资，或者放弃整个企业有利的投资项目，从而作出错误的投资决策，不仅造成投资中心自身的本位主义和短视行为，而且会损害企业的整体利益和长远发展。为克服投资利润率的这一缺陷，有必要采用其他指标，如剩余收益等，对投资中心的业绩进行评价。

2. 剩余收益

剩余收益（residual income，RI）是投资中心获得的息税前利润扣减其按要求或预期获取的最低投资收益后的余额，也是一个绝对值指标。其中，最低投资收益是

为保证生产经营的正常、持续进行投资中心必须达到的最低收益水平，具体等于投资额与规定或预期获取的最低投资收益率的乘积，其中，最低投资收益率一般可按整个企业各投资中心的加权平均收益率计算得到。相应地，剩余收益的计算公式为

剩余收益=息税前利润-最低投资收益

=息税前利润-投资总额×规定或预期获取的最低投资收益率

结合投资利润率的公式，上述公式可进一步调整为

剩余收益=投资总额×投资收益率-投资总额×规定或预期获取的最低投资收益率

=投资总额×（投资收益率-规定或预期获取的最低投资收益率）

作为一个绝对指标和越大越好的正指标，只有当剩余收益的金额大于0时，才说明被评价的投资中心有好的业绩表现，反之，则说明该投资中心的业绩未达到预期，经营业绩表现不佳。进一步说，对某一投资项目而言，只要该项目的投资收益率高于规定或预期的最低收益率水平，就会给选择该项目的投资中心增加剩余收益，也会给企业带来利润，从而保证投资中心的决策行为与企业总体目标一致，推动投资中心作出有利于企业整体利益和长远发展的投资项目决策，避免投资中心本位主义和短视行为。这也是剩余收益相对于投资收益率指标最大的优势。

【例10-5】投资中心考核指标的计算与比较

已知：XY集团下设X和Y两家子公司，每家公司都有独立的投资决策权。该集团要求各下属公司应达到的最低投资收益率为10%。集团正在考虑由X或Y中的某一家来承担一个新项目。该项目所需投资额为100万元、投资利润率为11%。有关资料见表10-5。

表10-5　投资中心考核指标的计算与比较　　金额单位：万元

项目		投资额	利润	投资利润率	剩余收益
不追加投资	X	400	48	12%	48-400×10%=+8
	Y	200	16	8%	16-200×10%=-4
	小计	600	64	10.67%	64-600×10%=+4
X接受该项目	X	400+100=500	48+11=59	11.8%	59-500×10%=+9
	Y	200	16	8%	16-200×10%=-4
	小计	500+200=700	59+16=75	10.71%	75-700×10%=+5
Y接受该项目	X	400	48	12%	48-400×10%=+8
	Y	200+100=300	16+11=27	9%	27-300×10%=-3
	小计	400+300=700	48+27=75	10.71%	75-700×10%=+5

根据表10-5中的数据，如果继续以投资利润率作为考核指标，追加投资后，X的利润平会由12%下降到11.8%，Y的利润率会由8%提高到9%。因此，站在各投资中心角度考虑，Y公司接受该投资项目更为合算，也会更加主动，因为这会显著改善其经营业绩。相反，X公司可能不会接纳该投资项目，因为接受该项目后，其通过投资利润率反映的经营业绩会下滑，不利于其业绩表现。然而，站在整个集团角度，无论是哪家子公司接受该投资项目，集团整体的投资利润率都会从10.67%

上升至10.71%，对集团而言都是有利的。此种情况下，X公司作出的投资决策可能会导致集团错失一个好的投资机会，不利于集团整体利益最大化目标的实现。

如果以剩余收益作为考核指标，上述问题将不再存在。接受新的投资项目后，X公司的剩余收益将由原来的8万元增加至9万元，Y的剩余收益则由原来的-4万元变为-3万元。也就是说，如果X公司接受该项目，那么公司自身的经营业绩会改善，而且给整个集团会有更多的利润。如果Y公司接受该投资项目，虽然Y公司可以支配或占用的投资规模有所扩大，但它仍然不能为集团创造利润，而且还会造成集团资源的非有效使用和浪费。因此，无论从投资中心自身业绩考虑，还是从集团整体利益出发，都应由X公司承担该项目的投资任务。

成本中心、利润中心、投资中心这三类责任中心在分权管理的企业组织结构中分别处于不同层次。成本中心通常包括工厂、车间、工段、班组等，一般都不是独立法人；利润中心通常包括分公司以及一部分工厂甚至车间，有的是独立法人，有的不是；投资中心则通常包括各事业部和一部分分公司，一般都是独立法人。

成本中心、利润中心、投资中心三者之间的关系是，一个利润中心必然同时是成本中心，一个投资中心必然同时是成本中心、利润中心。

第三节 内部转移价格

一、内部转移价格的意义

内部转移价格是企业的内部单位之间相互提供产品或劳务时由于结算需要而选定的价格标准。内部转移价格对于转出部门来说相当于销售收入，对于转入部门则相当于成本，它同时影响两个相关部门的利润，定价高会增加转出部门的利润、降低转入部门的利润，定价低则结果相反。因此各部门的负责人都非常关心内部转移价格的制定，有时为了各自的利益甚至会发生争执。

制定内部转移价格的目的：一是明确各部门的责任，避免由于成本在部门间的转移造成责任的转嫁，以便对各责任中心进行有效的业绩评价；二是引导各责任中心在经营中采取与整体目标一致的决策。但这两个目的往往难以同时兼顾，因此在制定内部转移价格时必须根据企业的具体情况全面考虑，权衡利弊，作出最佳选择。

内部转移价格的意义在于：

（1）合理界定各责任中心的经济责任。内部转移价格作为一种计量手段，可以确定转移产品或劳务的价值量。这些价值量既标志着提供产品或劳务的责任中心经济责任的完成，同时也标志着接受产品或劳务的责任中心应负经济责任的开始。

（2）有效测定各责任中心的资金流量。各责任中心在生产经营过程中需要占用一定数量的资金。企业集团可以根据内部转移价格确定一定时期内各责任中心的资金流入量和资金流出量，并可在此基础上根据企业集团资金周转的需求，合理制定各责任中心的资金占用量。

（3）科学考核各责任中心的经营业绩。提供产品或劳务的责任中心可以根据提供产品或劳务的数量及内部转移价格计算本身的“收入”，并可根据各生产耗费的数量及内部转移价格计算本身的“支出”。

二、制定内部转移价格的原则

1. 全局性原则

制定内部转移价格必须强调企业的整体利益高于各责任中心的利益。由于内部转移价格直接关系到各责任中心的经济利益的大小，每个责任中心都会最大限度地为自己争取最大的价格优势，这种对自身利益的维护行为可能会引发不必要的矛盾和价格上的相互倾轧。当交易双方发生局部利益冲突时，企业和各责任中心都应站在全局的高度，本着对企业整体利益有利的原则，通过友好协商等方式，合理地制定内部转移价格。

2. 公平性原则

内部转移价格如果能够被交易双方都接受和使用，一个很重要的前提就是这一价格的制定公平合理，对双方都有利，没有偏袒其中的任何一方。也就是说，内部转移价格应充分体现各责任中心的工作态度和经营业绩，应有助于实现各责任单位的努力程度与所得收益的有效匹配。既不会使某些责任中心因价格优势而获得额外的利益，也不会使某些责任中心因价格劣势而遭受额外损失。

3. 自主性原则

内部转移价格的使用双方都是企业内部在权、责、利等方面相对独立的责任单位，因此，内部转移价格应在确保企业整体利益的前提下，在各责任中心自愿的基础上制定。交易双方都应有讨价还价的权利，具有选择产品、供应者和客户的自由，企业最高管理当局不宜过多地采取行政干预措施。

4. 重要性原则

内部转移价格的制定并不是事无巨细地对企业内部交易中涉及的所有产品或劳务一一制定详细的内部转移价格，而应体现“抓大放小”的原则，区别和划分产品或劳务的性质和重要程度，对原材料、半成品、产成品等重要物资或劳务的内部转移价格花大力气制定详细以节约成本，提高内部结算或内部责任结转工作的效率。面对低值易托品等数量庞杂、价值低廉的物资，应从简制定内部转移价格，以节约成本，提高内部结算或内部责任结转工作的效率。

三、内部转移价格的类型

常见的内部转移价格的制定（简称“转移定价”）方法有四种：基于市场价格的转移定价、协商定价、成本转移定价以及双重定价。

1. 基于市场价格的转移定价

基于市场价格的转移定价，简称市场价格转移定价法，就是依据企业内部交易中转移的产品或劳务的外部市场价格，将其作为进行内部结算或内部责任结转时使用的计价标准。

在企业内部各责任单位进行内部交易时，如果被转移的产品或提供的劳务有明确的市场价格，市场价格的客观性、公正性将会使其成为制定内部转移价格的最好依据。基于市场价格进行内部转移定价能够将外部市场机制引入企业，促使并推动各责任单位在市场竞争的氛围和压力下，努力改善经营管理，降低成本费用，以最终获得好的经营指标和业绩表现。

在依据市场价格进行内部转移定价时需注意以下几点：

（1）此方法并不适用于所有的内部交易结算或内部责任结转，而是需要具备一定的前提条件。如被转移的产品或劳务有完全竞争或接近完全竞争的外部市场，或这些产品或劳务提供方的生产或服务能力已经饱和，不能生产或提供更多的产品或服务；在这些产品或劳务对外销售或进行企业内部转移均可时，在不损害企业整体利益的情况下，首先应保证满足企业内部责任单位对该产品或劳务的需求。

（2）此定价方法同样需遵循外部交易的公平性、合理性、科学性等原则，应充分保障交易双方的权益。具体来说，在不损害企业整体利益的前提下，如果提供方愿意对内销售，且售价不高于市价，使用方有购买的责任与义务；如果提供方的售价高于市场价格，使用方有转向外部市场的权利与自由。相反，如果提供方更愿意在企业外部市场销售，则企业不能限制其对外销售。

（3）应用此方法时，不是直接将外部市场价格用于内部交易结算或内部责任结转，而是在对此价格进行必要调整后才能作为内部交易价格，包括扣除内部交易时不需要发生的销售费、广告宣传费、运输费等。因为虽然这些费用是影响对外销售价格的重要因素，但当产品或劳务在企业内部责任单位之间流转时，它们不会发生，也不需要支付或承担。如果对这些费用不扣除，因内部交易而节约的广告、运输等方面的费用会完全成为内部交易产品或劳务提供者（销售方）的经营成果。使用者（内部交易购买方）并不能得到进行内部交易而节约了费用支出的好处，这一结果既不利于维持企业内部责任单位之间利润分配和业绩考核的公平性，也不利于调动交易双方的积极性。

2. 协商定价

协商定价又称议价，是指在正常的市场价格基础上，企业内部交易的供求双方通过定期协商，确定一个双方都能接受的内部转移价格的定价方法。

通常而言，协商价格要比市场价格低一些。这是因为：一是内部转移价格中包含的广告费和管理费普遍低于外部市场价格；二是内部交易的产品或劳务一般数量较大，单位成本自然可以更低；三是内部交易的产品或劳务的提供方大多拥有剩余生产能力，对提供方而言，只要内部转移价格高于单位变动成本就是合算的，不需要像外部市场价格那样在单位变动成本之外附加其他成本支出。进一步说，商定价格时确定内部转移价格的最高上限是市价，下限是单位变动成本，具体水平由买卖双方在这个范围内协商确定。

通过协商定价确定内部转移价格的一个前提是：内部交易涉及的产品或劳务能够在非竞争性市场上买卖，而且交易的双方都有权自行决定是否买卖该产品或劳务。当然，对交易双方自主决策权的强调并不是对企业高层管理者参与内部转移定价的完全禁止。当价格不能由买卖双方自行决定，协商的双方发生矛盾又不能自行解决或者交易双方协商确定的价格不符合企业的利润最大化要求时，企业的高层管理者应进行必要、有限而得体的干预，但绝不能包办或决定一切。

协商确定价格的优点在于：在定价过程中，供求双方都有讨价还价的权利，能够在模拟的市场环境下充分发表意见，统一和协调双方的利益，从而有利于调动各方的积极性、主动性。协商确定价格也存在一定的不足。协商过程中，交易双方都要花费大量的人力、物力和时间；协商的交易双方也可能会因各持己见而相持不下，需要企业高层领导进行裁定。这样不仅难以发挥对各责任单位的激励作用，而且会弱化分权管理的作用。

协商定价的适用范围：在内部交易的产品或劳务有非竞争性市场，提供方有闲置的生产或服务能力、能够生产或提供更多的产品成劳务，产品或劳务的变动生产或服务成本低于市场价格，以及交易的相关责任中心都有讨价还价权利的情况下，可通过协商方式确定内部转移价格。

3. 成本转移定价

成本转移定价就是以内部交易中产品或劳务的成本为基础制定内部转移价格。由于人们对成本的概念有多种理解，实践中应用较多的成本转移定价方法具体可分为实际成本定价法、实际成本加成定价法、标准成本定价法、标准成本加成定价法等多种类型。

实际成本定价法以产品（半成品）或劳务的实际成本作为内部转移价格，此方法主要用于成本中心之间产品（半成品）或劳务转移的内部结算或内部责任结转。实际成本定价法的优点是简单、易用，对经营规模小、内部管理水平和会计核算能力不高的企业来说较为适合。但从严格意义上讲，此方法只是实际成本的计算与转嫁过程，并不能发挥内部价格所具有的划清经济责任、调节企业内部利润份额的作用。因为在按照实际成本进行内部结算或内部责任结转时，产品或劳务提供方的工作业绩或缺陷会毫无保留地全部转移给接受方，由接受方承担由此产生的所有经济责任，提供方则不承担任何的经济后果。受此影响，这一定价方法不利于激励和约束产品或劳务的提供方降低成本，也不利于整个企业成本费用的控制与节约。

实际成本加成定价法按产品（半成品）或劳务的实际成本加计一定的合理利润作为内部转移价格定价方法的基础。此方法适于对利润中心或投资中心之间产品或劳务转移时的内部结算与内部责任结转。此方法的优点是让产品或劳务的提供方能够取得一定的利润，有助于激励其努力工作。然而，由于此价格中也包含了实际成本，提供方的经营业绩与缺陷的转嫁问题依然不能消除，因此，此方法仍然不利于划清经济责任，也不利于调动提供方降低成本、增加利润的积极性。再加上确定加成利润率时有一定的主观随意性，并不能实现对交易双方经营业绩的正确评价。

标准成本定价法以产品（半成品）或劳务的标准成本作为内部转移价格的定价方法。它同样适用于成本中心之间产品（半成品）或劳务转移的内部结算或内部责任结转。此方法的优点是能够将日常管理和会计核算工作结合起来，有利于克服实际成本定价法存在的产品或劳务提供方经营业绩与缺陷转嫁的问题，也有助于划清责任，调动供需双方降低成本的积极性。

标准成本加成定价法按产品（半成品）或劳务的标准成本加计一定的合理利润作为计价的基础，适用于利润中心或投资中心之间产品或劳务转移的内部结算与内部责任结转。此方法的优点是融合了标准成本定价法与实际成本加成定价法的优点，既有利于划清买卖双方的经济责任，激励双方降低成本、增加利润，又有利于对双方经营业绩的正确评价。但确定加成利润率时，仍存在一定的主观随意性，需由管理当局妥善制定，避免主观随意性。

4. 双重定价

双重定价就是对内部交易的双方分别采用不同的价格进行内部结算与内部责任结转的定价方法。如对产品或劳务的供应方按协商价格计价，对使用方按照按产品或劳务的单位变动成本计价，即采用“双重内部转移价格”；又如在产品或劳务存在不同的市场价格时，提供方采用最高的市价作为内部转移价格，使用方则按最低的市价作为计价基础，即采用“双重市场价格”。双重市场价格之间的差异可以记录在专门的结算账户中。

双重定价的好处在于，它能够使内部交易双方有一定的灵活性，从而满足供求双方的不同需要，提高二者在生产经营上的主动性和积极性；有利于推动内部交易活动，提高企业资源的使用效率与效益，避免使用方因内部定价过高而拒绝从内部“购买”，或提供方因内部定价过低、拒绝向内部“销售”而导致部分生产能力闲置等情况。此方法的不足在于，由于交易双方都按照最有利于自己的价格进行核算，会产生利润重复计算的问题，而且这一问题会随企业内部交易的增多而日益突出。同时，双重定价方法还会导致有关责任无人承担或责任不明的问题。

相应地，双重定价方法不适用于所有企业的内部转移定价。只有当企业内部转移的产品或劳务有外部市场，提供方有剩余生产能力，而且采用单一的内部转移价格不能激励各责任单位的生产经营、保证责任中心与整个企业的经营目标一致时，方可考虑采用这一方法。

【例 10-6】成本转移价格的确定

已知：某企业有甲、乙两家子公司，均为利润中心。甲公司生产的 A 半成品既可以直接在市场上出售，也可以作为乙公司生产 B 产品的一种配件，B 产品加工完毕后作为最终产品在企业外部市场上公开销售。A 半成品、B 产品的投入产出比为 4∶1，甲公司要求的利润率为 20%。甲、乙两家公司产品的部分资料见表 10-6。

表 10-6　相关成本与产销量资料

产品	A	B
市场价格/(元·件$^{-1}$)	10	32
单位变动生产成本/(元·件$^{-1}$)	5	
单位深加工费用（不含 A 配件成本）/(元·件$^{-1}$)		10
单位销售及管理费用/(元·件$^{-1}$)	2	8
小计	7	18
最大产量/件	400 000	20 000
预计最大对外销售量/件	350 000	22 000

要求：请选择合适的内部定价方法确定 A 半成品的内部转移价格。

分析：根据表中提供的信息，A 半成品的最大产量为 400 000 件，甲公司尚有闲置的生产能力为乙公司额外生产 A 半成品 50 000 件（即 400 000 件-350 000 件），满足 B 产品 12 500 件的生产，且外部市场可以容纳这些产品（12 500 件<22 000

件），A 的单位变动成本也小于其市场价格（7 元<10 元）。此时，企业可以考虑采用实际成本加成定价法或双重内部转移定价确定内部转移价格。

（1）在实际成本加成定价法下，A 半成品的内部转移价格 = 7×（1+20%）= 8.4（元）。此价格是甲、乙两公司使用的唯一的内部转移价格。

（2）在双重内部转移定价法下，提供方甲公司选择和适用的内部转移价格 = A 半成品的市场价格 = 10（元）；接受方乙公司选择和适用的内部转移价格 = A 半成品的单位变动成本 = 7（元）。甲、乙两公司分别适用不同的内部转移价格进行内部结算或内部责任转账。

【本章小结】

本章首先介绍了责任会计的基本内容、建立责任会计制度的原则，其次分别详细阐述了责任会计制度中的成本中心、利润中心和投资中心的含义、类型、特点及相应的考核指标，最后分析了为分清责任而产生的内部转移价格的意义、制定原则及类型。

【关键术语】

责任会计　责任中心　内部转移价格

【思考题】

1. 什么是责任会计？它的基本内容有哪些？
2. 建立责任会计制度有哪些原则？
3. 什么是成本中心？它的类型有哪些？它的特点是什么？它的考核指标有哪些？
4. 什么是利润中心？它的类型有哪些？如何计算它的成本？它的考核指标有哪些？
5. 什么是投资中心？它的考核指标有哪些？
6. 什么是内部转移价格？制定内部转移价格的原则有哪些？
7. 内部转移价格有哪些类型？

【练习题】

1. 某总公司加权平均投资利润率为 18%，其所属 A 投资中心的经营资产平均余额为 400 万元，利润为 100 万元。现该投资中心有一投资项目，投资额为 50 万元，预计投资利润率为 20%。若该公司要求的最低投资利润率为其加权平均投资利润率。

要求：

（1）如果不考虑投资项目，计算 A 投资中心目前的投资利润率。

（2）如果按投资利润率来衡量，A 投资中心是否愿意接受这一投资项目？

（3）计算投资项目的剩余收益。

（4）如果按剩余收益来衡量，A投资中心应否接受这一投资项目？

2. 某公司2020年相关资料如表10-7所示。

表10-7　某公司2020年相关资料　　单位：万元

项目	预算数	实际数		
		甲投资中心	乙投资中心	丙投资中心
销售收入	200	180	220	200
营业利润	18	19	20	18
营业资产	100	90	100	99

在年末业绩评价时，董事会对这三个投资中心的评价发生了分歧：有人认为丙投资中心全面完成了预算，业绩最好；有人认为乙投资中心收入和利润都超出预算，业绩最好；还有人认为甲投资中心利润超过预算并节约了资金，业绩最好。

要求：假设该公司资本成本是18%，请对三个投资中心进行评价。

3. 某公司的一个投资中心今年有甲、乙两个投资项目可供选择。两个项目的投资、营业利润和投资报酬率如表10-8所示。

表10-8　项目的投资、营业利润和投资报酬率

	项目甲	项目乙
投资/万元	1 000	400
营业利润/万元	130	64
投资报酬率/%	13	16

该投资中心目前的投资报酬率为15%，营业资产为5 000万元，营业利润为750万元。该中心可以得到1 500万元的新增投资，公司总部要求每项投资至少应获利10%。该中心的闲置资金将由公司总部进行投资，报酬率也是10%。该中心负责人有四个备选方案：项目甲、项目乙、甲乙都选、甲乙都不选。他首先认定选择项目甲对本中心不利。

要求：根据上述资料，结合剩余收益和投资报酬率指标帮助中心负责人进行决策分析，并说明理由。

【案例分析】

王永庆的利润中心管理模式

在世界化工行业，台塑董事长王永庆是中国台湾地区一个家喻户晓的传奇人物。他带领台湾塑胶集团进入世界化工行业的前50强。台塑集团取得如此辉煌的成就与王永庆的知人善任是分不开的。多年的经营管理实践令王永庆创造出一套科学的用人之道——一个利润中心管理模式，其中最为精辟的是“压力管理”和“奖励管理”两套方法。

台塑在1968年就成立了专业管理机构，具体包括总经理室及采购部、财政部、营建部、法律事务室、秘书室、电脑处。总经理室下设营业、生产、财务、人事、资料、工程、经营分析、电脑等8个组。这就像一个金刚石的分子结构，只要自顶端施加一种压力，自上而下的各个层次便都会产生压迫感。

各事业部又以厂别或产品别被划分为若干个“利润中心”，独立核算损益，衡量经营绩效，以便于各单位甄别各自的责任归属。由于利润中心过大，产销范围不利于计算和降低成本，王永庆又将利润中心再调整细分为针对直接生产部门的“成本中心”和非直接生产部门的“费用中心”。台塑集团有上千个利润中心、上万个成本核算中心。

这种管理模式的效果体现在企业有能力连续降低生产成本，向下游客户提供物美价廉的石化产品，以获取合理利润。简而言之，被誉为中国台湾“经营之神”的王永庆所创造的利润中心管理模式，无非就是将组织不断化小，自主经营，自负盈亏；对财务核算管理实行一日一结算制度，时刻掌握企业经营的实际状况；企业的永续经营的哲学是“人心永续”，以“责任永绩”为根基，始终把关注员工放在第一位，激发人心的善，始终坚持“降低成本，避免浪费”的成本管理体系。

案例来源：稻盛和夫. 台湾“经营之神”王永庆所创造的利润中心管理模式［EB/OL］.［2017-01-28］. http://www.wtoutiao.com/p/X76tTu.html.

思考：

1. 台塑公司的各种责任中心分别是指什么？
2. 台塑公司是如何进行有效的利润中心管理的？

第十一章
作业管理

【本章学习目标】

了解作业管理的含义以及相关概念；明白作业管理的目标和作业管理的具体实施步骤；理解作业分析的基本含义以及如何进行作业预算的编制；熟悉如何对作业水平进行分析与评价以及了解改善经营的措施。

第一节　作业管理概述

随着经济的不断发展，高新技术蓬勃发展并广泛应用于生产领域，促使企业从批量生产系统转变到弹性的制造系统，这导致企业生产组织的重大变革、生产组织的重大变革，也必然带来企业管理的重大变革。现代企业管理思想为了适应生产组织的重大变革，形成了新的企业观，新的企业观认为企业是一个为最终满足顾客需要而设计的一系列作业的集合体。

企业完成每项作业都需要消耗资源，同时产生价值，这就形成了价值链，最终产品凝聚着这条作业链的价值。作业成本计算的意义并非简单意义上的会计计算，它以“作业”为中心的管理思想，现在已从成本的确认、计量方面转移到企业管理的诸多方面，一个新的现代企业管理思想——作业管理（activity based management，简称 ABM）正在形成。现在社会逐步加强对企业作业管理的重视程度，这是企业的变革，也是企业管理方法的提升与进步。

一、作业管理的含义

作业管理是把管理重心深入到作业层次的一种新的管理观念。它尽可能消除“不增值作业”，改进“增值作业”，优化“作业链”和“价值链”，最终增加“顾客价值”和“企业价值”。

每一作业成为其他作业的顾客，由此连成一个整体，形成顾客链，最终为企业外部顾客服务。实际上，企业本身就是一个由此及彼、由内到外的作业链。企业每完成一项作业都要消耗一定的资源，而作业的产出又形成一定价值，转移到下一个作业，依次转移直至形成最终产品来提供给企业外部顾客。最终产品作为企业内部作业链的最后一环，凝结了各个作业链所形成并最终提供给顾客的价值。因此，作业链同时又表现为价值链。作业耗费与作业产出配比的结果就是企业的盈利。企业为了实现其经营目标，必须提高其作业产出以及减少作业耗费。但是，并不是所有的作业都能够创造价值。这就需要溯本求源，分析哪些作业能够增加价值，哪些作业不能增加价值，尽可能消除不能创造价值的作业；即使能创造价值的作业，也要尽可能减少其作业耗费。这一切都要借助于“作业分析”。企业进行作业分析，就是不能像过去那样停留于“产品”这一层次，而要深入到每一作业，从而适应生产组织和企业观的变革，一种以“作业”为核心的现代企业管理方法——以作业为基础的管理（ABM）或简称之为作业管理便应运而生。

作业成本法虽然起源于成本计算的精确性动机，但其意义已完全超越了成本计算精确性要求这个层面，深入到企业作业链-价值链重构，乃至企业组织机构设计问题。但是，作业成本法只是认识作业链-价值链的手段，作业管理才能改造和优化作业链-价值链。因此，从作业成本计算发展到作业管理就成为必然。

关于作业成本法，它具有二维观念，其一是“成本分配观”，它可以概括为：资源→作业→成本对象，成本分配观提供了关于资源、作业及成本对象的有关信息，它是以“成本对象引起作业需求，而作业需求引起资源需求”为基本依据，将资源首先分配至作业，再由作业分配至成本对象；其二是“过程观”，它可以概括为：经营过程分析→作业→持续改善。过程观提供的是“何种因素引起作业以及作业完成效果如何”的信息，企业可以利用这些信息不断优化经营过程，从而实现持续改善。作业管理体现了作业成本法的过程观，其目的在于对作业链-价值链进行持续改善，以便使企业获得竞争优势。作业成本法的二维观念见图 11-1。

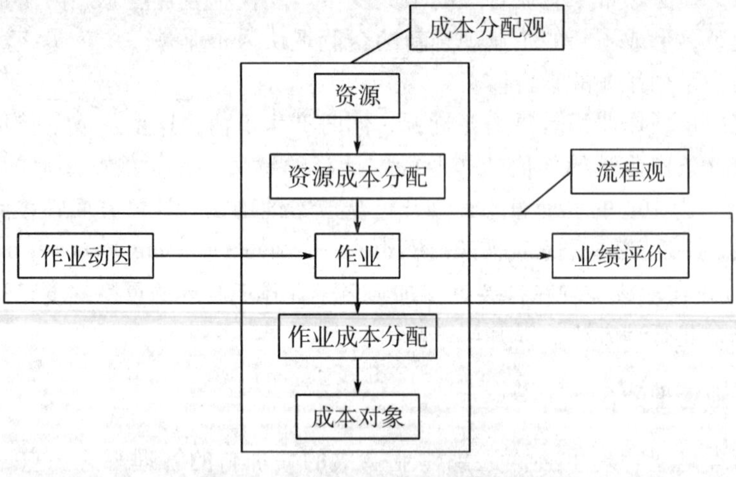

图 11-1　作业成本法的二维观念

作业管理可以分为两个层次：经营性作业基础管理与战略性作业基础管理。

经营性作业基础管理包括为提高效率、降低成本、提高资产利用率而采取的行动，也就是说，正确地做事情（do the things right）。经营性作业基础管理把组织作业的要求视为既定的，并试图用尽可能少的组织资源来达到这个要求。换言之，经营性作业基础管理试图要么增加产出，要么减少支出，从而只需较少的物力、人力、资本资源来实现既定收入。经营性作业基础管理的效果体现在成本节约（通过减少资源投入）、收入增加（通过更好地利用资源）和成本避免（因为已有资源生产能量的扩大，避免人力和资本的追加投资）。

战略性作业基础管理，即做正确的事（do the right thing），试图改变对作业的要求，从而增加利润（假设作业效率保持不变）。战略性作业基础管理试图减少亏损作业的成本动因量。作业成本核算可以反映出企业哪些产品、服务和客户最终有助于盈利，营销与销售经理可以利用这些信息判断对这些产品、服务及客户的需求能否进一步增加，以及增加的收入是否会大于增加的成本。所以，凭借战略性作业基础管理，决策者可以把作业转向更有利可图的方面。战略性作业基础管理主要包括产品结构与定价、客户关系、供应商选择与供应商关系以及产品设计和开发等方面的决策。

虽然作业基础管理可以分成以上两个部分，但是两种层面管理所使用的信息都是 ABC 系统提供的作业成本信息，所利用的分析工具都是流程价值分析。流程价值分析包括三个部分：动因分析、作业分析和业绩考核。

每项作业都有投入和产出，作业投入就是为了取得产出而由作业消耗的资源；作业产出是一项作业的结果或产品，作业产出计量是执行作业的次数，实际上就是作业动因，动因分析就是为了找出形成作业成本的根本因素而作出的努力；作业分析就是确认、描述和评价一个组织所执行作业的流程，其中评估作业对组织的价值是作业分析最重要的一步；业绩考核是评价作业的执行情况，对于以提高盈利能力为目的的管理至关重要。作业业绩指标既可以是财务性的，也可以是非财务性的。

二、作业管理的相关概念

（一）作业和作业链

作业（activity）是业务流程（business process）的具体化，是企业为提供产品或劳务所进行的各种工序和工作环节的总称，是由人力、机器、技术或设备执行的任务，可以作为企业划分控制和管理的单元。而作业又是由若干任务（task）构成的。任务是实施每项作业的详细步骤，其作用主要在于理解作业的构成。它是在一个组织内为了某一目的而进行的耗费资源的工作。作业是作业成本管理的核心要素。根据企业业务的层次和范围，可将作业分为以下四类：单位作业、批别作业、产品作业和支持作业。

（1）单位作业：使单位产品或服务受益的作业，它对资源的消耗量往往与产品的产量或销量成正比。常见的作业如加工零件、每件产品进行的检验等。

（2）批别作业：使一批产品受益的作业，作业的成本与产品的批次数量成正比。常见的如设备调试、生产准备等。

（3）产品作业：使某种产品的每个单位都受益的作业。例如零件数控代码编制、产品工艺设计作业等。

（4）支持作业：为维持企业正常生产而使所有产品都受益的作业，作业的成本与产品数量无相关关系。例如厂房维修、管理作业等。通常认为前三个类别以外的所有作业均是支持作业。

现代企业本质上是一个为了满足顾客需要而建立的一系列有序的作业集合体，这就形成了一个由此及彼、由内向外的“作业链”。每完成一项作业须消耗一定的资源，而作业的产出又形成一定的价值，转移给下一个作业，按照这个顺序逐步向后推移，直至把产品提供给外部的顾客。最终产品凝集了在各个作业上形成而最终转移给顾客的价值，因此，“作业链”同时表现为“价值链”。

（二）业务流程

流程的基本思想可以追溯到20世纪初美国的科学管理运动，其代表人物泰罗提出用科学的管理方式代替经验的管理方式，建立各种明确的规定、条例、标准，以提高效率。这一“科学管理”主要限于生产车间的范围，在动作研究、时间研究和工艺研究的基础上制定规范的工艺流程和操作方法。

1966年，著名管理学大师彼得·F. 德鲁克在其主要著作之一《有效的管理者》中重点探讨了“有效的工作次序”，提出了在决定工作中何者当先、何者宜后的基本原则。

20世纪90年代，迈克尔·哈默和杰姆斯·钱皮两位管理学家提出了业务流程再造（business process reengineering，BPR）的思想，使流程的思想发生了本质的延伸和变化，使流程不再局限于技术层面和内部工作层面，而是从直接满足客户需求开始的业务流程，明确了要从整个企业的角度跨部门地设计、优化和整合流程。

业务流程再造中的“业务流程”是一组共同为顾客创造价值而又相互关联的作业。因此实现业务流程再造，就是对企业作业流程的根本改变，为实现作业管理奠定了基础。

上述三个有关流程的思想实际上是企业流程的三个层面，即技术层面的工艺流程、以提高效率为主的工作流程和从企业整体上考虑全面效益的业务流程。

（三）价值链

与流程起源于企业长期实践不同，“价值链”的概念是迈克尔·波特教授于20世纪80年代在研究企业之间竞争的问题时，引入的一种“分析工具”，因为“将企业作为一个整体来看无法认识竞争优势。竞争优势来源于企业在设计、生产、营销、交货等过程及辅助过程中所进行的多组相互分离的作业，所有这些作业都可以用价值链表现出来”。

价值链与流程是不同层次上的概念。价值链是企业战略层次上的概念，是在企业全局范围内考察企业的各项作业，建立在企业已有的正常的生产经营活动基础之上，即建立在已有的流程之上。狭义的流程管理主要是战术层次和操作层次的概念。组成流程的活动划分一般都比较细，具有明确负责的人、岗位或部门；而组成价值链的活动划分比较粗，一般不考虑现实中明确的负责人、岗位或部门。在划分流程中的活动时，主要以技术和业务要求为依据。

在划分价值链中的作业时主要有两大依据，一是以成本和作业的明显增值为依据；二是以产品或服务在整体上的技术改善为依据。流程与组织结构具有紧密的关系，流程必须有部门、岗位对其负责，否则无法操作；而价值链的概念不考虑现时的组织结构，作为企业竞争力的评价工具只是抽象地分析研究企业的各项活动，将其按照从客户开始的增值过程组合起来。

因此，对流程进行管理和优化的目的是在成本、质量和时间等方面获得稳定的控制和改进，更高效地得到期望的结果。而价值链的提出，一开始就是用于企业的评价和认识，特别是用于分析企业的竞争优势，而不是直接用于建立业务流程。正如波特所说："竞争者价值链之间的差异是竞争优势的一个关键来源。"

（四）作业、业务流程和价值链之间的关系

作业管理理论的出发点是提高增加顾客价值作业的效率，消除或减少不增加顾客价值的作业，即使价值链增值。而从价值链的运行原理来看，价值运动的过程就是企业业务流程，而作业是消耗资源、创造价值的基本单元，因此也是组成业务流程的基本单元。所以业务流程优化的核心是构成流程的基本单元——作业的优化以及作业之间的结构优化，即实现作业链联结的整体最优。这种最优的作业组合，是作业管理的基础。

三、作业管理的目标

作业管理是以作业为核心，通过作业这个基础环节进行成本计算、成本预测、规划和控制，并为经营决策提供更加详细准确的财务成本信息的管理会计方法。作业基础管理的产生是管理会计适应作业基础管理要求的结果。作业基础管理会计通过作业分析以及对作业成本、作业效率、作业质量和时间的计量、报告和考核、作业预算的编制为实施作业基础管理奠定了基础。

作业管理从顾客的需求和企业竞争性盈利目标出发，追求零缺陷、零库存、高价值作业，实现企业战略管理。从作业管理的实质来看，作业管理的主要目标有两个：

一是从外部顾客的角度出发，尽量通过作业为顾客提供更多的价值（价值指顾客就企业提供给他们的产品或服务所愿意支付的金额）。

作业基础管理认为，与存货相关的作业（如存储、搬运、保管等）都不能为最终产品增加价值，因此必须消灭存货，实现零库存。而要做到零库存，要求实行准时生产系统（JIT），以准时生产为出发点，然后对设备人员等资源进行调整。如此不断循环，使成本不断降低，计划和控制水平也随之不断简化和提高，JIT 视库存为一种浪费，废品则是更大的浪费。要使生产准时进行，不能出现任何残次品，否则将打乱准时生产体系，因此准时制要求必须实施全面质量管理（TQM），以质量为中心，以全员参与为基础，使所有产品达到零缺陷，达到顾客满意。从顾客角度，为顾客提供产品或金额，使得顾客对作业价值满意。

二是从企业自身角度出发，尽量从顾客提供的价值来获取更多的利润。

作业管理为经营决策提供更加准确有用的信息。产品成本信息是企业生产和定价决策的重要依据。但传统成本计算由于提供的产品成本不准确往往造成企业决策失误。例如，传统的成本计算低估了小批量产品的成本，往往造成企业对这些产品的定价过低和盲目地增加产品品种，使产品过于顾客化和过多地为顾客服务。而作业基础成本计算则可提供较准确的产品成本信息。另外，作业基础成本习性分析、作业基础 CVP 分析均可较传统管理会计的方法提供更加准确详细的信息，从而可以改进企业经营决策。这部分是从企业的角度，以竞争性的盈利目标出发，以满足获得更多利润的需求。

四、作业管理的实施步骤

企业在开展作业管理的时候，必须结合企业自身的实际情况来具体分步骤实施。但是不同的企业的应用当中，也存在很多共性因素存在。将管理深入到作业水平，实行以作业为基础的管理，具体可从以下三个步骤来进行。

（一）进行作业分析

作业是作业管理的起点和核心，因此实施作业管理，必须先分析作业。作业分析的内容包括：

（1）分析作业的必要性。作业的必要性要从两个视角来分析：顾客和企业。如果某项作业对顾客来讲是必要的，那就是必要的作业，它能为顾客增加价值；如果某项作业对顾客来讲是无关紧要的，但对企业组织而言却是必要的，那么该作业也是必要的作业。

例如，编制会计报表这一作业，对一般顾客来说是不必要的，因为他们所关心的只是产品的质量与价格；但是企业必须编制会计报表，以满足所有者、债权人以及其他与企业有经济利益关系的信息使用者的需要。那些既不能为顾客增加价值，也不能为企业组织功能的发挥作用的作业，都是不必要的作业，必须想方设法消除。

（2）分析重点作业。一个企业的作业成百上千，如果不无轻重地逐一分析，不仅会浪费许多人力资源，还会耽误作业管理的开展。因此，应选择那些对于顾客或企业本身而言比较重要的作业进行分析，重点突破，以寻求改善的机会。在一个企业里，80%的成本通常是由20%的作业引起的。在实际操作过程中将作业按其占总成本比例的大小排列，排列在前面的那些作业就是应进行具体分析的重点作业。

（3）将作业进行横向比较，即将本企业的作业与同业最优秀企业的类似作业进行比较。因为能增值的作业并不意味着最有效率或最优，通过与先进企业的作业水准进行比较，可以判断某项作业或企业整个作业链是否有效率，找出差距，寻求改进的可能。

（4）分析作业间的联系。如前所述，企业是由相互联系的一系列作业有序集成的作业链。理想的作业链应该是作业与作业之间环环相扣，而且每项增值作业只在最短的时间内出现一次。通过分析作业之间的联系，企业可以寻找改进的机会。

（二）分析成本动因

成本动因是指引起成本发生和变化的根本因素。依据成本动因在资源流动中所处的位置可将其分为：

（1）资源动因——作业耗用资源的种类及数量的决定因素，它反映作业量与资源耗用间的因果关系。

（2）作业动因——成本目标所需作业种类和数量的决定因素，它反映成本目标使用作业的频率和强度。

探寻成本发生的根本因素，一是有利于作业成本计算，二是有利于找出那些非增值作业的根源，并设法消除之。消除了非增值作业的根源，也就消灭了非增值作业。例如，企业通常在产品制造完毕后，运送到仓库进行分类、整理、储存，而顾客并不在乎这些过程的有无，也就是说从运送到储存这些作业并没有为顾客增加任何实际效用，因而这些作业是非增值作业。而发生这些非增值作业的根本原因就是存货的存在，所以，要剔除非增值作业，就必须消灭存货。解决的办法就是产品生产出来后直接送到顾客手中，而不再经过仓库。

（三）计量业绩

作业是可以计量的，作业实际耗费的结果应与预算相比较，进行业绩评价。在作业管理中，业绩的计量应细分到每一作业对企业总体的贡献。以作业作为业绩计量与评价的起点，就可把企业各个方面的生产经营活动置于不断改进的状态中。作业管理借助于作业成本计算所提供的动态信息对各层级的作业进行综合评价，使之形成一个统一体，就可正确反映和考核企业战略经营目标的实现情况及其前因后果。

业绩计量是管理过程中极为重要的目标指向。业绩计量可能会采用辅助的效率性指标，但其核心无疑应该是成本指标。这意味着，衡量管理绩效的主要尺度是成本。因而，对过程的管理应该限定在“成本管理”这一大前提下。作业管理（ABM）比作业成本管理（ABCM）具备更宽的外延，其更宽的外延表现在强调作业的技术层面，即以管理作业的实际动作为其重心。作业成本管理则更突出成本管理核心，至于作业的技术性运作问题，则作为改进作业的手段来看待。

例如产品成本的80%左右已在设计阶段决定了，产品一旦投产，降低成本的潜力就不大了。因此必须抓好产品设计阶段的作业管理工作，使产品设计在保证顾客所需功能的前提下，尽量选用成本较低的作业，剔除非增值的作业，降低产品对作业的消耗，把产品设计深入到作业与价值的平衡上，使得设计出来的产品既能满足顾客的要求，又节省成本。在设计阶段，还要注意作业共享的问题。

第二节 作业管理的基本内容

通过第一节对作业管理的含义介绍，以及与作业管理的相关概念的论述，我们理解了作业管理的目标，以及对于作业管理需要从哪些步骤去实施。本节主要讲的是作业管理的基本内容，具体包括作业分析、作业预算的编制、作业水平的分析评价以及改善经营的措施。

一、作业分析

流程价值分析的核心是作业分析，作业分析就是确认、描述和评价一个组织所执行作业的流程。作业分析应解决以下四个问题：①要做哪些作业；②多少人执行作业；③执行作业所需时间和资源；④评估作业对组织的价值（包括提出选择哪些增值作业的建议，这是作业分析最重要的一步）。作业可划分为增值作业和非增值作业。

（一）增值作业

增值作业（value-added activities）是指那些有必要保留在企业中的作业。确定是否是增值作业时，应结合作业动因分析对每项作业展开细微的分析。增值作业必须同时满足以下条件：

(1) 该作业的功能是明确的，将带来状态的改变；

(2) 该作业能为最终产品或劳务提供增值；

(3) 该作业在企业的整个作业链中不能去掉、合并或被替代。

增值作业的基本特点在于它能增加传递给客户的价值，企业如果消除了这类作业，就会影响客户愿意支付的价格。增值作业有两种类型：一种是给客户带来价值的作业，如包装和及时送货等；另一种是保证企业正常运转的必不可少的作业，如付给员工工资虽不能为客户直接带来什么利益，但却是企业所必需的作业。

(二) 非增值作业

非增值作业（non-value-added activities）是指对增加客户价值没有贡献的作业，客户不会因为企业消除这类作业而降低所愿意支付的金额。

另外，一个判断非增值作业的简单办法是：企业把该作业消除后仍能为顾客提供与以前相同的产品或服务。在企业经营流程中通常有五种非增值作业：

(1) 调度，即耗费时间和资源来决策何时生产各种产品和生产多少的作业（或何时进行若干次生产准备的作业）。

(2) 搬运，即耗费时间和资源将原材料、产成品和在产品从一个部门搬到另一部门的作业。

(3) 待工，即原材料在等待下一工序时耗费时间和资源的作业。

(4) 检验，即耗费时间和资源保证产品符合规定标准的作业。

(5) 仓储，即产品或原材料处于存货状态时消耗时间和资源的作业。

所有这些作业都不能为顾客增加任何价值。例如返修，如果首次生产不出问题，那么检验就是不必要的，因而不能为顾客增加任何价值。作业分析的任务就是找出在不需其中任何一种作业的条件下生产产品的途径。

非增值作业的判断标准是：企业把该作业消除后仍能为客户提供与以前同样的效果。在企业经营活动开展过程中有许多非增值作业，如存货的存储、分类、整理和搬运，产品因质量问题所进行的返修、重复检测，等待工作，等等。对于非增值作业来说，企业应考虑的不是如何使它们更有效率，而是如何消除这些非增值作业。

(三) 成本抑减

成本抑减是持续改善的目标。激烈的竞争要求公司以尽可能低的成本，及时地生产顾客所需要的产品，这就意味着企业必须不断地在成本方面进行改善。作业分析是取得成本节约目标的关键。有四种成本节约方式：

(1) 作业消除。作业消除主要是针对非增值作业而言。一旦断定某些作业是非增值的，就必须采取措施予以消除。

(2) 作业选择。作业选择即在互斥作业中作出选择。

(3) 作业降低。作业降低是指降低作业所需的时间和资源。这种成本节约方法主要是针对改善必要作业的效率，或作为短期改善非增值作业的手段。

(4) 作业分享。作业分享是通过达到经济规模来提高必要作业的效率。具体而言，在不增加作业本身总成本的情况下增加该成本动因的数量。这样，成本动因的单位成本降低，耗用作业的产品成本也随之降低。

二、作业预算的编制

20 世纪 90 年代，理论界与实务界将作业成本法（ABC）的基本理念运用到预算管理过程中，产生了作业基础预算（activity based budget，ABB）。与作业成本法的计算过程相反，作业基础预算和编制预算的基本方法相类似，是从预测顾客需求、编制销售开始；然后确定满足顾客需求所需要的具体作业，编制作业预算；最后，计算完成这些作业所需要的资源，编制资源消耗和采购预算。作业预算已被许多大型跨国公司成功应用，例如，美国运通公司成功地将作业基础预算运用于与运输有关的服务中，实现了业务运营成本的降低以及业务流程的改进。从某种意义上来说，作业基础预算是弹性预算，由于资源动因和作业动因的引入，对于企业的每一种可能的销售预测，都可以相应地得出所需要的作业量和资源量。

作业成本核算是一个热门话题，很多企业都在为设计作业成本核算系统而作努力，但是，要实现该系统的最终目标，我们必须从作业管理的源头抓起。作业预算是实现该目标的必经途径。关于作业预算法，首先要知道作业是指企业为了达到其生产经营目标所进行的与产品（劳务）相关或者对产品有影响的各项具体活动。而作业预算法是指根据公司作业活动和业务流程之间的关系合理配置公司资源而编制预算的一种方法，或定义为企业在理解作业和成本动因的基础上，对未来期间的作业量和资源需求量进行预测的一种方法。

作为一种新兴的预算编制方法，作业预算法编制的基本流程可以概括为：

（1）根据生产经营目标预测产品或劳务的需求量。

（2）确定作业消耗比率。

（3）用作业消耗比率乘以产品或劳务的预测需求量，预测出可以满足产品或者劳动消耗的需求的作业需求量。

（4）确定资源消耗比率。

（5）用资源消耗比率乘以第（3）点中预测出的作业需求量，测算出预算期可以满足作业消耗需求的资源量。

预算的编制过程总是与费用的分配归集过程相逆。作业基础预算是以作业成本法为基础的，只有清楚企业的各项资源费用在作业成本法下的分配归集过程，才能理解作业基础预算的编制流程。这里为了清楚地说明作业基础预算的编制与调整，先简要介绍一下作业成本法下费用分配的原理。

首先要明白作业成本法的费用分配原理。作业成本法在分配成本的过程中涉及的概念有：资源（resources）、作业（activity）、作业中心（activity centre）、作业动因（activity driver）、作业成本库（activity cost pool）。在作业成本法下，成本分配的基本路径是：企业资源按照资源动因分配到各个作业，各作业中心费用再按照作业动因最终分配计入产品、服务、顾客；当然，企业中通常会有一些资源是专属于某一特定作业的（比如专门从事质量检验工作的质检人员的人工费用就是专属于质量检验工作的），那么这部分资源费用就可以直接归集到该项作业，而不需要根据资源动因进行分配。

其次要知道作业基础预算的编制与调整，作业预算的基础是作业成本法，而作业基础预算的编制路径正好与作业成本计算的路径相逆，即先确定预算年度预计产品、服务销售量，据此确定生产过程中所涉及各作业的预计作业需求量；然后根据资源动因率和其他相关条件确定单位作业费用率，或者说是单位作业标准成本；接着根据前两项资料计算汇总预算年度资源需求量；最后将该需求量与企业实际资源量比较，并进行适当调整以实现平衡，完成费用的作业基础预算。由于在ABC法下，费用是基于作业的划分进行分配的，而不再仅仅依据单一标准进行分配；所以在ABB中，费用部分的预算可基于不同销售情况下作业量的预测进行弹性预算，而不是在上年数据的基础上进行增量预算。而且在ABB法下，由于作业动因和资源动因的引入，在知道了企业产品或服务的销售预测后，可以根据相应的单位产品消耗的作业动因量形成各作业动因量的预算数据，然后再根据各作业的资源动因率来确定提供计划销售产品和服务所需要的资源，当资源需求量与企业拥有的资源量相符时，企业就可以实现经营循环的平衡。因此在ABB法下，在产生财务预算之前可以先实现经营预算的平衡。

作业预算法的优点有：可以有效地提高预算的准确性；可以有效地实现经营预算和财务预算的综合平衡；利于上下沟通，能有效地调动基层员工参与的积极性；可以将企业战略与业务流程紧密地结合在一起。作业预算可被视为一个为满足顾客需要而建立的一系列前后有序的作业集合体，即作业链。而作业链是构成价值链的单元，企业可以根据作业是否会增加顾客价值，将作业分为增值作业和不增值作业。作业预算的目的之一就是消除那些无价值的作业。作业基础预算根据作业的要求，将企业的人力、物力和财力优化配置于不同的增值作业，这就避免了对不增值作业的资源的盲目配置，也避免了各部门为争夺预算资金而发生的斗争，从而使得预算的编制过程公平而又合理。

需要指出的是，并不是所有的企业都需要采用作业预算。首先，作业基础预算对企业的管理思想要求较高，要求企业实施精细化管理。其次，在传统的劳动密集型制造业中，直接人工费用占总成本的40%~60%，直接材料费用占总成本的30%~40%，间接费用开支非常小，在这种情况下，产品成本的大部分可以直接归属到产品中去。即使间接费用分配不合理，对产品成本的影响也很小，所以，这类企业可以采用传统的预算编制方法，而不必采用作业预算。而对于采取多品种、小批量方式生产以及制造费用在产品成本中比重较高的企业则可以采用作业基础预算进行预算管理。

三、作业水平的分析评价

评价作业（和流程）的执行情况，对于以提高盈利能力为目的的管理至关重要。作业业绩指标既可以是财务性的，又可以是非财务性的。作业业绩的分析评价指标集中在三个主要方面：效率、质量和时间。

（一）效率

效率集中体现在作业投入与作业产出的关系上。衡量效率的主要目的是通过使用较少的投入生产相同的产出或者通过使用相同的投入生产较多的产出来改善经营。大多数组织都想提高效率，以使其能用较少的投入生产较多的产出。某类厂商与其竞争者相比，如果能用较少的原材料、人工、机器设备或其他生产资源生产出同样的或者质量更好的产品，那么这类厂商无疑将享有竞争优势，这类厂商能够赚取超额利润并赢得长期的成功。因此，用较少的投入生产较多的产出经常是企业成功的关键因素。

采用成本领先战略的企业要获得成功必须比其竞争对手以更少的资源完成相同的任务，采用差异化战略或集中战略的企业同样可以通过使用较竞争对手更少的资源来增加毛利。

效率可以从生产效率（单位材料产出、单位人工产出、单位机器小时产出和人均产出等指标）、机器利用率（机器可利用率和机器实际利用率等指标）和存货管理效率（存货周转率和存货周转天数等指标）等方面来衡量。

经常使用的评价标准包括本企业过去的效率指标、本企业其他部门或同一行业其他企业的效率指标、已制定的行业标准，或者由企业高层确定的目标。

（二）质量

质量关注作业第一次执行时是否就能把作业做好。质量可以用次品率、产品故障率、废品率、采购订单出错率、顾客订单差错率等指标来衡量。有关质量管理的内容要结合“成本控制”的相关知识来学习。

（三）时间

执行作业的时间要求也非常关键。较长的时间通常意味着更多的资源消耗以及对顾客需要的较差反应能力。企业要不断地在竞争的市场中取得成功，需要更短的新产品开发周期和对顾客需求更迅速的反应。通常，快速反应本身就是一个重要的质量属性。相应地，应该把改进反应时间看作组织所有质量改进过程中的重点。反应时间的改进可能要求简化和缩短工作过程及路径，反应时间的改进经常同时引起生产率的提高。时间业绩指标倾向于非财务的，而效率和质量指标既有财务的又有非财务的。例如，时间可以用顾客响应时间、按时交货率、生产周期、新产品研发时间、新产品研发成本回收期等指标来衡量。

四、改善经营的措施

作业管理的目的之一在于持续改善企业经营过程。作业分析为实现这一目的提供了必要的信息，利用这些信息企业可以从以下方面着手进行经营过程的持续改善。

（一）重构作业链

重构作业链大致包含以下内容：

1. 尽量消除非增值作业

消除非增值作业是改善经营过程的最重要的环节。企业应对所有不必要的作业予以消除，对于那些无法彻底消除的非增值作业，应最大限度地降低其成本及所消耗的时间。

2. 合并被划分得过细的相关作业

对于那些被划分得过细的，却又关系密切、属性基本相同的作业应予以合并，以便减少成本动因的数目，降低系统的复杂性和实行成本，提高作业过程的总体效率。例如，可将“出库计划”“出库管理”“出库调度”等作业合并为“出库协调”作业。

3. 作业分解

如果某个作业包含了不同类别的业务，而这些业务中的每一项又具有一定的复杂性，那么，就应将该作业按照业务的性质进行拆分，以便提高作业效率。例如，“材料采购作业”中包含了“购货”“验货”和“收货”三种不同性质的业务，因此可以按上述三种不同业务类型，相应分解为三项不同的作业。

4. 改善作业流程

作业流程的改进原则上应使整个作业过程时间最短，并且成本最低。例如，通过改变作业地点布局来缩短在产品间的传递距离，从而缩短整个作业的时间。通过增设“材料处理”作业，使得一系列加工作业效率大大提高，同时次品率又可大幅度减少，废品损失成本大幅度降低。

（二）合理配置资源

在企业物流活动开展过程中，资源总体利用效果未能最优化的原因在于不同作业的产出水平相差较大，致使个别作业利用率接近饱和，而其余作业利用率却与达到饱和状态相距甚远，由此造成人员空闲、机器设备闲置等资源浪费现象。企业只有首先明确各项作业利用率，才能从根本上改善资源总体利用效果。利用作业成本法企业易于获得作业利用率的有关信息。

（三）优化作业

优化作业的目的在于降低作业单位产出成本，缩短作业时间和提高作业质量。实行作业优化可按以下步骤进行：

（1）选择优化潜力较大的作业；

（2）缩短作业周期，降低作业成本；

（3）提高作业质量水平。

同时作业管理必须突出重点，不能平均使用力量，应该把重点放在物流系统设计、适时生产系统和全面质量管理等基本环节上。针对作业管理的重点领域，具体还需要注重产品设计、适时生产系统及全面质量管理。

1. 产品设计

产品设计对产品性能、所用材料、组织生产的工艺流程乃至企业整体作业链-价值链都具有关键性的影响。据估计，产品成本有60%~80%在产品设计阶段就已经确定了。产品一旦投入生产，降低成本的潜力就不大了。成本虽然发生于生产活动过程，但是其根源却在产品设计。

产品设计是企业最重要的作业动因和成本动因。产品成本是由作业引起的，不同产品设计方案所需的作业不同，各种作业的耗费也不同。要降低产品成本，就必须从产品设计开始，应用价值工程和作业成本计算所提供的信息，根据客户的要求进行作业分析、修订产品设计，使产品设计在保证满足客户服务要求的前提下，尽量选用成本较低的作业，消除一切不必要的作业，降低作业耗费，优化企业物流的作业链-价值链。

2. 适时生产系统

适时生产系统是最近几十年高新技术广泛应用于生产领域，在生产高度电脑化、自动化的基础上形成的新的生产管理系统，其目标就是消除一切不必要的作业。例如，与存货有关的储存、维护、归类、整理等作业，因存货质量问题、供产销各阶段的停工待料或脱销等问题而引起的作业就是不必要的作业。

适时生产系统要求企业在供产销的各个环节尽量实现“零存货”。也就是说，在供应阶段，企业所需要的原材料、外购件能保质保量“适时”供生产使用；在生产阶段，各个生产环节密切配合，协调一致，前一道工序按后一道工序的要求“适时”地、保质保量地提供半成品；在销售阶段，按客户的要求，保质保量，“适时”地将产品送到客户手中。总之，通过适时生产系统，力求消除一切不必要的作业，从而达到优化企业物流作业链-价值链的目的。

3. 全面质量管理

全面质量管理是为了达到使客户完全满意而且在经济的水平上进行生产、提供服务之目的，相应地使企业各部门在质量开发、质量保持及质量改善上作出努力后形成的卓有成效的体系。它包括关注客户的满意程度、员工的参与度和持续的质量改进。通过实施全面质量管理，企业对产品从设计、生产到使用的全过程都加强了质量控制，参与人员由专业的质检人员扩大到生产工人。

总之，产品设计是企业最重要的成本动因，适时生产系统是没有任何浪费地执行各种作业，而全面质量管理则是没有任何缺陷地执行各种作业。产品设计、适时生产系统和全面质量管理，三位一体，缺一不可。它们三者只有同步进行，相互配合，才能相得益彰，优化企业物流的作业链-价值链。因此，作业管理必须把重点放在物流系统设计、适时生产系统和全面质量管理等基本环节上。

【本章小结】

无论是经营性作业基础管理还是战略性作业基础管理，都是创造现有资源未使用能量的机会。经营性作业基础管理通过实现由流程更有效率、生产率更高而创造出未使用能量。战略性作业基础管理通过重新定价、重新选择客户与供应商来增加收入或减少对高成本作业的需求来创造出未使用能量。为了利用未使用能量，经理必须减少不再需要的资源的支出，或者把未使用能量配置到更能盈利的环节。

然而，作业基础管理也有其局限性。首先，作业基础管理虽然深入企业的作业层次，并提出作业链和价值链的概念，但它仍着重于企业内部生产流程的改善，仍属于内向型的管理，未能将成本控制扩大到企业的外部领域。其次，作业基础管理的工作量大，企业作业过程复杂，作业中心多，成本动因基础数据搜集的工作量很大，实施成本高。最后，作业基础管理单纯以作业分析和成本动因分析实施成本控制，否定了标准成本控制，缺乏相应的差异分析等手段，从而也就无法保证成本控制的效果。

【关键术语】

作业　业务流程　价值链　作业管理　作业分析　作业预算编制

作业水平分析评价

【思考题】

1. 作业管理与作业成本法之间存在什么联系与区别？
2. 什么样的企业需要编制预算？需要编制作业预算的企业具有什么特征？

【练习题】

一、名词解释

作业　作业中心　作业动因　作业预算　增值作业　不增值作业

二、多选题

1. 作业应具备（　　）特征。
   A. 作业是以人为主体的
   B. 作业消耗一定的资源
   C. 区分不同作业的标志是作业目的
   D. 作业可以分为增值作业和非增值作业
   E. 作业的范围可以被限定
2. 作业按照对价值的贡献，分为（　　）。
   A. 采购作业
   B. 生产作业
   C. 增值作业
   D. 不增值作业
   E. 销售作业

三、论述题

1. 论述作业管理产生的原因。
2. 论述从作业管理的角度，改善经验的措施。

【案例分析】

MICRUS：改进生产过程的作业成本管理

MICRUS 是 1994 年从 IBM 的微电子部门脱离后成立的公司，生产记忆性和逻辑性集成电路晶片。MICRUS 必须面对来自全球竞争者（大部分在亚洲）的价格竞争，即使在美国，它投入的成本也相对较高。它不得不尽可能提高效率，在达到严格技术要求的同时，尽可能地维持低成本。

MICRUS 新的管理团队感觉到，目前的成本报告主要集中在部门费用的差异分析，对于制定决策和改进生产过程是没用的。这个差异不能与经理的具体行为相联系，那些控制日常经营成本的低层次员工，没有短期的财务激励来控制成本。

第一年，一个总预算为 2 700 万美元的部门节约了 300 万美元（降低率为 11%）。周期降低，生产改进，生产能力提高，并且实现了预期的成本目标。一个经理人员描述了在他团队中 ABC 信息是如何启发创造性思维的：

在成本如何与执行的作业相联系方面，ABC 信息提供了一个可操纵的视角。它通过提供一个可靠、连续以及可理解的方法计量商业决策所产生的影响，来引起我们对一些以前从未考虑过的事情的思考，导致创新性的突破，而其他的测量实现都没有这个特征。MICRUS 的管理层为所有员工制定了一个年度薪酬激励系统——从上层管理人员到一线工人——以实现每个晶片成本更大的降低，计量和目标都很清楚，也很容易向员工解释。

1995 年，MICRUS 的成本几乎是竞争对手的 2 倍，原来的生产能力是每月 1 200 个晶片由 350 个员工完成，到 1998 年 5 月，员工人数是原来的 3 倍，但产量却提高到 5 倍，达到每月 6 000 多个晶片。到 1999 年，MICRUS 每个晶片的成本降到了竞争者的同等水平。

2000 年，MICRUS 被飞利浦半导体公司收购，成为飞利浦全球制造业务的一个很有价值的组成部分。

案例来源：孙茂竹，支晓强，戴璐.《管理会计学（第 8 版）》学习指导书［M］. 北京：中国人民大学出版社，2018.

要求：

通过以上案例，试分析作业管理在 MICRUS 改进生产过程中的作用。

第十二章
战略管理会计

【本章学习目标】

通过本章的学习，了解战略管理会计产生的历史，明确战略管理会计的概念、特点和基本程序，掌握企业经营环境分析、价值链分析、企业竞争能力分析和战略定位的方法。

第一节　战略管理会计概述

一、战略管理会计的产生与发展

“战略”一词自古就有，原本是军事术语，指重大的、全局性、长远性的谋划。早在先秦的典籍中，就出现了很多和战略相近的词，如计、画、战道、韬略等，我国古代的《孙子兵法》是最早研究军事战略的一本著作，而西晋史学家马彪第一次使用了“战略”一词，写了《战略卷》一书。在西方的发展历史中，战略一词的出现要晚得多，东罗马帝国皇帝毛莱斯为了训练将领，编写了名为“Strategicon”的教材，该词后来演变为 Strategy（战略）。

20 世纪初期，随着社会经济的发展，各个不同利益组织之间的商战越来越激烈，企业为自身的生存和发展，将军事上战略的概念移植到了经营管理中，其成为企业管理学的一个范畴。最早将战略的思想引入到企业管理的是美国经济学家切斯特·巴纳德，他的著作《经理的职能》（1938 年）运用战略的思想对影响企业发展的各种因素及其相互关系进行了分析。1962 年，钱德勒在《战略与结构》中，首次提及“战略管理”的概念，这为以后战略管理的研究和发展奠定了基础。在这一阶段，战略在管理领域作为“手段”或“方法”的代名词，此时“战略”的含义是非常狭隘的。

1972 年，安索夫发表文章《战略管理概念》，正式提出了“战略管理”的概念。之后，安索夫等人出版了书籍《从战略计划到战略管理》，将战略管理定义为“企业高层管理者为保证企业的持续生产和发展，通过对企业外部环境和内部条件的分析，对企业全部经营活动所进行的根本性和长远性的规划与指导”。至此，战略管理的理论体系正式形成。同时，电子技术飞速发展，逐渐转化为生产力，这使得企业内部环境和外部环境发生了显著的变化，传统的管理会计逐渐力不从心，不能适应现代战略管理。这主要表现在：

第一，高新技术的发展使得企业成本的结构发生了变化，各种间接成本特别是制造费用的比重明显上升，而传统的管理会计采用变动成本法，这受到了人们的质疑。

第二，传统的管理会计重点在内部成本和收益的比较，而忽视了外部环境的变化。

第三，传统的管理会计偏向于考虑成本，忽视了市场、管理、战略等非财务因素。

在这样的背景下，大量学者和管理会计人员开始从战略管理的角度来研究企业的会计信息，战略管理对各种内部和外部、财务和非财务、定性和定量、历史和现实等多样化的管理会计信息进行了分析，战略管理会计也随之产生。

1981 年，著名管理学家西蒙首次提出了“战略管理会计”，他认为战略管理会计应该侧重于本企业与竞争对手的对比，搜集竞争对手关于市场份额、定价、成本、产量等方面的信息。

20 世纪 90 年代,《管理会计杂志》《成本管理杂志》以及《管理会计研究杂志》等侧重于实务的刊物越来越多，战略管理会计逐渐为人们所接受。

二、战略管理会计的概念及其特点

（一）战略管理会计的概念

西蒙首次提出“战略管理会计”时，将其定义为“用于构建与监督企业战略的有关企业及竞争对手的管理会计数据的提供和分析”。威尔逊等人在之后的研究中将其更明确地定义为“战略管理会计是明确强调战略问题和所关切重点的一种管理方法，它通过运用财务信息来发展卓越的战略，以取得持久的竞争机制优势，从而更加拓宽了管理会计的范围”。

我们赞同如下表述：战略管理会计是指以协助高层领导制定竞争战略、实施战略规划，从而促使企业良性循环并不断发展为目的，能够从战略的高度进行分析和思考，既提供顾客和竞争对手具有战略相关性的外向型信息，也提供本企业与战略相关的企业内部信息，服务于企业战略管理的一个会计分支。

（二）战略管理会计的特点

与传统管理会计相比，战略管理会计具有以下特点：

1. 超越了单一会计主体的范围，注重企业外部环境和竞争对手

传统会计提供的信息一般局限于一个会计主体的信息，强调服务于企业内部管理职能，对企业外部环境有所忽视，基本不涉及企业的顾客和竞争对手的相关信息。

战略管理跳出了单一企业这个狭小的空间范围，将视角更多地投向企业外部环境，强调深入分析企业的外部环境，密切关注整个市场和竞争对手的动向，以时刻调整企业的战略。外部环境主要包括政治形势、社会文化环境、自然环境、法律环境及行业环境，任何企业都是在一定的外部环境中，利用一定的内部条件来从事生产经营活动。外部环境作为生存的基础，为企业的生产和发展提供了机会，同时又可能在变化过程中对企业经营造成某种不利威胁。因此，管理企业必须站在战略的高度引入系统观点，既重视系统内部各种资源和条件的制约，又充分考虑系统外部

各种环境因素的影响，强调企业发展与市场环境变化的协调一致，以求得产业价值链的最优效益。战略管理会计正是以外部情况为核算的重点，重视市场，从战略高度审视企业外部环境，提供了超越企业自身更为广泛、更为有用的信息。因此，战略管理会计克服了传统管理会计的缺陷，拓展了管理会计的研究范围，增强了企业对环境的应变性，满足了企业战略的信息需要。

2. 提供更多的与战略有关的非财务信息

传统管理会计以货币为计量尺度，虽然也可以提供一些非财务信息，但主要研究的是财务信息，企业只能从财务分析中获取信息，忽略了其他的非财务信息。而在激烈的竞争环境中，衡量竞争优势的不仅有财务信息，还有大量的非财务信息，忽视这些信息很可能会导致决策失误。

而战略管理会计超越了会计货币计量的范围，将信息范围扩展到各种与企业战略决策相关的领域中，如质量、供应量、需求量、市场份额、市场需求的规模、类型和持续期、顾客满意程度、产品合格率、返修率等。信息获取渠道也更加多样化，包括企业的公开财务报告、竞争对手的广告、行业分析报告、贸易金融报道、政府统计报告、银行金融市场、商品市场等，与竞争对手共同的供应商、共同的顾客也可以成为信息的来源，信息可以由本企业的机构和人员去搜集，也可以委托外部专职咨询机构搜集。

3. 更注重长远发展的战略

传统管理会计以获得最大利益为目标，将这一目标贯穿于预测和决策中，但是没有考虑竞争优势的观念，没有考虑对企业竞争地位的影响。现代企业非常重视自身健康的可持续发展，企业战略管理的核心目的是获得和保持持久的竞争优势，在竞争日益激烈的市场中立于不败之地。它更关注企业的未来发展，重视企业在市场竞争中的地位，始终把扩大市场份额和追求企业的长期竞争优势作为其根本目的。市场份额和企业竞争优势代表企业未来的收入或利润，所以战略管理会计更注重的是长期的利润，其目标具有长期性，有时为了取得持久的优势，甚至不惜牺牲短期利益，以提升企业的战略地位。此外，企业的竞争优势来源于整体优势，暂时的优势可能是企业某一方面的优势，只有当一个企业具有整体优势时，才可能形成长久、持续的竞争优势。战略管理会计遵循长期性的原则，从长远利益来分析、评价企业的各种管理策略。

三、战略管理会计的基本程序

1. 确定企业目前的宗旨和目标

企业的宗旨和目标是企业的长期规划和长期奋斗目标，是战略管理的核心问题。明确企业目前的宗旨，要求管理会计人员协助企业高层领导研究企业目前的产品和服务范围，并以此作为修正基础。

2. 分析外部环境

企业存在于特定的环境中，环境总是处在不断变化中，这要求管理会计人员不仅要分析企业目前的环境，还要预测企业未来可能的环境变化对企业的影响。如果企业能够提前预测环境变化带来的影响，企业就能提前准备，取得先发制人的效果。

分析环境时最重要的是要对竞争对手进行分析，管理会计人员要搜集竞争对手的信息，做到知己知彼。

3. 分析企业的资源

企业在分析外部环境的基础上，还应该分析自身的资源，包括固定资产、无形资产、现金等物质资源，也包括职工的技术和能力等人力资源，分析企业是否存在资源短缺现象以及短缺程度，同时还应注意企业资源的利用情况。

4. 发现机会和威胁，识别优势和劣势

在企业分析外部环境和资源的基础上，管理会计人员还应发觉企业是否存在可利用的机会，洞察企业可能面临的威胁。抓住机会是企业制胜的关键，而机会与威胁又常常并存，企业抓不住机会将会危机四伏。管理会计人员必须了解企业的优势，找出企业独特的技能和资源，看到自身的弱点，只有明确了企业自身的优势和劣势，才能制定合理的竞争战略。

5. 重新评估企业的宗旨和目标

明确了企业的机会、威胁、优势和劣势，企业就可以在此基础上重新评估企业的宗旨和目标是否合理，是否需要修正。

6. 制定战略

战略是企业的长远计划和经营战略，企业战略不仅包括企业层次的总体战略，还包括分层战略，各个层次的战略均要进行定位，以便获取相对于竞争对手的优势。

7. 实施战略

为实现战略目标，企业应制定实施战略的具体行为规范和实施战略的具体方法，建立实施战略的计划体系，将企业战略具体化。根据战略来调整企业的组织机构、人员安排、财务政策、生产管理制度、研究与发展政策等。

8. 评价并反馈信息

战略实施到一定阶段，应对其执行过程和结果及时评价，并将评价的结论及时、准确地反馈到企业战略管理的各个环节，以便各级管理及时分析并采取必要的行动进行纠正。

第二节　战略管理会计研究的内容

战略管理会计是在战略管理理论的基础上产生并为战略管理服务的，两者密不可分。因此，战略管理会计研究的基本问题不可能脱离战略管理理论单独存在。战略管理在环节上包括：企业内外部环节分析、战略的制定、战略的实施、战略业绩的评价等。相对应地，战略管理会计的研究内容应包括：企业经营环境分析、价值链分析、企业竞争能力分析和企业战略定位。

一、企业经营环境分析

协助企业制定战略管理目标是战略管理会计的首要任务，也是其为企业战略管理提供各种信息的最首要目标。与企业战略的制定和实施相关的会计信息，不仅包括企业内部信息，还包括与外部环境相关的信息。战略管理会计对于环境因素相关的信息进行搜集、整理和分析的目的就在于使企业能够根据环境的变化修改原有的发展战略，制定新的发展战略，使企业的战略建立在多方位、多角度、多层次分析的基础之上。

（一）外部环境分析

1. 宏观环境分析

宏观环境是指对所有企业都会产生较大影响的宏观因素，主要可以分为四大类：政治和法律环境、经济环境、社会和文化环境和技术环境。

政治和法律环境是指那些约束和影响企业的政治要素和法律系统，以及其运行状态。政治和法律因素是保障企业生产经营活动的基本条件，在一个稳定的法治环境中，企业能够真正通过公平竞争获取自己正当的权益，并得以长期稳定地发展，而国家的政策法规对企业的生产经营活动具有控制、调节作用，同一个政策或法规，可能会给不同的企业带来不同的机会或制约。企业管理人员必须把依法经营、注重经营效益与社会效益并重作为生产经营所有环节必须遵循的基本准则。

经济环境是指构成企业生产和发展的社会经济状况及国家的经济政策，包括社会经济结构、经济发展水平、经济体制、宏观经济政策、当前经济状况和其他一般经济条件等要素。与政治法律环境相比，经济环境对企业生产经营的影响更直接、更具体，比如社会经济结构、国内生产总值、经济体制、物价政策等，这些因素为企业的战略选择提供了依据。

社会和文化环境是指企业所处的社会结构、社会风俗和习惯、信仰和价值观念、行为规范、生活方式、文化传统、人口规模与地理分布等因素的形成和变动。企业在确定投资方向、产品改进与革新等重大经营决策问题时必须考虑人口规模、社会人口年龄结构、家庭人口结构、社会风俗对消费者消费偏好的影响等因素。

技术环境是指企业所处的环境汇总的科技要素及与该要素直接相关的各种社会现象的集合，包括国家科技体制、科技政策、科技水平和科技发展趋势等。企业管理者必须要预见新技术带来的变化，在战略管理上作出相应的决策，以获得新的竞争优势，在某些特定的行业内，技术水平甚至在很大程度上决定了应生产哪种产品或提供哪种服务、应使用哪些设备以及应如何进行经营管理。

【例 12-1】A 公司是 C 国一家民营电信运营商，专注于宽带接入服务。2015 年，C 国政府制定政策，将宽带定位于重要的公共基础设施，放宽了民间资本进入电信业的限制，以适应经济快速增长和互联网普及率迅速提高的要求，面对十分广阔的市场前景，许多投资者跃跃欲试，准备跻身于宽带接入行业，有的一级供应商还有可能利用先进的 4C 技术来代替传统的宽带接入技术，从根本上改变行业竞争格局。

要求：从宏观的角度分析 A 公司所处的环境。

解析：从宏观角度来看，A 公司面临的政治法律因素是政府制定政策，将宽带定位于重要的公共基础设施；放宽了民间资本进入电信业的限制。经济因素是 C 国经济快速发展。社会和文化因素是互联网的普及率迅速提高。技术因素是有的一级供应商还有可能利用先进的 4C 技术来代替传统的宽带接入技术，从根本上改变行业竞争格局。

2. 产业环境分析

特定产业环境是指企业所属产业中的目标市场。一个企业不可能拥有整个产业市场，这就要求对它所处的产业市场进行细分，将整个产业市场划分为若干个具有一定特点的细分市场。企业应根据自己生产经营的特点，选择目标市场，并了解目标市场的容量和饱和度以及相关竞争者的数量、手段、影响力等。特定的产业环境直接关系到企业的市场占有率和盈利水平，因此，特定产业环境分析应当是企业外部环境分析的核心。

（二）内部环境分析

企业的内部环境是指企业的内部条件，比如企业的资源和能力等。企业要合理设置自己的组织机构，保证其高效地运转，同时合理配置资源，提高自身优势，正确选择企业的竞争战略。

二、价值链分析

（一）价值链的概念

迈克尔·波特在《竞争优势》中提出了“价值链”的概念。波特认为企业每项生产经营活动都是其创造价值的经济活动，那么，企业所有的互不相同但又相互关联的生产经营活动，便构成了创造价值的一个动态过程，即价值链。企业每完成一项作业都要消耗一定的资源，而作业的产出又形成一定的价值，转移到下一个作业，依次转移，直至形成最终产品提供给企业组织外部顾客，最终产品成为企业组织内部作业链的最后一环，凝结了各个作业链形成并最终提供给顾客的价值。

价值链将企业的生产经营活动分为两大类，即基本活动和支持活动，如图 12-1 所示。基本活动又称为主体活动，是指生产经营的实质性活动，这类活动与商品实体的加工流转直接有关，是企业的基本增值活动，基本活动大体上包括五类：内部后勤、生产经营、外部后勤、市场销售和服务。其中，内部后勤是指与产品投入有关的进货、仓储和分配等活动；生产经营是指将投入转化为最终产品的活动；外部后勤是指与产品的库存、分送给购买者有关的活动；市场销售是指与促进和引导购买者购买企业产品的活动；服务是指与保持和提高产品价值有关的活动。支持活动又称为辅助活动，是指支持基本活动而且内部之间相互支持的活动，包括采购管理、技术开发、人力资源管理和企业基础设施管理。其中，采购管理是指采购企业所需投入品的职能，而不是被采购的投入本身，这里的采购是广义的，包括生产原材料的采购也包括其他资源投入的管理；技术开发是指可以改进企业产品和工序的一系列技术活动；人力资源管理是指企业职工的招聘、雇佣、培训、提拔和退休等各项管理活动；企业基础设施管理是指企业的组织结构、管理、控制系统以及文化等活动。

桑克和戈文德拉贾在波特价值链的基础上扩展了其范围，他们认为：“任何企业的价值链都包括从最初的供应商那里取得原材料到最终产品到达客户手中的全过程。”每一个企业都是企业所处行业价值链的一个组成部分。

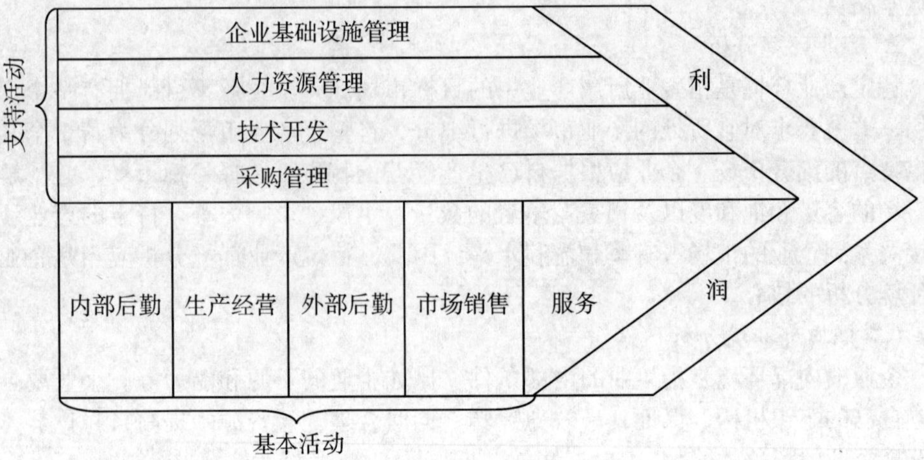

图 12-1　价值链

（二）价值链分析的组成

随着市场竞争日益激烈，企业更加关心自己的核心能力建设和发展，企业的优势既可以来源于价值活动所涉及的市场范围的调整，也可来源于企业间协调或合用价值链所带来的最优化效益。由于作业特性不同，价值链一般按行业构成，相关行业之间有交叉价值链。价值链分析包括三个部分：企业内部价值链分析、行业价值链分析、竞争对手价值链分析。

企业内部价值链分析就是找出最基本的价值链、生产作业的成本动因及与竞争对手的成本差异，区分增值与非增值的作业，以发现并消除容易带来高成本和不增值的链接，从战略上调整和重构企业内部价值链。内部价值链分析始于原材料、外购件的采购，而终于产品的销售——顾客价值的实现。

行业价值链分析是指企业从行业的角度，从战略的高度看待自己与供给商和经销商的关系，寻求利用行业价值链来降低成本的方法。进行行业价值链分析，既可使企业明确自己在行业价值链中的位置，以及与自己同处于一个行业的价值链上其他企业的整合程度对企业构成的威胁，也可使企业探索利用行业价值链达到降低成本实现竞争优势的目的。行业的这种价值链又叫垂直联结，即代表了企业在行业价值链中与其上下游之间的关系。

竞争对手价值链分析，它是确定竞争对手在竞争中相对地位的基本工具。对竞争对手价值链的分析过程与企业对自己价值链的分析过程相同，其主要目的是识别竞争对手的价值链，判断竞争对手是怎样进行价值作业的。通过竞争对手价值链分析，可以了解本企业与竞争对手之间在成本和价值上的差异，从而根据相对成本地位制定提高成本竞争优势的战略。

三、企业竞争能力分析

企业的竞争能力分析又称为 SWOT 分析，SWOT 分析是由美国哈佛商学院率先采用的一种经典分析方法。它根据企业所拥有的资源，进一步分析企业内部的优势与劣势以及企业外部环境的机会与威胁，进而选择适当的战略。这种方法经常被用于企业战略制定、竞争对手分析等场合。

SWOT 分析包括四个方面，S 代表企业内部的优势（strengths），W 代表企业内部的劣势（weaknesses），O 代表企业外部环境的机会（opportunities），T 代表企业外部环境的威胁（threats）。企业内部的优劣势是相对于竞争对手而言的，一般表现在企业的资金、技术设备、员工素质、产品、市场、管理技能等方面。企业外部环境的机会是指对企业有利的因素，外部环境的威胁是指环境中对企业不利的因素。具体如表 12-1 所示。

表 12-1 SWOT 分析常见格式

优势	劣势
专利技术 企业专家所拥有的专业市场知识 对自然资源的独有进入权 企业地理位置优越 新颖的、创新的产品或服务 优质的客户服务 质量流程与控制优势 有利的品牌和声誉	缺乏市场知识与经验 缺少关键技能和知识资格能力 企业地理位置较差 竞争对手进入分销渠道的优先地位 缺乏市场规划能力 产品或服务质量低下 陈旧的设备 声誉败坏
机会	**威胁**
新的细分市场扩张 并购、合资或形成战略联盟 新的国际市场 政府规则放宽 进入具有吸引力的新的细分市场 国际贸易壁垒消除	价格竞争 出现新的竞争对手 市场增长速度放缓 政府颁布新的规则导致成本增加 出现新的竞争壁垒 消费者购买需求下降

SWOT 分析可以按以下步骤进行：

第一，确认当前的战略；

第二，确认企业外部环境的变化；

第三，根据企业资源组合情况，确认企业的关键能力和关键限制；

第四，按照通用矩阵或类似的方式打分评价；

第五，将结果在 SWOT 分析图（图 12-2）上定位，即可将企业的优势和劣势、外部环境的机会与威胁转换为企业下一步的战略开发方向。

	机会	威胁
优势	增长型战略(SO)	多元化战略(ST)
劣势	扭转型战略(WO)	防御型战略(WT)

图 12-2 SWOT 分析图

从图中可以看出，SO 战略类型的企业有很好的内部优势以及众多的外部机会，应当采取增长型战略，如开发市场、增加产量等。ST 战略类型的企业具有一定的内部优势，但外部存在威胁，应采取多元化战略，利用自己的优势，在多样化经营上寻找长期发展机会，或进一步增强自身竞争优势，以对抗竞争对手的威胁。WO 战略类型的企业面临巨大的外部机会，但却受到内部劣势的限制，应采用扭转型战略，充分利用环境带来的机会，设法清除劣势。WT 战略类型的企业内部存在劣势，外部面临强大威胁，应采用防御型战略，进行业务调整，设法避开威胁和清除劣势。

【例 12-2】 A 省某啤酒公司非常注重产品的质量管理和品牌建设，因此深受消费者好评，产品价格、市场占有率、品牌美誉度都比较高。渠道创新是啤酒营销创新的重要方面，但该啤酒公司仍延续“企业→一级商→二级商→零售终端”的传统模式，渠道链长，物流效率低，终端控制力低，渠道成员利润率低，渠道稳定性低。

A 省啤酒企业内部竞争形势不容乐观，中小企业面临生存危机。青岛、雪花、燕京等均在 A 省周边省份并购了大中型啤酒企业，对 A 省市场形成了包围、渗透之势。

A 省是中国人口大省，其经济多年来稳步发展，经济总量和啤酒年消费总量均位于全国前列。居民消费水平不断提升，中高档产品消费需求量越来越大，对产品品牌的要求越来越高。因此，A 省啤酒工业的发展前景光明，前途辉煌，具备极大的市场潜力。

要求：运用 SWOT 分析法对该啤酒公司进行分析。

解析：（1）优势：产品价格、市场占有率、品牌信誉度比较高。

（2）劣势：渠道链长，物流效率低，终端控制力低，渠道成员利润率低，渠道稳定性低。

（3）机会：经济发展速度快、啤酒消费需求量越来越大，市场潜力大。

（4）威胁：一些啤酒公司在 A 省周边省份并购了大中型啤酒企业，对 A 省市场形成了包围、渗透之势。

四、企业战略定位

企业在对自己所处的内部和外部环境进行详细周密的调查和分析的基础上，要进行行业、市场和产品方面的定位分析，再确定以怎样的竞争战略来保证企业在既定的产品、市场和行业中站稳脚跟，击败对手，获取竞争优势。

（一）企业的使命和目标抉择

企业的使命是要阐述企业组织的根本性质与存在理由，它是企业在社会进步和社会、经济发展中所应担当的角色和责任，一般包括公司目的、公司宗旨和经营哲学。例如，通用电气的使命是以科技及创新改善生活品质，迪士尼的使命是使人们过得更快活，索尼的使命是体验发展技术造福大众的快乐。

公司的目标是公司使命的具体化，它是一个体系，建立目标体系的目的是将公司的业务使命转换成明确具体的业绩目标，从而使公司的进展有一个可以测度的标准，一般可以分为财务目标体系和战略目标体系。财务目标体系一般包括市场占有率、收益增长率、满意的投资回报率、股利增长率、股票价格评价、良好的现金流以及公司的信任度等；战略目标体系一般包括获得足够的市场份额，在产品质量、客户服务或产品革新等方面压倒竞争对手，使整体成本低于竞争对手的成本，提高公司在客户中的声誉，在国际市场上建立更稳固的立足点，建立技术上的领导地位，获得持久的竞争优势，抓住诱人的成长机会等等。

（二）公司层的战略定位

公司层战略是企业最高层次的战略，它需要根据企业的目标，选择企业可以竞争的经营领域，合理配置企业经营所必需的资源，使各项经营业务相互支持、相互协调。

1. 经营类型及经营范围的抉择

每个企业都是产业价值链的一部分或几部分或全部，决定企业应处于价值链的哪个环节的战略决策建立在企业自身相对优势确定的基础上，即企业在哪个环节上能够发挥其优势并能为顾客提供更多、更好的服务而获得更多的利润，企业的产品就定位在这里。企业的优势一旦确定，产品生产就应确定其定位，企业的产品生产有可能覆盖产、供、销三阶段，也有可能是其中的某个阶段，但所作出的选择必须是企业的优势所在。

在选择产业时，企业应侧重于分析不同产业的投资收益率，如果选择的新产业投资收益率大于企业现有的整体投资收益率，应考虑进入新产业，否则不考虑进入。也就是说，企业应进入朝阳产业，不应该进入夕阳产业；同样地，企业应选择朝阳产品经营，而不应选择夕阳产品经营，一旦确定为夕阳的行业或产品，应考虑放弃。

2. 波士顿矩阵

波士顿矩阵又称为市场增长率-相对市场份额矩阵、波士顿咨询集团法、四象限分析法、产品系列结构管理法等，由波士顿咨询公司的创始人布鲁斯·亨德森首创，该方法的核心是要解决如何使企业的产品品种及其结构适合市场需求的变化，同时，将企业有限的资源有效地分派到合理的产品结构中去，以保证企业收益。

波士顿矩阵将企业所有产品从市场增长率和企业市场占有率的角度进行再组合，根据有关业务或产品的市场增长率和企业相对市场占有率标准，波士顿矩阵把企业全部业务定位在四个区域，分别可以采用不同的战略，其分类如图 12-3 所示。

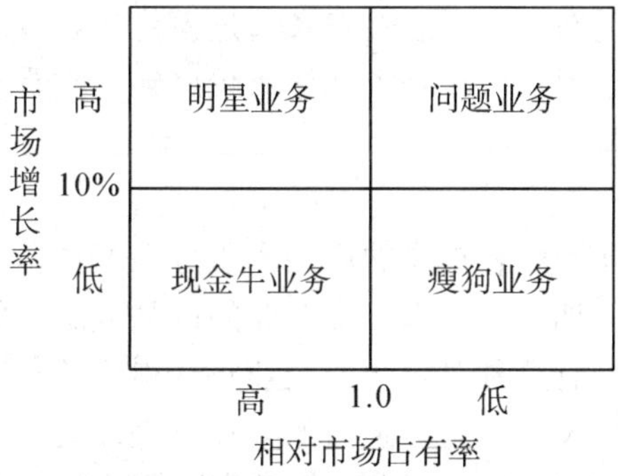

图 12-3　波士顿矩阵

（1）明星业务。这类业务处于高速成长的市场，具有很大的市场份额，但也需要企业的大量投资，企业应该在短期内优先供给它们所需的资源，支持它们继续发展。这类业务采取的战略是积极扩大经济规模和市场机会，以长远利益为目标，提高市场占有率，加强竞争地位。

（2）问题业务。这类业务通常处于最差的现金流量状态，所在产业的市场增长率高，企业需要大量的投资支持其生产经营活动，但是其相对市场占有率低，能够生产的资金很小。对这类业务要谨慎分析，判断其能否转变为明星类业务，分析其未来盈利，判断是否值得投资。

（3）现金牛业务。这类业务处于成熟的低速增长市场中，市场地位有利，盈利率高，本身不需要投资，反而能为企业提供大量资金，用以支持其他业务的发展。这类产品可以采用收获战略，即所投入资源以达到短期收益最大化为限。

（4）瘦狗业务。这类业务处于饱和的市场，竞争激烈，可获利润很低，不能成为企业资金来源，这类产品应采取撤退战略，对于还能自我维持的业务，应缩小经营范围，加强内部管理，其他的都应该立即淘汰。

（三）经营层战略定位

迈克尔·波特总结了三种具有内部一致性的基本竞争战略：成本领先战略、差异化战略和集中化战略，这个战略框架被广泛应用。

1. 成本领先战略

成本领先战略是指企业通过在内部加强成本控制，在研究开发、生产、销售、服务和广告等领域把成本降到最低限度，成为产业中的成本领先者的战略。这个成本领先不是短期的成本优势或者仅仅是削减成本，而是可持续的成本领先，企业可以通过其低成本地位来获得持久的竞争优势。成本领先战略通常是通过规模经济、降低要素成本、提高生产力、改进产品工艺设计、提高生产能力利用度、采用适宜的交易组织方式或重点集聚等方式实现的。

实现成本领先战略能够为潜在的进入者设置较高的进入障碍，提高企业与供应者和购买者的讨价还价能力，降低替代品的威胁，保持自己的领先竞争地位。但是采取这种战略面临一定的风险，例如技术的变化可能使过去降低成本的投资与积累的经验一笔勾销；产业的新加入者或追随者通过模仿或者以高技术水平设施的投资能力，用较低成本进行学习；市场需求从注重价格转向注重产品的品牌形象，使得企业原有的优势变为劣势。

2. 差异化战略

差异化战略是指企业向顾客提供的产品和服务在产业范围内独具特色，这种特色可以给产品带来额外的加价，如果一个企业的产品或服务的溢出价格超过因其独特性所增加的成本，那拥有这种差异化的企业将获得竞争优势。差异化战略可以通过强大的研发能力和产品设计能力、强大的市场营销能力、良好的创造性文化或提高某项经营业务的质量、树立产品形象、保持先进技术等方式获得。

采用差异化战略，顾客对该产品或服务有很高的忠诚度，可以形成强有力的进入障碍，降低顾客对产品价格的敏感度，增强企业对供应者并且削弱购买者的讨价还价能力，防止替代品威胁。但是差异化战略要面临以下风险：企业形成产品差别化的成本过高；市场需求发生变化，购买者需要的产品差异化程度下降；竞争对手的模仿和进攻程度使已建立的差异缩小甚至转向。企业在采取差异化战略时，应注意这些风险，及早采取防范措施。

3. 集中化战略

集中化战略针对某一特定购买群体、产品细分市场或区域市场，采用成本领先或产品差异化来获取竞争优势的战略。由于集中战略避开了在大范围内与竞争对手的直接竞争，所以集中化战略一般是中小企业采用的战略，这可以增强它们相对的竞争优势。

采用集中化战略可能面临如下风险：目标市场过小导致成本优势或差异化优势丧失，从而导致集中战略失败；购买者群体之间需求差异变小导致失败；竞争对手进入细分市场，以此为目标来实施集中战略，从而使实施集中战略的企业失去了优势。

【本章小结】

本章介绍了在科学技术迅速发展的环境下，企业面临新的机遇和挑战，传统的管理会计不再满足企业需求，战略管理会计应运而生。战略管理会计是指以协助高层领导制定竞争战略、实施战略规划，从而促使企业良性循环并不断发展为目的，能够从战略的高度进行分析和思考，既提供顾客和竞争对手具有战略相关性的外向型信息，又提供本企业与战略相关的企业内部信息，服务于企业战略管理的一个会计分支。本章与传统会计对比，阐述了战略管理会计的特点，说明战略管理会计的基本程序。战略管理会计的研究内容包括：企业经营环境分析、价值链分析、企业竞争能力分析和企业战略定位。分析企业的经营环境包括外部环境和内部环境，其中外部环境又可以分为企业所处的宏观环境和产业环境。在一定的环境中，企业的生产经营过程形成了一个创造价值的动态过程，通过企业内部价值链分析、行业价值链分析和竞争对手的价值链分析，企业能够找到自己的竞争优势。此外，企业要分析自己的竞争能力，这可以通过 SWOT 分析实现，这种方法是通过分析企业内部的优势与劣势以及企业外部环境的机会与威胁，找出适合自己的战略。最后，企业在对自己所处的内部和外部环境进行详细周密的调查和分析的基础上，要进行行业、市场和产品方面的定位分析，再确定以什么样的竞争战略来保证企业在既定的产品、市场和行业中站稳脚跟，击败对手，获取竞争优势。战略定位可以通过选择企业的使命和目标、公司层的战略定位和经营层的战略定位实现。

【关键术语】

战略管理　战略管理会计　宏观环境　产业环境　价值链　使命　波士顿矩阵
成本领先战略　差异化战略　集中化战略

【思考题】

1. 为什么会产生战略管理会计？

2. 什么是战略管理会计？

3. 战略管理会计与传统管理会计相比有哪些特征？

4. 战略管理会计的研究内容有哪些？

5. 应从哪些角度分析企业的宏观环境？

6. 如何分析企业的竞争能力？

【练习题】

1. 甲公司是一家汽车制造企业。甲公司进行战略分析后，选择了成本领先战略作为其竞争战略，并通过重构价值链各项活动以求获取成本优势。甲公司主要重构措施包括：

（1）与汽车发动机的供应厂家建立良好关系，保证采购正常进行。

（2）生产所需要的外购配件大部分由就近的供应商生产，它们与甲公司总装厂距离非常近，减少了物流费用。

（3）总装厂根据装配工序，采用及时生产模式，让配件厂按照流程进度提供配件，减少存储费用。

（4）出售时，员工根据全国汽车经销商的分布就近调配车型，并选择最优路线配送以降低物流费用。

（5）利用售前热线开展市场调查活动，有的放矢地进行广告宣传，提高广告效率。

（6）终端车主可以通过售后热线反馈不同车型的质量问题，将信息与汽车经销商共享，以获得最佳配件库存，提高前来维修的客户的满意度。

（7）通过市场调查，开发畅销车型。

（8）定期对员工进行培训，使其及时掌握公司所采用的最新技术、工艺或流程，尽快实现学习经济。

要求：

依据企业价值链分析理论，对甲公司的价值活动进行分类。

2. 乙公司有三个事业部，分别从事A、B、C三类产品的生产和销售，这三类产品的有关市场数据见表12-2。

表12-2　乙公司市场销售数据　　金额单位：万元

产品	A	B	C
甲公司销售额	2 000	8 000	12 500
最大竞争对手销售额	4 000	20 000	10 000
全国市场销售总额	32 000	84 000	64 000
今年全国市场增长率	15%	3%	1%

要求：

（1）用波士顿矩阵分析乙公司 A、B、C 三类产品分别属于何种产品。

（2）乙公司对 A、C 两类产品应分别采取什么策略？

3. 假设某公司专业生产奶粉，根据市场细分，其产品有婴幼儿奶粉、成年人奶粉、孕妇奶粉、老年人奶粉，各有特点。

要求：

（1）该公司采用的是哪一种竞争战略？

（2）采用这种战略的优势是什么？风险是什么？

【延伸阅读】

请读者扫描二维码，阅读材料。

参考文献

[1] 孙茂竹，文光伟，杨万贵. 管理会计学［M］. 6版. 北京：中国人民大学出版社，2012.

[2] 邱玉莲，窦炜. 管理会计学［M］. 2版. 北京：经济管理出版社，2013.

[3] 杨洁. 管理会计［M］. 北京：清华大学出版社，2012.

[4] 吴大军. 管理会计［M］. 3版. 大连：东北财经大学出版社，2013.

[5] 亨格瑞，森登，斯特尔顿，等. 管理会计教程（第15版）［M］. 潘飞，沈红波，译. 北京：机械工业出版社，2012.

[6] 中国注册会计师协会. 公司战略与风险管理［M］. 北京：经济科学出版社，2015.

附录

附表 1：复利现值系数表

附表 2：复利终值系数表

附表 3：年金现值系数表

附表 4：年金终值系数表